Emil Szántó

Das griechische Bürgerrecht

Emil Szántó

Das griechische Bürgerrecht

ISBN/EAN: 9783743331068

Hergestellt in Europa, USA, Kanada, Australien, Japan

Cover: Foto ©ninafisch / pixelio.de

Manufactured and distributed by brebook publishing software
(www.brebook.com)

Emil Szántó

Das griechische Bürgerrecht

DAS

GRIECHISCHE BÜRGERRECHT

VON

EMIL SZANTO

FREIBURG I. B. 1892.
AKADEMISCHE VERLAGSBUCHHANDLUNG VON J. C. B. MOHR
(PAUL SIEBECK)

Inhaltsverzeichnis.

Einleitung.

Δῆλον ὅτι πρότερον ὁ πολίτης ζητητέος.

Arist. Pol.

Seit Aristoteles ist der Versuch einer Darstellung des griechischen Staatsrechtes nicht mehr unternommen worden. In unseren Tagen wurde zwar die Kenntnis der griechischen Staatsformen unschätzbar bereichert, indem eine grosse Anzahl von Forschern wichtige Einzelheiten derselben erkundet und dargestellt haben, aber die Entwicklung der Wissenschaft der Staatsaltertümer zu der des Staatsrechtes wurde durch besondere Schwierigkeiten hintangehalten. Was wir seit kurzem auf römischem Gebiete durch Mommsens Hand besitzen, dazu fehlt hier fast der Anfang. Die Ueberlieferung des römischen Staatsrechtes kann, wenn sie auch theilweise hinter der des Privatrechtes zurückstehen mag, im Vergleiche mit der des griechischen eine geschlossene genannt werden, die Rekonstruktion ist im Wesen auf die des Staatsrechtes einer einzigen Stadt beschränkt, die Entwicklung ist einheitlich, während man auf griechischem Boden einer Fülle selbständiger Entwicklungen entgegentritt und die gleiche Arbeit fast so oft unternehmen muss, als selbständige griechische Staatengebilde existierten. Wie sehr also auch der Versuch einer Rekonstruktion des griechischen Staatsrechts in seiner Aussicht auf Erfolg hinter dem gleichen auf römischem Gebiete zurücksteht, drängt doch die ganze Entwicklung derjenigen Wissenschaft, die wir griechische Staatsaltertümer zu nennen gewöhnt sind, auf das Staatsrecht. Die unorganische Aufzählung einzelner Thatsachen des politischen Lebens der Griechen bei leidlicher historischer Erklärung der jeweilig vorliegenden Thatsache muss dem zusammenhängenden systematischen und lebendigen Gesamtbilde der Staatsverfassung weichen, der juristische Denkprozess, welcher den Gebilden des Staatslebens zu Grunde liegt, muss klargelegt, das System aufgebaut werden. Noch fehlt auch nur der Versuch, die einzelnen staatsrechtlichen Begriffe und Kategorien annähernd

zu definieren, ihren Inhalt und Umfang nach dem ihnen im Alter-
tume zukommenden Werte zu beschreiben, noch entsprechen die technischen Ausdrücke, deren wir uns notgedrungen bedienen, vielfach
unumgrenzten Begriffen. Ueberall kann die Detailforschung einsetzen
und, wo das immer reicher fliessende epigraphische Material nicht
versiegt, des Erfolges sicher sein.

Für einen kleinen Ausschnitt aus einem griechischen Staatsrecht
der Zukunft wollen die folgenden Blätter eine Vorarbeit liefern.

Ein Blick auf die Anzahl griechischer Staatsverfassungen, von
denen wir Kunde haben, lehrt, dass die Staatsgewalt überall in den
Händen der Menge liegt. Wir kennen zwar — abgesehen von den
Zeiten des Königtums — eine Reihe oligarchisch verfasster Staaten,
aber auch in diesen ist es eine Gemeinschaft, bei welcher die Staatsgewalt ruht, und selbst dort pflegt der Gesamtmenge nicht jede Möglichkeit einer Teilnahme versagt zu sein [1]). Mit dieser Erkenntnis
ist aber auch die Einsicht gegeben, dass nicht nur das Ziel, sondern
auch die Quelle der Politik die Masse ist. Sie bildet nicht nur den
Staat, sondern auch die Staatsgewalt. Diese Masse ist die Bürgerschaft. Aristoteles hat daher das Richtige gesehen, wenn er an die
Spitze der Untersuchung über den Staat die Untersuchung über den
Bürger stellt, ἡ γὰρ πόλις πολιτῶν τι πλῆθός ἐστιν [2]). Die Kenntnis
dessen, was der Bürger ist, wäre aber nicht von so grosser Bedeutung
für das gesamte griechische Staatsrecht, wenn eine der von Aristoteles abgelehnten Definitionen in Geltung wäre. Nicht der gemeinsame Wohnsitz — den teilen sie mit andern —, nicht die Rechtgebung — an dieser können auch andere teilhaben — machen den Bürger, sondern einzig und allein die ἀρχή, die Teilnahme an der souveränen Gewalt. Freilich warnt Aristoteles davor, den Ausdruck
ἀρχή im Sinne des imperium der Magistrate zu verstehen und glaubt,
dass es unangemessen sei, ihn demjenigen Faktor, welchem das ἄρχειν
im eigentlichsten Sinne zukommt, vorzuenthalten. Denn thatsächlich
unterscheide sich rein formal die ἀρχή der Magistrate bloss durch
ihre Befristung von der zeitlich unbegrenzten der Richter- und Volks-
versammlungskollegien, die gleichfalls ἀρχαί wären. Aber die Volksversammlung und die Gerichte unterscheiden sich bezüglich der Grenzen
ihrer Kompetenz sehr wesentlich von der ἀρχή der Magistrate, mehr
und anders als die ἀρχαί der einzelnen Magistrate von einander, und

---

[1]) Es ist ein Verdienst Tittmanns, den Gedanken ausgesprochen zu
haben, dass sämtlichen griechischen Staaten in diesem Sinne ein demokratischer
Zug innewohnt. Griech. Staatsverf. S. 526 f.
[2]) Ar. Pol. III, 2, p. 1274 b.

wesentlich ist vor allem, dass der Einzelne, ὁ δικαστής und ὁ ἐκκλεσιαστής staatsrechtlich überhaupt nichts ist, sondern dass erst der Masse, der Gesamtheit, die Souveränetät zukommt. Es ist daher keine Frage, dass Aristoteles das Wort ἀρχή gegen den üblichen Sprachgebrauch viel weiter fasst, um damit auch das ἀνώνυμον zu bezeichnen, welches die Gewalt der Bürgerschaft ausmacht. Das Wesen der ἀρχή besteht in historischer Zeit in der Vorstandschaft zunächst der Volksversammlung und des Rates — lokale und wahrscheinlich auch zeitlich abgrenzbare Entwicklungen übertragen auch dieses Magistratsrecht zum Teil auf Volksausschüsse —, ferner der Gerichtshöfe und der Militärabteilungen. Damit erschöpft sich die ἀρχή. In der weiteren Entwicklung werden nach Bedarf weitere ἀρχαί geschaffen, denen häufig, wie wir dies in Athen theilweise verfolgen können, nichts als die Gerichtsvorstandschaft von ihrer ἀρχή bleibt. Dieser Vorsteherschaft steht begrifflich dasjenige gegenüber, was Aristoteles unter der ἀρχή der Volkskollegien versteht und was schlechthin nie etwas anderes ist, als die souveräne Gewalt. Gesetzgebung, Volksbeschluss innerhalb der Grenzen des Gesetzes, Aemterbestellung, Vertragsschliessung mit auswärtigen Mächten, endlich ein Theil der Verwaltung sind die Befugnisse der Volksversammlung und des Rates, die Rechtsprechung liegt in den Händen der Volksgerichte, zum Theile gehört sie zur ἀρχή der Magistrate, welche als Vorsteher des Volkes auch bei Staatsverträgen in der Regel den Eid zu leisten haben. Die speziellen Befugnisse der Magistratur sind daher auch nicht schlechthin Ausflüsse der souveränen Gewalt, sondern fliessen aus der Vorsteherschaft, der Prostasie, welche den Beamten eingeräumt wird. Inwieweit auch der Rat und dessen engere Ausschüsse ἀρχαί sind, ist neuerdings aus des Aristoteles πολιτεία ᾿Αϑηναίων klarer geworden. Der Rat ist ἀρχή als bezahlte Vorsteherschaft des Volkes mit bestimmter Kompetenz und unterscheidet sich von der Mehrzahl der eigentlichen Magistraturen durch das kollegiale Beraten und Beschlussfassen. Im Wesen ist er von der Volksversammlung dadurch geschieden, dass dieser die souveräne Gewalt, jenem nur die ihm von der souveränen Gewalt verliehene Vorsteherschaft zukommt. Durch die grosse Zahl seiner Mitglieder und die kollegiale Führung der Geschäfte nimmt er eine Mittelstellung ein und leitet von der souverünen Gewalt zur eigentlichen ἀρχή über. Er hat daher Strafkompetenzen wie die Magistrate, freilich in etwas weiterem Umfang, welchen die spätere Entwicklung wesentlich einschränkt. Aber es gibt kein Souveränetätsrecht, welches der Rat allein ausüben könnte, sowie umgekehrt die Vorberatung der der souveränen Gewalt zu unterbreitenden Be-

schlüsse, welche in Athen allmählich notwendig wird (μηδὲν ἀπρο-
βούλευτον), nur aus der Vorsteherschaft, der ἀρχή des Rates fliesst
und offenbar ein ursprüngliches Magistratsrecht ist. An sich wäre
daher in einem griechischen Staatswesen eine Volksversammlung ohne
Rat in der Weise denkbar, dass einzelne Magistrate die Funktionen
desselben ausgeübt hätten, wenn sich auch ein solches Fehlen des
Rates vorderhand nicht nachweisen lässt. Der Rat ist also als Ganzes
Behörde, während eine ἀρχή des einzelnen Buleuten nicht existiert,
diesem daher auch keinerlei Vorsteherschaft zukommt, während sie
jedem Magistrate zusteht. Die Fähigkeit, zur ἀρχή der Magistratur
zu gelangen, ist ebenfalls ein Attribut des Vollbürgers und wir dürfen
daher mit Aristoteles das Bürgerrecht als das Recht der allseitigen
Teilnahme an der Regierungsgewalt bezeichnen, welches unbeschränkt
und unbefristet ist. Da aber der Staat aus einer Summe von Bürgern besteht, deren jedem das Recht der Teilnahme, denen allen zusammen die souveräne Gewalt überhaupt zukommt, so gibt es eine
Minimalgrenze, unter die die Bürgerzahl nicht herabsinken darf ohne
den Begriff des Staates, der auf der Masse beruht, aufzuheben [1]). Die
Masse ist zugleich die einzige Beschränkung der Gewalt der Bürgerschaft, von welcher jedem Einzelnen der gleiche Anteil zusteht.

Es ist also notwendig, um die Staatsgewalt und den Staat zu
verstehen, zuerst den Bürger kennen zu lernen, da der Staat nur die
Summe von Bürgern ist. Es ist aber zu diesem Zwecke nach Aristoteles nur nötig, den Umfang der Rechte des Bürgers kennen zu
lernen, nicht die Qualifikation der einzelnen Personen zum Bürgerrecht. Eine Definition des Bürgers aus seiner Befähigung zum Bürgerrecht, statt aus dem Begriffe hat höchstens einen praktischen Zweck [2]),
fördert aber nicht die Einsicht in das Wesen des Staates. Freilich
wird der Staat ein anderer, wenn die Qualifikation zum Bürgerrechte
sich ändert, wenn z. B. nicht mehr beiderseits, sondern nur einerseits
bürgerliche Abkunft erfordert wird. Aber der Inhalt des Bürgerrechts und damit der Staatsgewalt wird durch die Aenderung der
Qualifikation nicht beeinflusst, ebensowenig wie dadurch, dass durch
Revolutionen oder Gesetzwidrigkeiten Leute im Genusse des Bürger-

---

[1]) Ar. Pol. III, 8, p. 1275 b: τίς μὲν οὖν ἐστιν ὁ πολίτης ἐκ τούτου φανερόν ·
ᾧ γὰρ ἐξουσία κοινωνεῖν ἀρχῆς βουλευτικῆς καὶ κριτικῆς πολίτην ἤδη λέγομεν εἶναι
ταύτης τῆς πόλεως, πόλιν δὲ τὸ τῶν τοιούτων πλῆθος ἱκανὸν πρὸς
αὐτάρκειαν ζωῆς ὡς ἁπλῶς εἰπεῖν.

[2]) Ar. Pol. III, 9: ὁρίζονται δὲ πρὸς τὴν χρῆσιν πολίτην τὸν ἐξ ἀμφοτέρων πολιτῶν καὶ μὴ θατέρου μόνον οἷον πατρὸς ἢ μητρός, οἱ δὲ καὶ τοῦτ' ἐπὶ πλέον ζητοῦσιν
οἷον ἐπὶ πάππους δύο ἢ τρεῖς ἢ πλείους.

rechts stehen, denen dasselbe nach den bestehenden Gesetzen nicht zukommt, die es demnach ἀξίως aber thatsächlich besitzen.

Wer also die Frage gelöst hat: Was ist der Bürger? der hat für die griechischen Demokratien auch die Frage gelöst: Was ist der Staat? Wie der Bürger als solcher durch sein Ethnikon bezeichnet wird, der von Athen z. B. als ᾿Αθηναῖος, so wird der Staat durch den Plural des Bürgernamens bezeichnet, οἱ ᾿Αθηναῖοι u. s. w., weil er die Summe der Bürger ist. Der Begriff des Staates haftet bloss an den Bürgern, selbst wenn diese ihre Heimat verlassen, nicht am Territorium und weil das Bürgerrecht ein gentilicisches ist, so ist der Staat an das Bestehen der Geschlechter gebunden, aber zunächst nicht an das Land, das sie bewohnen, nicht einmal an die heiligen Stätten nationaler Götterverehrung. Wenn eine Stadt erobert wird und ihre Bürger ein Exil in der Fremde finden, so hört praktisch das Staatswesen auf, weil die Bürger desselben keine Macht besitzen, ihre Beschlüsse durchzuführen und sich im eigenen Interesse den Gesetzen des Staates, der ihnen Gastfreundschaft gewährt, fügen müssen. Aber theoretisch besteht das Staatswesen noch, solange eine hinreichende Anzahl von Bürgern existirt, die berechtigt sind, das Ethnikon zu führen. Wenn politische Umwälzungen dann wieder zur Restitution der Stadt führen und die Exilierten zurückkommen, so setzen sie die unterbrochene Thätigkeit der Staatsverwaltung fort als die Bürger des Staates, der nie aufgehört hat zu existieren, und ohne neuerdings in die Bürgerschaft aufgenommen zu werden, weil ihnen ihr Bürgerrecht durch die Abstammung zusteht.

Selbstverständlich erfordert die Teilnahme an derselben Regierungsgewalt auch die Teilnahme an demselben Kult und es kann daher ein antikes Bürgerrecht ohne Gemeinsamkeit gewisser Kulte, Opfer und religiöser Ceremonien nicht gedacht werden, wie denn Anteil an allem Göttlichen und Menschlichen eine der üblichen Umschreibungen des Bürgerrechtes ist. Für die vorgeschichtliche Bildung der Staaten ist diese Kultgemeinschaft gewiss das wesentlichste Moment, in historischer Zeit aber den sakralen Factor in den Vordergrund schieben zu wollen, wäre eine ungerechtfertigte Uebertreibung. Die Götter sind überall. Wo Zwei zusammen sind, da weilt der Gott unter ihnen: er wird nicht weichen, wo Viele zusammen sind. Aber eben weil das religiöse Moment alle Handlungen der Griechen durchzieht, ist es nicht unterscheidend für eine bestimmte Sache. Die Fäden der politischen Gedanken sind mit denen der religiösen verknüpft, aber nicht ununterscheidbar für das betrachtende Auge. Die Gestaltungsfähigkeit der griechischen Religion erlaubte auch ein leich-

teres Anschmiegen der religiösen Vorstellungen an die geänderten
politischen Zustände. Eine Erweiterung oder Neuschöpfung einer
Kultgemeinschaft war oft möglich, wenn der Kreis der Teilnehmer
erweitert werden sollte. Die Bedeutung des einen Kultes für das
staatliche Leben konnte im Laufe der Geschichte sinken oder steigen;
als ewig Gleiches bleibt nur die Verbindung mit dem Gotte. Soweit
also die sakrale Bedeutung des Bürgerrechtes von der politischen un-
trennbar ist, muss man sie bei der Klarstellung des Begriffes mit-
betrachten, im übrigen aber dürfen klare politische Verhältnisse nicht
durch sakrale Mystik getrübt werden.

Das Recht der Teilnahme an der Regierungsgewalt schliesst natürlich von selbst die Privatrechte, speziell das Niederlassungsrecht
ein und es entsteht die Frage, wie sich diejenigen Personen, die wir
Staatsangehörige zu nennen gewohnt sind, denen aber keine Teilnahme an der Regierungsgewalt zusteht, zu den eigentlichen Bürgern
verhalten. Nach Aristoteles wäre nur der Bürger in der vollen Demokratie Bürger. Die Oligarchie schränkt notwendig das Vollbürgerrecht auf die Wenigen ein, in deren Hände sie die Entscheidung legt.
Dennoch bezeichnet man die zur ἀρχή nicht zugelassenen Klassen der
freien und einheimischen Bevölkerung in einer Oligarchie nicht als
Nichtbürger und dennoch konnte ein Mitglied dieser der Vorrechte
entkleideten Klassen sich mit dem Ethnikon nennen, das sein Bürgerrecht erweist. Zu keiner Zeit der athenischen Geschichte, die historisch hinreichend hell ist, um ein Urteil zu gestatten, galt z. B. der
Thete als Nichtbürger. Das, was diese Klassen der Bevölkerung charakterisiert, ist das Indigenat. Der freie einheimische Bewohner des
Staates, dessen Indigenat (wirklich oder fiktiv) aus den Zeiten der Gründung des Staates vererbt, d. h. bezüglich seines Ursprungs nicht kon-
trollierbar ist, wäre also ein Bürger minderen Rechtes. Er braucht die
Privatrechte, die dem Vollbürger zustehen, nicht erst zu erwerben,
weil er sie hat; die politischen Rechte sind ihm vorenthalten.
Die historische Entwicklung drängt aber allmählich dahin, der Ge-
samtbevölkerung mit Ausschluss der Metöken und Sklaven, wenn
nicht vollen so doch irgend welchen Anteil an der ἀρχή zu gewähren
und die Ausschliessung einzelner Volksklassen von der Regierungsgewalt als ungerechtfertigte Vorenthaltung des Bürgerrechtes aufzufassen. In Oligarchien wird es von der Existenz allgemeiner Volksversammlungen und ihrer Kompetenz abhängen, ob wir die Teilnehmer derselben noch als Bürger im eigentlichen Sinne bezeichnen
können. In Staaten endlich, in welchen jede denkbare Entscheidung
in den Händen des Adels oder bevorrechteter Klassen liegt, hat der

Rest der Bevölkerung kein eigentliches Bürgerrecht, sondern nur ein Indigenat. In der drakonischen Verfassung, in welcher der Waffen- adel die Volksversammlung ausmacht [1]), hat der Rest der Bevölke- rung kein Bürgerrecht, während der Thete der solonischen Verfas- sung trotz einzelner Beschränkungen als Teilnehmer der Volksver- sammlung Bürger ist. Das, was den Theten der drakonischen Ver- fassung vom Fremden scheidet, ist die Nationalität, welche sich auf die Abstammung gründet, das Indigenat. Dieses schliesst das Recht innerhalb des Staatsgebietes zu wohnen, eventuell auch Grundbesitz zu haben, und die Asylie ein. Wenn der Metöke in Athen das Recht des Aufenthaltes bezahlen musste, Grundbesitz aber überhaupt nicht erwerben konnte, so mangelt ihm jenes Incolatsrecht, welches der heimischen freien Bevölkerung auch in der Oligarchie zustand. Die Demokratie hat die Tendenz, allen Indigenen, deren Recht φύσει gesetzt erscheint, wenn sich sein Ursprung im Dunkel einer Vorge- schichte verliert, das Vollbürgerrecht zu verleihen. Wenn wir also an der Definition des Bürgerrechtes als der Teilnahme an der Re- gierungsgewalt festhalten, so müssen wir das Indigenat als den recht- lichen Ausdruck der Nationalität anerkennen. Im uneigentlichen Sinne kann der indigena auch πολίτης genannt werden. Während der Fremde die ἔγκτησις, das Recht des Grundbesitzes, nur durch einen Akt der souveränen Gewalt erwerben kann, steht dasselbe dem Indigenen aber von selbst zu. Der mit ἔγκτησις beschenkte Fremde und der Indigene in einer oligarchischen Verfassung stehen sich also thatsächlich in ihren Befugnissen sehr nahe, da beiden der Anteil an der ἀρχή mangelt. Aber die Nationalität des Indigenen macht sich sofort in ihrem Verhältnisse zum Bürgerrechte bemerkbar, wenn z. B. in einer Timokratie der politisch Unberechtigte in eine höhere Schätzungs- klasse vorrückt, die ihm ohne weiteres das Bürgerrecht verschafft, während der Fremde es unter allen Umständen erst durch einen Schenkungsakt erwerben muss. Die Nationalität ist also eine Be- dingung des Bürgerrechtes, ihr Mangel kann durch Schenkung ersetzt werden.

Den Inhalt und Umfang des Bürgerrechtes in historischer Zeit genauer zu beschreiben, nachdem sein Begriff vorläufig festgestellt ist, soll nun hauptsächlich auf Grund der epigraphischen Quellen unter- nommen werden.

---

[1]) Ar. πολ. Ἀθην. cap. 4.

I. Die Verleihung des Bürgerrechtes.

Das Bürgerrecht wird entweder durch Geburt oder durch Verleihung erworben. Die Verleihung erfordert einen Akt der souveränen Gewalt, weil sie Anteil an der souveränen Gewalt gewährt. Insoferne als die Erweiterung der Zahl der Entscheidenden die Macht des Einzelnen naturgemäss einschränkt, ist jede Verleihung zugleich eine Selbsteinschränkung der Bürger und daher ein Geschenk. In der Regel wird dieses Privileg einem Fremden nach vorausgegangenen Verdiensten für den Staat erteilt. Im eigenen Interesse der Bürgerschaft liegt die Neucreierung von Bürgern nur dann, wenn die Anzahl der eigenen Bürger unter das notwendige Minimum, in Kriegszeiten wenn sie unter das Minimum der notwendigen Verteidigerzahl gesunken ist. Das Minimum für die Verwaltung ist erreicht, wenn eine weitere Verminderung die Besetzung der Aemter und Ratsherrnstellen nicht mehr möglich machte und die in der Demokratie notwendige Arbeitsteilung nicht mehr die hinreichende Zahl qualifizierter Personen vorfünde. Aber schon früher tritt die Notwendigkeit einer Ergänzung ein, wenn die Zahl der Bürger so zu schwinden droht, dass ihre Gesamtheit kein Interesse an der Aufrechterhaltung des selbständigen ·Staates mehr besitzt. Denn wie die Möglichkeit einer selbständigen Gesetzgebung und Verwaltung von der durch die hinreichende Bürgerzahl mitbedingten Macht und Fähigkeit abhängt, so hängt der Wunsch nach einem selbständigen Staatswesen von dem durch die Masse getragenen Gesamtwillen ab. Denn der Einzelne wie die unzureichende Anzahl ordnen sich dem Willen grösserer Gemeinschaften unter und eine zu geringe Bürgerzahl erzeugt keinen selbständigen staatlichen Gesamtwillen.

Wir finden daher in den griechischen Staaten im allgemeinen zwei Motive für die Verleihung des Bürgerrechts an Fremde, die ἀνδραγαθία und εὔνοια des zu Beschenkenden oder die ὀλιγανθρωπία des verleihenden Staates. Die Bereitwilligkeit, die Existenz des einen oder des anderen Grundes anzuerkennen, ist jedoch nicht gleich. Die Staaten sind desto bereitwilliger, Neubürger aufzunehmen, je grösser die Zahl ihrer vollberechtigten Bürger ist. Oligarchien kommen kaum in die Lage, eine Bürgerrechtsverleihung vorzunehmen; unter dem Drucke der Kriegsnot gerät vielmehr die Verfassung selbst nicht selten ins Schwanken. Unter der Herrschaft der Tyrannen, wo der Inhalt des Bürgerrechtes so arm ist, dass unter Umständen das Vorhandensein desselben bestritten werden kann, fanden häufig Massenerteilungen dieses eingeschränkten Bürgerrechtes auf Veranlassung der Tyrannen

selbst statt. In vollen Demokratien wurde man endlich immer frei-
gebiger mit der Verleihung.

Das verliehene Bürgerrecht ist, wie gezeigt werden soll, niemals
ein qualifiziertes; ein solches schliesst sich eigentlich, wenn man die
gegebene Definition annimmt, von selbst aus. Wenn man das Vollbürgerrecht nicht verleihen wollte, so konnte man eine Reihe von
Privatrechten verleihen, die mit der Teilnahme an der ἀρχή nichts
zu thun hatten, aber den Bürgern von selbst zustanden, um eine civitas sine suffragio zu schaffen. Ein diesem Begriffe entsprechender
Terminus ist aber für das griechische Staatsrecht unmöglich, er wäre
eine contradictio in adjecto. Die Begriffe Incolat, Epigamie, Dikaiodosie geben mehr oder weniger vollständig eine Summe von Rechten,
die einem solchen Quasibürgertum entspräche. Es kommen allerdings
bei Neubürgern einzelne Einschränkungen der politischen Rechte vor,
diese aber sind so unwesentlich und teilweise — wie das Verbot der
Bekleidung gewisser Priestertümer durch Neubürger — sakraler Natur, dass sich nicht behaupten lässt, es seien Einschränkungen der
Regierungsgewalt.

Eine reiche Fülle inschriftlich erhaltener Bürgerrechtsdiplome
der verschiedensten griechischen Staaten ermöglicht uns nun einen
tieferen Einblick in die Bedeutung des Bürgerrechtes und fordert zu
einer Zusammenstellung und Prüfung auf. Diese Diplome sind Volksbeschlüsse, durch welche einem Fremden Bürgerrecht verliehen wurde.
Bei ihrer Durchsicht wird uns vor allem die Formel interessieren,
durch welche das Bürgerrecht verliehen erscheint. Die attischen
Bürgerrechtsdiplome zerfallen bekanntlich in zwei Gruppen, von denen
die ältere die Verleihung durch Ἀθηναῖον εἶναι, die jüngere durch
δεδόσθαι πολιτείαν ausdrückt. Diese Unterscheidung ist bloss stilistisch,
aber natürlich rührt die ältere Form aus einer Zeit her, in welcher
der Gattungsbegriff πολιτεία noch nicht in allgemeinen Gebrauch gekommen war. Wenn auch Historiker und Politiker schon früh den
Ausdruck πολιτεία für Bürgerrecht und πολίτης für Bürger anwen-
deten, so blieb im Urkundenstil der konservativen Athener doch der
Ausdruck Athener für Bürger von Athen erhalten. Ueberblickt man
nun die Reihe ausserattischer Bürgerrechtsdiplome, so findet man nur
in ausserordentlich wenigen Fällen die analoge Verleihungsformel, die
den Begriff des Bürgerrechts durch das Ethnikon ausdrückt. Die gewöhnliche Formel ist εἶναι (δεδόσθαι) πολιτείαν oder εἶναι πολίτην. Die
grösste Zahl dieser Dekrete fällt aber auch in eine Zeit, in welcher auch
schon in Athen die jüngere Formel üblich war. Eine Reihe derselben
gehört aber der Epoche an, in der für Athen die ältere Formel herrscht.

Eines der ältesten Bürgerrechtsdekrete, der zu Olympia gefundene
Beschluss der Chaladrier, hat die Formel Χαλάδριον ἤμεν [1]). Wo wir
sonst — von der litterarischen Ueberlieferung, die reich an Belegen
ist, abgesehen — im griechischen Mutterland die analoge Formel
nachweisen können, ist sie in Beschlüssen angewendet, welche das
Bürgerrecht an Massen erteilen, so im Sympolitiebeschlusse von Medeon und Stiris [2]), im Kolonisationsdekret von Naupaktos [3]), bei ge-
legentlichen Bezeichnungen des ätolischen [4]), einmal auch des achäischen [5]) Bürgerrechtes. Sonst lässt sich diese Formel nur noch auf
kleinasiatischem Boden belegen. In einer Inschrift von Erythrae aus
der Zeit unmittelbar nach der Schlacht bei Knidos wird dem Konon
erythraeisches Bürgerrecht mit der Formel Ἐρυθραῖον εἶναι verliehen[6]),
während in dem wenige Jahre später (357) fallenden Beschlusse derselben Stadt für den König Maussollos [7]) die Formel schon εἶναι πολίτην lautet. Ob hier ein Wechsel des Stils innerhalb dieser Zeit
vorliegt oder das Dekret für den Athener durch attische Formulare
beeinflusst ist, lässt sich nicht entscheiden. Ferner ist die ältere Verleihungsformel in einem Dekrete aus Ilion, welches etwa ins dritte
Jahrhundert zu setzen ist, vertreten [8]), sicher bloss stilistisch verschieden von gleichzeitigen Dekreten aus Ilion, die die jüngere Formel
δεδόσθαι πολιτείαν bieten, und endlich hat ein Beschluss von Kyme [9])
die ältere Formel, obgleich die in demselben Dekrete mitverliehene
Proxenie durch die Formel δεδόσθαι κτλ. erteilt ist und sich gram-
matisch leichter die jüngere Formel angeschlossen hätte. Aus diesen
Beispielen darf man schliessen, dass in den wenigen Fällen, in welchen
ausserhalb Attikas die Verleihungsformel mit dem Ethnikon nachgewiesen ist, ein Ueberrest eines früher allgemeinen Stiles vorliegt,
der den Gattungsbegriff Bürgerrecht nicht kannte. Man darf auf
solche anscheinend geringfügige Stilabweichungen Gewicht legen,
weil sich immer sicherer herausstellt, dass man in ganz Griechenland
an bestimmten Formularen für die Urkunden ausserordentlich zähe
festhielt. Auch in den Bürgerrechtsdiplomen zeigt sich ein Lokal-
stil, der unter Umständen ermöglicht, die Zugehörigkeit einer Inschrift
zu bestimmen. So kann man die Verleihungsformel weiter nach den

---

[1]) IGA 113: Χαλάζριον ἤμεν αὐτὸν καὶ γόνον ϝισοπρόξενον ϝισοδαμιωργόν.
[2]) Bull. de corr. hell. V, p. 45.
[3]) IGA 321.
[4]) Rangabé 750 c.
[5]) Lebas II, 353.
[6]) Lebas III, Nr. 39 = Dittenberger, sylloge 53.
[7]) Lebas III, Nr. 40 = Dittenberger, syll. 84.
[8]) Schliemann, Troja p. 252 f. = Bull. de corr. hell. IX, p. 161: καὶ Ἰλιεῖας εἶναι.
[9]) CIG 3523 = Lebas III, 1522 bis: καὶ Κυμαίοις ἔμμεναι.

Gruppen δεδόσθαι πολιτείαν und εἶναι πολίτην scheiden. Die letztere Formel darf a potiori die insulare genannt werden; denn sie findet sich auf Thasos, Andros, Keos, Aegina, vereinzelt auf Kreta, regelmässig in Kalymna. In Kleinasien kommt die Formel in Erythrae, in Europa bloss einmal in Megara und einmal in Dodona, ausserdem noch in Byzanz, welches wohl auch seinen Urkundenstil aus Megara entlehnt hat, vor und endlich in einem Dekret unbekannter Herkunft, welches in der Nähe der Wolga gefunden ist, also irgend einer nordischen Stadt angehört. Singulär ist die Formel θέσθαι πολίτην, die sich in Stymphalos findet. Alle anderen Dekrete bieten das Wort πολιτεία in irgend einer Verbindung. Dieser allgemein in Uebung gekommenen Formel wich endlich auch in Athen die lange heimisch gewesene. Die Formel πολίτην εἶναι nimmt eine Mittelstellung zwischen der des Typus Ἀθηναῖον εἶναι und πολιτείαν δεδόσθαι ein; sie enthält zwar schon den Gattungsbegriff, aber ist noch nicht zur Abstraktion vorgeschritten. Die Abstraktion, d. i. die Konstruktion des Begriffes πολιτεία muss ja gewiss alt sein, aber die Anwendung des Wortes im Urkundenstil wird sich nicht über das letzte Drittel des fünften Jahrhunderts verfolgen lassen. Es ist daher die Möglichkeit geboten, dass hier eine Einwirkung der Litteratur stattgefunden hat, dass also die Konstruktion des Gattungsbegriffes Bürgerrecht ein Resultat der Forschung oder historischen Darstellung ist.

Welche dieser Formeln aber auch angewandt sein mag, in jedem Falle ist die Verleihung des vollen Bürgerrechts, welches in der Teilnahme an der Regierungsgewalt besteht und das Incolat einschliesst, gemeint. Durch die Gleichwertigkeit des Ausdrucks πολίτης einer Urkunde mit dem Ethnikon ist die Vollwertigkeit des in Urkunden verliehenen Bürgerrechts schon wahrscheinlich gemacht. Die überwiegende Mehrheit der erhaltenen Dekrete umfasst zwar solche Fälle, in denen an eine eigentliche Ausübung der politischen Rechte nicht gedacht wurde, also blosse Verleihungen von Ehrenbürgerrechten vorliegen, was gelegentlich in der Fassung selbst zum Ausdruck kommt, wenn z. B. die Formel lautet τετειμῆσθαι πολιτείᾳ [1]). Aber selbst solche Ehrenbürgerrechtsdiplome sind zu Schlüssen über die Bedeutung des Bürgerrechts verwendbar, weil sie sich von den anderen nicht unterscheiden und ihnen staatsrechtlich vollkommen gleichstehen. Nun haben wir aber in unseren Dekreten eine Reihe von Zusätzen zur Verleihungsformel, die die Vollwertigkeit des verliehenen Bürgerrechts direkt beweisen. In einer

---

[1]) In einem Psephisma der Eleer (Arch. Zeit. 1878, p. 92) aus dem Ende des ersten Jahrhunderts n. Chr.

Reihe von Sympolitiedekreten, welche unten eine zusammenhängende
Behandlung erfahren werden, wird das gleichwertige Bürgerrecht als
Teilnahme an allem Göttlichen und Menschlichen umschrieben, als
μετοχὰ καὶ θείων καὶ ἀνθρωπίνων [1]). Sonst wird aber das verliehene
Bürgerrecht umschrieben als Teilnahme an allem, woran die Bürger
des verleihenden Staates teilhaben. Der klassische Boden für die
Formel μετουσία πάντων ὧν καὶ οἱ λοιποὶ πολῖται μετέχουσιν, sind die
Inseln und Kleinasien. Sie findet sich in

Samothrake: Brit. Mus. III, 444.

Thasos: μετεῖναι αὐτοῖς πάντων ὧν καὶ τοῖς ἄλλοις Θασίοις μέτεστι CIG 2161;

Keos: CIG 2352, 2353, 2354, 2357; Mus. it. I, 2, p. 218;

Andros: Ath. Mitth. I, 237; Lebas II, Nr. 1800 (zu lesen:
καὶ με[τεῖναι αὐ]τοῖς ... καὶ ὁσίων καὶ τῶν ἄλλων
πάντων ὧν [τοῖς ᾿Α]νἐρίο[ι]ς)

Amorgos: Bull. de corr. hell. VIII, p. 445;

Kalymna: Brit. Mus. II, 232, 233, 234, 235, 236, 237, 240,
241, 242, 243, 253, 254;

Kos: Brit. Mus. II, 247; Bull. de corr. hell. XI, p. 76;

Jasus: CIG 2676, 2677, 2678;

Bargylia: Bull. de corr. hell. XIII, p. 23; Lebas III, 87;

Mylasa: Wahrscheinlich: Athen. Mitth. XV, p. 264;

Telmessos: Bull. de corr. hell. XIV, p. 167.

Auf europäischem Boden findet sich die Formel nur in einer unbekannten nordischen Stadt (CIG 2134b); Böckh hat in folgender
Weise ergänzt: πολείταν μέτοχόν τι πάντων ὧ[νπερ καὶ τοῖς ἄλλοις
προξένοις καὶ τοῖς ἀσ]τείταις καὶ ἀπὸ γένους [πολείταις μέτεστι].

Da sich nun diese Formel immer neben der die Bürgerrechtsverleihung ausdrückenden, nie allein findet, hat sie die Bedeutung
einer Erläuterung des Begriffes Bürgerrecht und soll die Gleichwertigkeit des verliehenen Bürgerrechts mit dem ἀπὸ γένους ausdrücken.
In Griechenland selbst findet sich diese Formel nicht, dagegen begegnet zuweilen ὑπάρχειν τὰ ἄλλα τίμια ἔσα κτλ., wodurch also nur
die Ehrenrechte der Bürger explicite zugesagt erscheinen. Es ist dieselbe Formel, die sich auch häufig bei Proxenieerteilungen findet.
Da nun aber gerade in denjenigen Gegenden, in welchen die erwähnte
Formel vorkommt, die Proxenie häufig neben der Politie verliehen
wird, so dürfte sie als gleichlautend aus den Proxeniedekreten in
die Politiedekrete herübergenommen sein. Scheinbar unabhängig von

---

[1]) CIG II, 2556. 2557, cf. Bull. de corr. hell. IV. p. 854 πεδέχεν θίνων καὶ
ἀνθρωπίνων.

der Proxenie findet sich die Formel in Akräphia (Bull. de corr. hell. XIV, p. 44 ff.): πολιτείαν καὶ τἄλλα τίμια ἃ καὶ 'Ακραιφιεῦσι ὑπάρχει [1]) und in Larissa (Athen. Mitth. VII, p. 64): καὶ τὰ λοιπὰ τίμια ὑπαρχέμεν αὐτοῖς πάντα ὅσσαπερ Λαρισσαίοις, also in Boeotien und Thessalien, wo die ähnlichen Proxeniedekrete gebräuchlich waren. In der Regel wird aber die Formel in solchen Dekreten gebraucht, in denen Proxenie und Politie zusammen verliehen wird und bezieht sich dann auf die Proxenie. Sie lautet: καὶ τἄλλα τίμια ὅσα καὶ τοῖς ἄλλοις προξένοις καὶ εὐεργέταις δίδοται oder auch nur ὅσα καὶ τοῖς κτλ. So findet sie sich in Delphi (Bull. de corr. hell. VI, p. 239), in Locris und zwar in Opus (Arch. Z. 1873 p. 141) und in Chaleion (CIG I, 1567), in Thessalien und zwar in Alos (Bull. de corr. hell. 1890, S. 240 f.), in Lamia (Lebas II, 1142, 1143, 1144, 1145, 1146, Ath. Mittb. VII, p. 362, VII, p. 364), in Thaumakes (CIG 1772, 1773, Lebas II, 1884, Athenaion II, p. 307, Bull. de corr. hell. VII, p. 45), in den Beschlüssen des Aenianenbundes (Collitz 1431 und Bull. de corr. hell. XV, p. 331). Die Identität dieser Formel mit der in einfachen Proxeniedekreten verwendeten lässt mit Sicherheit erkennen, dass sie sich nur auf die Proxenie bezieht.

Ein Zusatz, der sicherlich den Zweck hat, die Gleichwertigkeit des Bürgerrechtes auszudrücken, ist die Formel ἐφ' ἴσῃ καὶ ὁμοίᾳ, deren Geltungsgebiet geographisch absteckbar ist. Auf den Inseln findet sie sich regelmässig in Samos, woher wir freilich lauter nahezu gleichzeitige Urkunden haben und zwar: C. Curtius, Stud. u. Inschr. z. Gesch. v. Samos Nr. 9 mit der Zusatzformel, dass der Neubürger in die Unterabteilungen des Volkes eingelost werden solle: καθότι καὶ τοὺς ἄλλους Σαμίους; Ath. Mitth. IX, p. 194, ib. p. 195; C. Curtius Nr. 7, ib. Nr. 8; ferner auf einer in Karystos gefundenen Inschrift CIG 2152b Add., welche jedoch die Bürgerrechtsverleihung eines fremden Staates an karystische Bürger betrifft. Böckh hat Alexandria Troas als den Ort vermutet, von dem der Beschluss ausging. Regelmässig ist ferner die Formel πολιτεία ἐφ' ἴσῃ καὶ ὁμοίᾳ in den Dekreten von Ephesus, welche sämtlich aus dem Ende des 4. Jahrhunderts stammen. Die Formel blieb aber sicher weit über diese Zeit hinaus erhalten, denn sie findet sich auch in dem Dekret aus dem Jahre 86, in welchem die Kriegserklärung der Stadt Ephesus an Mithridates (Lebas III, 136a) erhalten ist, und in dem die Metöken und Freigelassenen und waffenfähigen Fremden zu πολίτας ἐφ' ἴσῃ καὶ ὁμοίᾳ gemacht werden. — In dem Sympolitiedekrete von Smyrna, in welchem die Bewohner von Magnesia ins smyrnäische Bürgerrecht aufgenommen werden (CIG

---

[1]) Wahrscheinlich ebenso ibid. p. 33 nach Holleaux's Ergänzung.

3137), lautet die Formel ebenfalls πολιτείαν ἐν Σμύρνῃ ἐφ' ἴσῃ καὶ ὁμοίᾳ τοῖς ἄλλοις πολίταις, wo der beigesetzte Dativ deutlich zeigt, dass das verliehene Bürgerrecht dem durch Geburt erworbenen gleichgesetzt wird. Endlich ist die Formel erhalten in einem zu Assos gefundenen Beschlusse von Stratonikea (Papers of the American school of classic studies Vol. I, p. 18 ff.): δεδόσθαι πολιτείαν .. ἐφ' ἴσῃ καὶ ὁμοίᾳ τοῖς ἡμετέροις πολίταις. Wenn aber die Heimat dieser ursprünglichen Fassung der Formel zweifellos Kleinasien ist und von dorther eine Beeinflussung von Samos stattgefunden hat, vielleicht auch in Jonien der Ursprung zu suchen ist, so findet sich eine modifizierte Gestalt derselben in Dodona (Carapanos p. 53 Nr. 7): πολίτα]ν εἶμεν [Δ]άμαρχον [ἴσο]ν κα[ὶ] ὅμοιον τοῖς ἄλλοις Ἀπειρώταις und wahrscheinlich auch ib. p. 67, Nr. 33, Z. 3. — In Epirus kann diese Formel kaum nach jonischen Mustern gebildet sein; sie ist weder völlig gleich mit der jonischen, wie man sonst erwarten müsste, noch ist sie für das gesamthellenische Gebiet auf Bürgerrechtsverleihungen beschränkt, sondern bereits sehr früh für die Gleichheit der Bedingungen angewendet, unter denen Bundesgenossen aufgenommen werden, und spielt überhaupt in der Technik der Ausdrücke für internationale Verträge eine grosse Rolle. Von daher kam sie entweder überhaupt oder wenigstens für Epirus in die Bürgerrechtsverleihungsformel.

Aber auch wo kein solcher Zusatz in den Verleihungsdekreten vorkommt, ist ein Vollbürgerrecht gemeint. In Athen ist niemals, seitdem die Formel δεδόσθαι πολιτείαν lautet, irgend ein Zusatz hinzugefügt worden, der die Vollwertigkeit bewiese, und doch kann über diese schon darum kein Zweifel bestehen, weil in der Regel die Wahl der Phyle, des Demos und der Phratrie gestattet ist, die das Vollbürgerrecht verbürgt. Aehnliche Verordnungen gibt es auch in ausserattischen Dekreten. Eine grosse Anzahl von Dekreten aber verleiht neben dem Bürgerrecht die Proxenie und zwar entweder in der Weise, dass die Proxenie dem eigentlichen Bürgerrechtsdiplom beigesetzt ist oder umgekehrt dass das Bürgerrecht in das Proxeniedekret aufgenommen wurde, so dass sich solche Proxeniedekrete von anderen, in denen bloss Proxenie verliehen wird, durch nichts als die Beisetzung des Wortes πολιτεία unterscheiden. Dem Begriffe nach sollten sich nun Proxenie und Politie ausschliessen, denn die Proxenie ist eine Ehre, die dem Fremden und zwar in seiner Eigenschaft als Bürger eines fremden Staates verliehen wird, die Politie macht ihn zum Bürger des verleihenden Staates. Man kann daher sagen, dass ursprünglich nirgendwo beide Ehren zugleich verliehen worden sind, sondern nur entweder Proxenie oder Politie, dass es dagegen vorkommen konnte, dass jemand, der

bereits Proxenos geworden war, später das Bürgerrecht erhielt, nicht
aber umgekehrt. Je mehr nun die praktische Bedeutung des verliehenen Bürgerrechts schwand, d. h. je häufiger die Politie als blosse
Ehre an solche Fremde verliehen wurde, die niemals die Absicht
hatten, von diesem Rechte Gebrauch zu machen und für die dasselbe
auch nahezu wertlos war, weil sie ihren Wohnort nicht zu verlassen
wünschten, desto mehr schwand auch die praktische Unterscheidung
in der Verleihung der Proxenie und Politie. Wenn früher die Verleihung der Politie nach bereits vorher verliehener Proxenie als eine
neue Auszeichnung angesehen wurde, die dem Verdienten zu Teil
wurde, so wird jetzt die Häufung beider Auszeichnungen ein Ausdruck der gesteigerten Anforderungen der Auszeichnungsbedürftigkeit
an die Auszeichnungsfähigkeit. Die Proxenie hat nur wenige rechtliche Dependenzen, die sie wertvoll machen. Selbst das Recht Grundbesitz zu haben, dessen Mangel den Mangel des Bürgerrechts am
härtesten fühlen liess, stand dem Proxenen nicht an sich zu, sondern
dort, wo es ihm gewährt werden sollte, musste es ihm besonders verliehen werden. Ein Anteil an der Regierungsgewalt gebührte ihm
natürlich nicht. In jenen Fällen, in denen neben der Proxenie auch
ἔγκτησις γῆς καὶ οἰκίας verliehen wurde, liegt allerdings eine Art
Quasibürgerrecht vor, weil dann wegen der andern in der Regel mitverliehenen Rechte kaum mehr etwas als die Teilnahme an der ἀρχή
zum Bürgerrecht fehlte. Da das Bürgerrecht auch diese verlieh, so
galt es in jedem Falle als die höhere Auszeichnung, Bürger zu werden.
Warum man mit der höheren Bewilligung auch die geringere verlieh,
das hat seinen Grund in der Verschiedenheit des Charakters der beiden
Ehren, von denen die Proxenie früher eine blosse Ehre wurde als die
Politie. Während ursprünglich mit der Politie nichts weiter verliehen
wurde, als höchstens ein Lob oder ein Kranz, wurden mit der Proxenie
je nach der Verschiedenheit der Staaten Ehrungen verliehen, die äusserlich den Proxenen vor dem Bürger auszeichneten, wie z. B. die
Proedrie, vielleicht auch einzelne Begünstigungen finanzieller Natur,
die dem Bürger nicht zustanden. Es ist dies eine Folge des Umstandes, dass die Proxenie von Haus aus eine Ehrung für den Fremden
sein sollte, während die Politie nur die Aufnahme in den Staatsver-
band bezweckte. Wir wissen ferner, dass wenigstens in einzelnen
Staaten ein Gesetz bestand, welches den Umfang der einem Proxenos
durch die Verleihung ipso facto zukommenden Ehren bestimmte und
die Formel ὅσα τοῖς ἄλλοις προξένοις ὑπάρχει erklärt sich auch am
besten durch die Beziehung auf dieses Gesetz, welche gelegentlich

auch ausdrücklich ausgesprochen wird [1]). Durch die Mitverleihung
der Proxenie neben der Politie war daher namentlich in dem Falle,
wenn vom Bürgerrecht kein eigentlicher Gebrauch gemacht wurde,
eine Reihe von Ehren und Auszeichnungen gegeben, die dem Bürger
an sich nicht zustanden. Dadurch erhielt sich die Gewohnheit, Proxenie und Politie zusammen zu verleihen, desto sicherer, je mehr das
Bürgerrecht zu einem blossen Ehrenbürgerrecht herabsank.

In Kleinasien finden wir diese Verbindung bereits ziemlich früh.
Das Bürgerrechtsdiplom von Erythrae für Mausollos z. B. hat völlig die
Form eines Proxeniedekretes mit eingeschobener Bürgerrechtsklausel
(Lebas-Wadd. III, Nr. 40: εἶναι ἐοργέτην τῆς πόλεως καὶ πρόξενον
καὶ πολίτην καὶ εἴσπλουν καὶ ἔκπλουν καὶ πολέμου καὶ εἰρήνης ἀσυλεὶ
καὶ ἀσπονδεὶ καὶ ἀτέλειαν καὶ προεδρίην). Lässt man in demselben
die Worte καὶ πολίτην aus, so hat man ein reines Formular eines
Proxeniedekretes, wie es überall auf griechischem Boden vorkommt.
Ebenso steht es mit den andern Bürgerrechtsdiplomen von Erythrae
(Lebas III, Nr. 39; Brit. Mus. III, 418). Diese aber betreffen hervorragende Männer, die die Stadt zu ehren bestrebt war, nicht solche
Personen, die im eigenen Interesse das Bürgerrecht erstrebten. Es
sollten daher alle Ehren auf sie gehäuft werden, die das staatliche
Gemeinwesen zu vergeben hatte. In beiden Fällen ist aber auch zur
Bürgerrechtsverleihung ein Ausdruck wie ἂν βούληται zu denken, der
auch in dem einen Falle, dem der Verleihung für Konon von Athen,
wirklich gesetzt erscheint. D. h. die faktische Ausübung des Bürgerrechts erscheint, wenn nicht an die Aeusserung, so doch an die Bethätigung des Willens gebunden; der Geehrte ist in jenem beliebig
zu wählenden Momente Bürger, in welchem er die Rechte eines Bürgers ausübt. Da eine solche Ausübung bei hervorragenden Männern
fremder Staaten oder bei ihren Königen nicht wahrscheinlich ist, so
schien es angemessen, auch solche Ehrenrechte zu verleihen, die persönliche Auszeichnungen sind.

Lehrreich sind in dieser Beziehung die zeitlich ungefähr zu-
sammenfallenden Bürgerrechtsdiplome von Ephesus. Kein einziges
derselben verleiht direkt Proxenie, aber während einzelne nichts
weiter als die Politie verleihen, fügen andere einige gewöhnlich mit
der Proxenie verbundene Ehrenrechte hinzu. Als Typus der ersten
Art führe ich das Dekret Brit. Mus. III, 454 an mit dem Schema:
ἐπειδὴ Λεύκιππος . . . . προθυμίαμ παρέχεται . . . . δεδόχθαι
τῇ βουλῇ καὶ τῷ δήμῳ δοῦναι Λευκίππῳ πολιτείαν αὐτῷ καὶ ἐκγόνοις

---

[1]) Vgl. Lebas II, 6 (Aegosthenae) καὶ τὰ ἄλλα πάντα ὅσα τοῖς ἄλλοις προξένοις ὁ νόμος κελεύει.

ἐφ' ἴσῃ καὶ ὁμοίῃ· ἐπικληρῶσαι δὲ αὐτὸν καὶ εἰς φυλὴν καὶ χιλιαστύν·
ἀναγράψαι κτλ. Als Typus der zweiten Art mag das Dekret ibid. Nr. 453
gelten, welches zu den angeführten Formeln noch hinzufügt: ὑπάρχειν
δὲ αὐτῷ προεδρίαν ἐν τοῖς ἀγῶσιν καὶ εἴσπλουν καὶ ἔκπλουν καὶ ἐμ
πολέμῳ καὶ εἰρήνῃ καὶ ἀτέλειαν ὧν ἂν εἰσάγῃ ἢ ἐξάγῃ εἰς τὸν ἴδιον
οἶκον, καὶ ἔφοδον πρὸς τὴμ βουλὴν καὶ τὸν δῆμον πρώτῳ μετὰ τὰ
ἱερά. Auf den ersten Blick erkennt man, dass diese Formeln solche
sind, wie sie regelmässig in Proxeniedekreten vorkommen, dass
also in den Dekreten dieses zweiten Typus Gewicht darauf gelegt
wurde, Ehren wie die Proedrie und die Steuerfreiheit bei Import und
Export und das Recht der unbehinderten Einfahrt und Ausfahrt in
den Hafen in Kriegs- und Friedenszeiten, mit der Politie mitzuverleihen, während man sich in den Dekreten der ersten Form mit der
Politie begnügte. Betrachtet man nun die Empfänger der Bürgerrechtsdiplome mit homöoproxenischen Formeln, so findet man unter ihnen
den Rhodier Nikagoras, der als Gesandter der Könige Demetrios und
Seleukos gekommen war und als solcher geehrt werden sollte, dann
einen Apollonios, der in Angelegenheiten des Antigonos und Demetrios
gesandt war, einen Thebaner Lysikon von unbekannten Verdiensten,
einen makedonischen Feldherrn Archestratos, der Freund des Königs
war, also bis auf einen nachweisbar solche Personen, denen wegen
ihrer hohen Stellung oder der hohen Stellung der Machthaber, die
durch sie geehrt werden sollten, mehr als das Bürgerrecht verliehen
werden sollte, von dem sie kaum einen Gebrauch zu machen in die
Lage kommen konnten. Die andern Dekrete von Ephesus haben, soweit die Erhaltung der Steine ein Urteil zulässt, die reine Bürgerrechtsformel, bezweckten also nichts als die thatsächliche Verleihung
des Bürgerrechts. Unter den zahlreichen Dekreten befindet sich nur
ein einziges auch sonst von der üblichen Form abweichendes, welches
Proxenie und Politie verleiht. Es ist das für den Arkader Euthy-
damos (Brit. Mus. III, 459).

Sind die ephesischen Bürgerrechtsdiplome geteilt nach der reinen
und der homöoproxenischen Form, ohne selbst in diesem letzteren
Falle Proxenie mitzuverleihen, so gibt es andere kleinasiatische Städte,
die Proxenie- und Politiedekrete ausdrücklich kombinieren. So sind die
Bürgerrechtsdekrete von Iasos (CIG II, 2673 b, 2675, 2676, 2677, 2678)
sämtlich Proxeniedekrete, das Dekret von Kalymna für mehrere
von Iasos geschickte Richter (CIG II, 2671) ist gleichfalls ein Pro-
xenie- und Politiedekret, obgleich in der Masse der Bürgerrechtsdiplome von Kalymna nur ein einziges vorhanden ist, das, wenn die
vorzunehmenden Ergänzungen nicht trügen, Proxenie und Politie zu-

gleich verleiht [1]). Ob aber hier die Kalymnier Rücksicht auf die
Uebung in Iasos genommen haben oder ob für die Mitverleihung der
Proxenie ähnliche Gründe massgebend gewesen sind, wie in Ephesus für die Mitverleihung der proxenischen Ehren, bleibe dahingestellt.
Ebenso ist der Beschluss Bull. de corr. hell. XIII, p. 23 eine Kombination von Proxenie und Bürgerrecht. Das gleiche Verhältnis weist
Bargylia (Lebas III, Nr. 87) auf.   Charakteristisch ist der Beschluss
von Iasos für mehrere von der Stadt Priene gesendete Richter (Brit.
Mus. III, Nr. 420), in welchem die Proxenie verliehen wird, in Bezug auf
das Bürgerrecht aber beschlossen wird, die Verhandlung über dasselbe zu dem gesetzlichen Termin anzuberaumen [2]). Die Verleihung
der Proxenie und der Politie waren also nicht nur verschiedene Akte,
sondern die Formen, unter denen die Politie verliehen wurde, waren
auch komplizierter als die für die Proxenie.   Ebenso ist das Dekret
aus Ilion (Arch. Z. 1871, p. 170 = Schliemann, Ilios p. 710) ein kom-
biniertes Proxenie- und Politiedekret, ebensowie aus derselben Stadt
CIG II, 3596, das erste den Freund eines Königs, den Tamniter Dia-
phenes, das zweite den Arzt und Lebensretter des Königs Antiochos
Soter betreffend, also beide Personen, die besonders geehrt werden
sollten, während der Stein bei Schliemann, Troja p. 252 f. (= Bull.
de corr. hell. IX, p. 161) vier Tenediern, die die Proxenie vermutlich
schon durch Vererbung besassen, neuerdings das Bürgerrecht allerdings neben einigen sonst mit der Proxenie verbundenen Ehrenrechten
verleiht. Das Dekret von Kyme (CIG II, 3523) verleiht Proxenie und
Politie zugleich, während das von Telmessos (Bull. de corr. hell. XIV,
p. 161) ähnlich wie die Dekrete von Ephesus Politie nebst den mit
der Proxenie verbundenen Ehrenrechten ohne Proxenie an einen Ephesier verleiht und in der Aufzählung der Beschlüsse von Zeleia (Ath.
Mitth. IX, p. 58) in der Regel Politie mit der homöoproxenischen
Formel, einmal auch einem Proxenos Politie verliehen wird.

Aus dieser Uebersicht ergibt sich wenigstens für Kleinasien mit
annähernder Sicherheit die Entwicklung, dass die Proxenie nebst den
mit ihr verknüpften Rechten eine persönliche Auszeichnung für ver-
diente oder hervorragende Männer, denen das Bürgerrecht ursprünglich
nicht verliehen wurde, gewesen ist und in den Fällen, in welchen

---

[1]) Newton, Anc. gr. inscr. of the Brit. Mus. II, Nr. 244: καὶ ἧ[μεν αὐτοῖς
ἐν Καλύ]μνα πολι[τείαν ... ἀ]τέλειαν πάντων ... καὶ] ἐκπλ[ουν ἀσυλ]εἰ κα[ὶ ἀσπονδεί.

[2]) εἶναι δὲ αὐτοὺς καὶ προξένους τῆς πόλεως, περὶ πολιτείας δὲ αὐτοῖς τε καὶ
τοῖς ἐκγόνοις αὐτῶν προγράψασθαι τοὺς προστάτας ἐν τοῖς ἐννόμοις χρόνοις und im
Beschluss von Priene: πεποίηνται δὲ αὐτοὺς καὶ προξένους τῆς πόλεως, περὶ δὲ πολιτείας αὐτοῖς τε καὶ ἐκγόνοις αὐτῶν ἐπιτετάχασιν τοῖς προστάταις προγράψασθαι ἐν
τοῖς ἐννόμοις χρόνοις.

das Bürgerrecht nicht um besonderer Verdienste willen, sondern auf
Grund des Nachweises eines Anrechtes oder im Interesse des Neubürgers selbst verliehen wurde, auch weder die Proxenie noch die mit
ihr verknüpften Rechte verliehen wurden, dass aber überall dort, wo
das Bürgerrecht nur eine der Anerkennungen für besondere Verdienste,
wirkliche oder konventionell zugestandene, sein sollte, entweder die
Proxenie mitverliehen wurde oder doch die gewöhnlich an der Proxenie haftenden Rechte, wie Proedrie, Einfuhr und Ausfuhr im Krieg
und Frieden, auch Asphalie und Asylie besonders erteilt wurden.

Gehen wir zu den Inseln über, so finden wir die Kombination
von Proxenie und Politie zunächst auf Kreta (Bull. de corr. hell. III,
p. 431; Journal of hell. stud. VI, p. 251 Nr. 2; Bull. de corr. hell.
IV, p. 354), ferner regelmässig in jenen Bürgerrechtsdiplomen von
Samos, welche infolge der Zurückführung der Verbannten durch Per-
dikkas nach der Schlacht bei Krannon für die Beschützer der Verbannten während des Exils beschlossen wurde. Die Formel lautet:
ἀναγράψαι αὐτὸν πρόξενον καὶ εὐεργέτην τοῦ δήμου τοῦ Σαμίων, δεδόσθαι δ' αὐτῷ καὶ ἐκγόνοις αὐτοῦ πολιτείαν ἐφ' ἴσῃ καὶ ὁμοίᾳ κτλ. Nur
das älteste dieser Dekrete aus dem Jahre 322 für Gorgos den Hoplo-
phylax Alexanders und dessen Bruder, zwei Bürger von Iasos [1]), enthält trotz seiner Redseligkeit die einfache Bürgerrechtsverleibung,
vermutlich weil zur Zeit derselben der Wert des Bürgerrechts noch
nicht so gesunken war, dass er durch die gleichzeitig erteilte Proxenie
erhöht werden musste, wie später, als eine grössere Anzahl von
Personen dieser Ehre teilhaft geworden war. Sonst findet sich diese
Kombination auf den Inseln nur vereinzelt, einmal auf Amorgos [2])
in einem Beschlusse für den Rhodier Nikolaos, wo die Anordnung,
den Beschluss der Stadt den Rhodiern mitzuteilen, beweist, dass
es sich um eine besondere Ehre, nicht um den wirklichen Genuss
des Bürgerrechts handelt; einmal in Mytilene [3]), wo die Strategen
angewiesen werden, zum gesetzlichen Termin die Verhandlungen
über Proxenie und Bürgerrecht der zu Ehrenden einzuleiten, welche
von der Stadt Erythrae als Richter gesendet worden waren; ganz
vereinzelt in Poieessa auf Keos [4]) neben anderen Dekreten von der
Form der reinen Bürgerrechtsdiplome, wo es vielleicht nicht gleichgültig ist, dass der Beschluss einem Makedonen gilt; endlich zweimal, also vielleicht regelmässig, in Tenos in allerdings jüngerer Zeit.

[1]) C. Curtius, Inschr. u. Stud. z. Gesch. v. Samos Nr. 7, p. 22 = Dittenb.
syll. 119.   [2]) Ann. d. inst. 1842, p. 158 = Ath. Mitth. XI, S. 82 f.
[3]) Sitzber. der Wien. Ak. 1872, p. 835: εἰσαγγήσασθαι δὲ περὶ αὐτῶν ἐν τοῖς
χρόνοις τοῖς ἐκ τῶ νόμω καὶ τοῖς στρατάγοις ὅπως ὑπάρξῃ αὐτοῖσι προξενία καὶ πολιτε[ί]α.
[4]) Mus. ital. Vol. I, p. 198, Nr. 3.

Auf ein verstümmeltes Dekret von Kalymna, wo wahrscheinlich derselbe Sachverhalt vorliegt, ist schon hingewiesen worden (S. 17 f.).
Am häufigsten kommt jedoch die gemeinsame Verleihung von
Proxenie und Politie im nördlichen Griechenland vor, vielleicht weil
die überwiegende Mehrzahl der erhaltenen Dekrete einer späteren Zeit
angehört. Aber auch hier ist deutlich genug, dass nur das Ehrenbürgerrecht, die persönliche Auszeichnung, sich mit der Proxenie verbindet. So besitzen wir aus Thessalien eine Reihe von Beschlüssen,
die beide Ehren vereinigen. Aus der Stadt Alos haben wir ein Dekret, das neben der Proxenie und Politie auch Asylie, Isotelie, Epinomie, Incolat, Asphalie, kurz die mit der Proxenie verknüpften Rechte
verleiht, während das berühmte Dekret der Larissäer (Ath. Mitth. VII,
p. 64), in welchem allen Bewohnern des Gebietes auf Anordnung Philipps V das Bürgerrecht verliehen wird, eben deshalb, weil hier nicht
eine Auszeichnung, sondern eine simple Erweiterung des Bürgerrechtes
auf bisher nicht berechtigte Volksklassen vorliegt, keine Spur einer
proxenischen Formel oder gar, einer Proxenieverleihung aufweist. Es
heisst einfach: δεδόσθειν τὰν πολιτείαν καὶ αὐτοῖς καὶ ἐσγόνοις καὶ
τὰ λοιπὰ τίμια ὑπαρχέμεν πάντα ὅσσαπερ Λαρισσαίοις. Ebenso wird in
Krannon, wo in Bürgerrechtsdiplomen eine die Gleichwertigkeit des
verliehenen Bürgerrechts verbürgende Formel (καττάπερ καὶ τοῖς πολίταις) üblich ist, die Proxenie mit der Politie verbunden. Im Beschlusse
bei Collitz Dial.-J. 361 heisst es: δεδόσθαι .... πολιτείαν καττάπερ καὶ
τοῖς πολίταις τοῖς Κραννουνίοις, ὑπαρχέμεν μὰ καὶ προξενίαν αὐτοῦ καὶ
τοῖς ἐσγόνοις. In Lamia geht die kombinierte Verleihung durch. Als
Typus sei der Beschluss Ath. Mitth. VII, p. 362 angeführt, wo Proxenie, Politie, Enktesis, Asphalie und die anderen Ehren verliehen
werden. Ebenso Lebas II, Nr. 1140, 1142, 1143, 1144, 1145, 1146
und Ath. Mitth. VII, p. 364. In Thaumakes geht die Verbindung ebenfalls durch, nur dass dort das Bürgerrecht nicht πολιτεία, sondern
ἰσοπολιτεία heisst. (Vgl. Bull. de corr. hell. VII, p. 45; CIG 1772
= Athenaion II, p. 317; CIG I, 1773; Lebas II, 1184). Eine nicht
vollständig erhaltene Inschrift von Phayttos zeigt sicher Politie neben
mehreren mit der Proxenie verknüpften Rechten; ob Proxenie selbst,
ist fraglich, aber der Ergänzung des Wortes steht nichts im Wege[1]).
Verbindung beider Ehren ist ferner in Mesambria (CIG 2053bc). Dagegen ist in allen Fällen, in welchen Massenaufnahmen in die Bürger-

---

[1]) Ath. Mitth. VIII, p. 126. Zu ergänzen ist von Z. 12 an ἐπα[ιν]έ[σαι αὐτὸν
ἐπὶ προαγέ]σει ᾖ διατελεῖ χρώμενος πρὸς τὴν [πόλιν ..] δεδόσθα[ι δὲ αὐτῷ] πο[λ]ι-
τ[ει]α[ν] καὶ τοῖς ἐκγόνοις [καὶ προξενίαν καὶ γῆς καὶ οἰκίας ἔγκτησιν] ἀτέλειαν,
ἐπινομίαν, ἀσυλίαν καὶ ἀσφάλειαν καὶ πολέμου καὶ εἰρήνης καὶ εἰσαγωγή[ν καὶ ἐξ-
αγωγὴν ...] καὶ φυλῆς εἶναι ἀμ Φαθττῳ [ᾖς] ἄ[ν βούληται.

schaft stattfanden, also von einer persönlichen Auszeichnung nicht
die Rede sein kann, einfache Bürgerrechtsformel zu finden, so (Ath.
Mitth. VIII, p. 107 ff.) in Phalanna, wo die Perrhäber, Doloper,
Aenianen, Achäer und Magneten in das phalannische Bürgerrecht auf-
genommen werden und in Pharsalus (Heuzey et Daumet, miss. arch.
Nr. 199, p. 425), wo eine Anzahl Bundesgenossen ins pharsalische
Bürgerrecht aufgenommen wird, ohne dass ihnen natürlich irgend
eine Auszeichnung zuerkannt wird.

Die Dekreten der Aenianen liegt ebenfalls die Verbindung
von Proxenie und Politie vor. In Boeotien sind die Proxeniedekrete
häufig, die Bürgerrechtsdiplome äusserst selten. Das Dekret von
Akräphia (Bull. de corr. hell. XIV, p. 44) verleiht Proxenie und Politie und darnach ist auch das zweite Dekret von Akräphia (Bull. de
corr. hell. XIV, p. 33 ff.) zu ergänzen. Einfach Bürgerrecht verleiht
allerdings Theben in dem Beschlusse für den Akräphier Epaminondas
(Keil, syll. Nr. 31) für dessen Gesandtschaft zum Kaiser. Aber es
ist zu bedenken, dass dies ein Beschluss einer thebanischen Stadt für
den Bürger einer andern böotischen Stadt ist, zu einer Zeit gefasst,
wo es jedenfalls wieder irgend eine politische Vereinigung von ganz
Böotien gegeben hat, so dass es fraglich ist, ob ihm überhaupt die
Proxenie hat verliehen werden können. Ebenso liegt die Kombination
der Ehren in Oropos vor ('Εφ. ἀρχ. 1891, p. 92 ff., Nr. 39, 40, 41).

Phokis weist die Verbindung von Proxenie und Isopolitie auf und
zwar in Antikyra (Collitz 1521, 1522), Delphi (Bull. de corr. hell. V,
p. 383, VI, p. 239), Ambryssos (Collitz 1520). Dagegen ist bei der
Massenaufnahme der Medeonier in das Bürgerrecht von Stiris (Bull.
de corr. hell. V, p. 45) von Proxenie keine Rede und was noch schla-
gender ist, bei einer nicht als Auszeichnung, sondern auf Grund eines
Ansuchens erfolgenden Bürgerrechtsverleihung an einen einzelnen (Bull.
de corr. hell. VI, p. 460 ff.) erfolgt ebenfalls die einfache Bürgerrechtsverleihung.

Lokris hat Politie oder Isopolitie in Verbindung mit Proxenie
und zwar: in Opus (Athenaion I, p. 484), Chaleion (CIG 1567), Thronion
(Collitz 1511); Akarnanien hat ein Bürgerrechtsdiplom aufzuweisen
(Ath. Mitth. IV, p. 224), welches Proxenie und Politie verbindet. Dagegen ist in Epirus kein Bürgerrechtsdiplom gefunden, welches zugleich Proxenie gewährte. Trotz der grossen Anzahl kombinierter Verleihungen darf man doch eben wegen der charakteristischen Ausnah-
men für Griechenland dieselbe Entwicklung annehmen, wie wir sie
für Kleinasien und die Inseln vorausgesetzt haben. Zu erwähnen
ist aber, dass eine grosse Anzahl dieser Dekrete einfache Proxenie-

dekrete sind, die nur das Bürgerrecht als sekundär mitverleihen.
Das eine Bürgerrechtsdiplom aus Megara (Ath. Mitth. VIII, p. 183)
verleiht Bürgerrecht mit Proedrie, befindet sich also auf der Ueber-
gangsstufe zwischen einfacher Politie und kombinierter Proxenie und
Politie.

Im Peloponnes finden wir die Verbindung beider Ehren durchwegs in späten Inschriften. So in Thalamae (Lebas II, 281), in Tegea
(Dittenberger, syll. 317 und Lebas II, 340 d) Isopolitie mit Proxenie,
ferner Politie mit Proxenie vom achäischen Bunde verliehen auf der
Kassandertafel (Arch. Z. 1855, p. 34 ff.). In älteren Dekreten und
bei Massenverleihungen auch hier nicht.

In den nördlichen Kolonien hat Byzanz selbst noch in der Kaiserzeit das reine Bürgerrechtsformular (CIG II, 2060), dagegen findet
sich die Kombination in Odessus (CIG 2056), in Olbia (Mel. Gr. Rom.
1855, p. 210, Latyschew inscr. or. sept. Pont. Eux. Nr. 15), Tomi
(Arch. Ep. Mitth. XII, p. 129), Callatis (Arch. Ep. Mitth. XI, p. 50),
in einer unbekannten Stadt (CIG 2134b) und in der Taurischen Cher-
sonnes (Latyschew Nr. 187).

Die vergleichsweise grosse Anzahl von Beschlüssen, welche Bürgerrecht mit Proxenie verbinden, beruht eben darauf, dass es sich in
allen solchen Fällen um persönliche Ehrungen handelt und die Mehrzahl der erhaltenen Volksbeschlüsse Ehrenbeschlüsse sind, weil diese
am häufigsten auf Stein geschrieben worden sind. Wie sich aus
der Zusammenstellung ergibt, hat man in einzelnen Staaten an der
theoretischen Scheidung, ja inneren Unvereinbarkeit der Proxenie und
Politie festgehalten, in andern frühzeitig die beiden Ehren vermischt.
So hat man es in Athen verstanden, die Politie von der Proxenie rein
zu erhalten. Wo der Ursprung der Kombination zu suchen ist, lässt
sich nicht sagen; die ältesten epigraphischen Zeugnisse, die jedoch
in diesem Falle wegen der Zerrissenheit des Materials wenig beweisen,
dürften auf Kleinasien weisen, wo aber die Kombination nicht durch-
geht. Die Fälle im nördlichen Griechenland beweisen wenigstens für
die spätere Zeit die Regelmässigkeit dieser Uebung für diese Gegend.
Ansätze zu einer Kombination finden sich fast immer, wenn Auszeichnungen mit der Politie verliehen werden sollen, die sonst an der Proxenie haften. In diesen Fällen, sowie in denen, wo ausdrücklich Proxenie mitverliehen wird, wird aber auch besonders klar, dass das
Bürgerrecht nicht selten verliehen wurde, ohne dass man der thatsächlichen Annahme desselben von seiten des Geehrten versichert war.
Dies folgt nicht nur aus dem Beisatze ἂν βούληται zur Verleihungsformel, die sich im Dekrete von Erythrae für Konon findet, sondern

auch aus der Verleihung einer Anzahl von Rechten, die vom Bürgerrecht eingeschlossen sind, wie ἔγκτησις γῆς καὶ οἰκίας, Isotelie, und
was sich auch findet', Isotimie. In allen solchen Fällen haben wir
es mit einem potentiellen Bürgerrecht zu thun, d. h. mit einem solchen, das von der souveränen Gewalt verliehen und daher in Rechtskraft erwachsen ist, dessen Rechtswirksamkeit aber von der Ausübung
durch den Geehrten abhing. Da diese in vielen Fällen nicht eintrat,
überhaupt aber erst durch thatsächliche Teilnahme an der ἀρχή eintreten konnte, wurden wenigstens jene Rechte als faktische verliehen,
die sonst am Bürgerrecht hingen und deren Ausübung man sichern
wollte, auch wenn das Bürgerrecht nicht angetreten wurde. Wo die
gesetzliche Folge der Bürgerrechtsverleihung die ex officio erfolgende
Einreihung in eine Unterabteilung der Bürgerschaft war, musste der
Neubürger sofort in die Listen eingetragen werden; sein Bürgerrecht
war daher für ihn und seine Nachkommen allezeit beweis- und aus-
übbar. Wo aber die Einreihung in die Unterabteilungen nicht oder
nicht auf Grund der Verleihung, sondern erst einer Wahl, Willens-
erklärung oder Bitte des Beschenkten erfolgte, war sein Bürgerrecht,
wenn er nicht durch einen solchen Akt von demselben Besitz ergriff,
bloss potentiell, die eventuell mitverliehenen Ehrenrechte aber waren
in jedem Falle sofort antretbar. Der Unterschied liegt aber immer
im Willen des Geehrten, nie im Verleihungsakt selber, der in dem
einen wie im andern Falle identisch ist. Wenn also ein potentielles
Bürgerrecht insofern ein Quasibürgerrecht genannt werden kann,
als der Beschenkte faktisch nur die Privatrechte ausübt, aber an
der ἀρχή nicht teilnimmt, so trifft auch diese Einschränkung nur
den faktischen Zustand, nicht die rechtliche Grundlage. Vielmehr
ist jedes verliehene Bürgerrecht ein volles, verleiht Anteil an der
ἀρχή und schliesst die Privatrechte notwendig ein. Das gleichwertige
Bürgerrecht gibt aber zunächst, wie schon sein älterer Ausdruck
lehrt, das Ethnikon des Staates und damit den Genuss der politischen Rechte', welche in der Teilnahme an der Volksversammlung und in der Fähigkeit, Aemter zu erlangen, bestehen. Denn
auch diese beiden Rechte sind in der μετουσία πάντων inbegriffen.
Ausdrücklich bezeugt ist dies in dem ältesten Bürgerrechtsdiplom von
Chaladrion [1]), wo der Neubürger zum Ϝισοπρόξενος und Ϝισοδαμιωργός
gemacht wird, d. h. ihm die Fähigkeit zugesprochen wird, die beiden
Aemter der Proxenie (hier ein Amt) und der Damiurgie zu verwalten.

---

[1]) Ob mit Kirchhoff (Arch. Z. 1877, S. 197) eine aristokratische Verfassung
von Chaladrion anzunehmen ist, in der es auch ein minderes Bürgerrecht ohne
Fähigkeit der Aemterbekleidung gegeben habe, ist mir fraglich.

Bezeugt ist es auch in dem Beschlusse der Larissäer, den dieselben auf Befehl des Königs Philipp V gefasst haben. Dort wird nämlich zunächst nach den Worten des ersten königlichen Briefes sämtlichen in der Stadt wohnhaften Thessalern und andern Griechen das Bürgerrecht verliehen. Hierauf erfliesst ein neuerliches königliches Handschreiben, dass die Larissäer den Zweck der allseitigen Ausdehnung des Bürgerrechtes verfehlt hätten, weil sie nicht die freigelassenen Sklaven in die Bürgerschaft aufgenommen hätten. Auf der vollkommenen Gleichstellung der Freigelassenen beruhe die Grösse der Römer, welche den Liberten Bürgerrecht und ius honorum gewährt hätten (προσδεχόμενοι εἰς τὸ πολίτευμα καὶ τῶν ἀρχείων μεταδιδόντες). Auf Grund dieses zweiten Handschreibens erfolgt ein Beschluss der Stadt, welcher offenbar den königlichen Intentionen gerecht zu werden sucht, und den übrigen einfach das Bürgerrecht verleiht, ohne die Fähigkeit der Teilnahme an den Aemtern besonders zu verleihen; dieselbe muss daher im Bürgerrecht eingeschlossen sein.

Es gibt allerdings Beschränkungen in der Bekleidung von Würden für den Neubürger, aber diese ändern die Qualität des Bürgerrechtes so wenig, als eine bestimmte erforderte Qualifikation, wie z. B. der Besitz ehelicher Kinder für die Strategie in Athen eine Verschiedenheit des Bürgerrechtes begründet. Namentlich findet ein Ausschluss der Neubürger von einzelnen Priestertümern statt, vielleicht auch von einzelnen Kulten. Aber es kann auch umgekehrt eine Kultgemeinschaft, die für die Bürger eingerichtet ist, an Nichtbürger verliehen werden, wenn die Bürgerschaft für den Umkreis dieser Kultgemeinschaft kompetent ist [1]). Die Bedingung der bürgerlichen Abstammung von der dritten Generation an rechnet, soweit sie Priestertümer betrifft, mit einer unkontrollierbaren religiösen Empfindung, soweit sie Staatsämter betrifft — in welchem Umfange dies der Fall ist, wissen wir nicht — spielt zwar eine ähnliche Empfindung mit, doch ist sie offenbar auch der juristische Ausdruck für einen faktischen Zustand.

Sind nun die politischen Rechte der Neubürger denen der alten völlig gleich, so gilt dies selbstverständlich von den Privatrechten. Das Incolat ist zweifellos eine Dependenz des Bürgerrechtes und braucht nicht besonders verliehen zu werden, wenn das Bürgerrecht verliehen wird. In denjenigen Formen der Bürgerrechtsdiplome, die ihrem Wesen nach Proxeniedekrete sind, wird es zwar ausdrücklich verliehen, aber das beruht einerseits auf dem Charakter dieser Dekrete

---

[1]) Lebas II, Nr. 1 (Aegosthenae) δεδόχθαι τοῖ δάμοι, ὅπόται κα παργυνόωνϑη Σιφαίων ἐν τὰς κοινὰς θυσίας ἃς δατζοι ἁ πόλις, ὑπαρχέμεν αὐτοῖς καθάπερ τοῖς πολίτης.

als Urkunden für das Ehrenbürgerrecht, andererseits auf der herübergenommenen Fassung von solchen Proxeniedekreten, welche ἔγκτησις mit verleihen. Dagegen gibt es kein Bürgerrechtsdiplom der reinen Form, d. h. ohne gleichzeitige Verleihung der Proxenie, welches die ἔγκτησις verliehe. Selbst die ephesischen Dekrete mit homöoproxenischer Formel haben keine ἔγκτησις. Verschieden von der ἔγκτησις ist der Anteil am Gemeindeland, der allerdings in einzelnen Fällen verliehen wurde. Wenn es in dem oft citierten Dekret der Chaladrier heisst: τὰν δὲ γᾶν ἔχην τὰν ἐν Πίσαι, so ist damit natürlich nicht die Fähigkeit Grundbesitz zu erwerben, sondern der gewährte Anteil am Gemeindeland gemeint. Im Beschlusse von Pharsalus [1]), durch welchen die Bundesgenossen ins Bürgerrecht aufgenommen werden, wird dieser Anteil durch die Worte gewährt: ἐδούκαεμ μὰ ἐμ Μαχουνίαις τὰς ἐχομένας τοῦ Λουέρχου γᾶς μόραν πλέθρα ἐξείκοντα ἐκάστου εἰβάτα ἔχειν πατρουίαν. Im Verzeichnisse von Ehrendekreten der Stadt Zeleia [2]) wird einmal einem Kyzikener wahrscheinlich Bürgerrecht verliehen — diese Annahme beruht auf einer Ergänzung — und daneben erhält er κλῆρον ἐν τῷ πεδίῳ, οἰ[κί]ην, κῆπο[ν κυά]μ[ω]ν διηχοσίων ἀμφορέων, ein anderesmal erhält ein Prokonnesier ἡμικλήριον δασείης κτ[ήνειον? ἐν τ]ῷ πεδίῳ, οἰκίην, κῆπον κ[υ]άμων ἀμφορέων ἑκατόν und daneben, wenn richtig ergänzt ist, auch Politie. Wenn nun eine solche Beteilung mit öffentlichem Land bei Bürgerrechtsverleihungen nur ganz vereinzelt vorkommt, so beruht das auf den wirtschaftlichen Verhältnissen der Staaten. Vermutlich war in denjenigen Staaten, die auf die angegebene Weise verfuhren, der grösste Theil des ackerbaren Landes Staatseigentum und konnte nur an Bürger kauf- oder geschenkweise mit einem Rückfallsrechte an den Staat für den Fall des Ablebens des Besitzers oder seiner direkten Descendenz überlassen werden. In welchem Grade auch die oft verliehene Epinomie, das Weiderecht, an das Vorhandensein von im Staatseigentum befindlichen Wiesen geknüpft ist, lässt sich nicht mit Sicherheit bestimmen.

Der Umfang der mit dem Bürgerrecht verbundenen Fähigkeit des Grundbesitzes hängt von dem Grade der Kompetenz der dem Staatswesen angehörigen Gemeinden ab. Innerhalb der Gemarkung der attischen Demen steht nur dem Demoten die volle Fähigkeit des Grundbesitzes zu, und die Gewährung des Gemeindeincolats hängt von dem autonomen Beschlusse der Gemeinde ab. Es ist daher kein müssiger Zusatz, wenn z. B. in dem vom κοινόν der Aenianen gegebenen Bürgerrechtsdiplom

---

[1]) Collitz Nr. 326.
[2]) Ath. Mitth. IX, p. 58.

(Collitz 1431) die ἔγχτησις im ganzen Gebiete der Aenianen gewührt
wird; in den meisten Fällen wird natürlich Staat und Gemeinde zu-
sammenfallen, denn staatliche Unterabteilungen, wie Phylen, Phratrien u. dergl., haben niemals Gemeinderechte gehabt. Die Entwicklung des Gemeindebürgerrechtes neben dem Staatsbürgerrechte, d. h.
die Entstehung eines Gemeindeincolats lässt sich bisher nur in Attika
verfolgen.   Aeltere Spuren sind jüngst in Kreta aufgedeckt worden.
In einer Inschrift von Gortyn[1]) werden nämlich die Gortynier und
die ἐν ᾿ΑϜλῶνι Ϝοικίοντες zusammen als Beschliessende angeführt,
welche Atelie Ϝαστίαν δίχαν καὶ Ϝοικίαν ἐν ᾿ΑϜλῶνι verleihen. Wahrscheinlich stand Avlon in irgend einem Verhältnisse der Unterordnung zu Gortyn, etwa wie eine Gemeinde zum Staat. Das Recht,
sich in Avlon niederzulassen, wurde daher mit von den Avloniern
gewährt, von den Gortyniern wahrscheinlich die Ϝαστία δίχα, welche
in einem unsicheren Zusammenhange noch einmal[2]) vorkommt. Diese
kann nichts anderes sein als die Gewährung der Klagfähigkeit in
dem Ausmasse, wie sie dem Bürger zusteht.   Mit der Erteilung des
Niederlassungsrechtes überhaupt und des Grundbesitzes in einer bestimmten Gemeinde in Verbindung mit der Gleichstellung vor Gericht
war allerdings ein Quasibürgerrecht gegeben, das sich nur durch Vorenthaltung der politischen Rechte vom Vollbürgerrecht unterschied.
In einer andern Inschrift von Gortyn wird Freigelassenen das Niederlassungsrecht unter den gleichen Bedingungen wie Bürgern gewährt[3]),
aber nicht auch gleichzeitig die Ϝαστία δίχα. D. h. jene Freigelassenen
wurden Metöken, während der Dionysios der besprochenen Inschrift,
der entweder Metöke oder Fremder überhaupt war, Quasibürger wurde.
Dasselbe Verhältnis, welches hier durch Ϝαστία δίχα ausgedrückt wird,
heisst in einer lokrischen Inschrift dem Vertrage von Chaleion und
Oianthea[4]) ἐπιδαμία δίχα. Diese wird nämlich wechselweise den Metöken der vertragschliessenden Staaten bei vierwöchentlichem Aufent-
halt verliehen[5]). Damit stand der Fremde unter dem Rechte des

_____

[1]) Mus. ital. II, p. 231, Nr. 83 f. publiziert von Halbherr. ... [ϑ]ιοί? ...
ϑυχάγχϑὰι · ὀωριάν ἔδωχαν Διονυ(σ)ο[ίωι τω]: Κο .. [ἀρετὰς ἐνπ]ολέ[μωι καὶ ἐ]Ϝαργεσίας
ἕνεκα Γόρτυνς ἐπὶ πάνσα[ις γνώμαις καὶ οἱ ἀδρ]όοι ἐν ᾿ΑϜλῶνι Ϝοικίοντας ἀτέλειαν
[πάντων ἀ](Ϝ)τᾶι[ι καὶ ἐχγόνοις] ... [ϝα]στίαν δίχαν καὶ Ϝοικίαν ἐν ᾿ΑϜλῶνι· ἧ[μεν
τᾶι τάν τω]. ὐδϝὶς πύργω καὶ Ϝοικοπέδων ἐχσοὶ γᾶς ...
[2]) Mus. ital. II, p. 210, Nr. 62 ἐϑίχαζε ἤ μὴ ε....[λ]άϙαι Ϝαστίαν δίχαν.
[3]) Mus. ital. II, p. 227, Nr. 82 τάδ᾿ ἔϝαδε τοῖς Γορτυνίοις ποσπίδοναι ε[ς] τῶν
ἀπελ[ευϑέρων ιχσῆμεν ὅαμι κ]α λῆι κατα Ϝοικιδέϑαι Λατώσιοι ἐπὶ τᾶι Ϝίοϝαι κ[αὶ
τ]ᾶι ὁμοίαι καὶ μή τινα τοῦτον μήτε καταδωλώ[ϑαι.
[4]) IGA 822.
[5]) αἰ μετα Ϝοικίαι πλέον μηνὸς ἤ ὁ Χαλειὺς ἐν Οἰανϑέϙ ἤ ᾿Ϙιανϑεὺς ἐν Χαλείῳ,
τᾷ ἐπιϑαμίᾳ δίχϙ χρήστω.

Staates, den er bewohnte, und die härteste Uebung des Fremdenrechtes, welches dem angesessenen Nichtbürger den Schutz des Gesetzes im vollen Umfange nicht zugestand, war behoben. Ein Quasibürgerrecht u. zw. entweder die Enktesis allein oder die Enktesis in Verbindung mit der Gerichtszuständigkeit wird auch auf einer Reihe von rhodischen Inschriften durch ἐπιδαμία ausgedrückt. Wir begegnen einem Theon von Antiochia ᾧ ἁ ἐπιδαμία δέδοται [1]), einem Charinos von Laodikea, der denselben Beisatz führt [2]), endlich einem Epicharmos von Soloi ᾧ ἁ ἐπιδαμία δέδοται [3]), dessen Sohn sich auf derselben Inschrift bereits Ῥόδιος nennt zum sicheren Beweise, dass dem mit Epidamie beschenkten Vater, welcher sich mit seinem heimischen Ethnikon nennt, das Vollbürgerrecht noch nicht zustand. Für die Beurteilung des Ausmasses jener Rechte, die in der verliehenen ἐπιδαμία beschlossen waren, fehlt aber jeder Anhaltspunkt. Das Wort selbst verbürgt zum mindesten das Vorhandensein des Niederlassungsrechtes und damit des Grundbesitzes. Eine Epigamie, welche den Sohn der Bürgerin aus der Ehe mit dem Fremden zum Bürger macht, ist nicht wahrscheinlich, ein bedingtes Bürgerrecht, welches erst in der zweiten Generation zu Tage tritt, nicht nachweisbar. Es ist daher höchst wahrscheinlich, dass der Sohn das Bürgerrecht rite erworben hat und die dem Vater verliehene Epidamie höchstens mit ein Motiv für diese Bürgerrechtsverleihung gebildet hat. Der äusserste denkbare Umfang der Epidamie sind aber selbstverständlich alle Privatrechte; die politischen Rechte sind ausgeschlossen. In den meisten Fällen können wir das Quasibürgerrecht nur aus der Summe der dem Geehrten verliehenen Rechte zusammenrechnen. Der Begriff selbst ist nur einmal auf einer kürzlich zu Tage geförderten Inschrift aus dem Amphiareion in Oropos ausgedrückt [4]). Der Beschluss der Oropier gilt der Herbeischaffung der nötigen Gelder für einen Mauerbau und verfügt die Aufnahme einer Anleihe, mit deren Ausführung die Mauerbaukommissäre im Vereine mit den Polemarchen betraut werden. Diese haben die Gelder zu möglichst billigen Zinsen aufzunehmen. Die Rückzahlung wird für das Jahr nach dem Beschlusse festgesetzt. Diejenigen Personen nun, welche sich bereit finden, Beträge zu 10%iger Verzinsung darzuleihen, sollen die Proxenie, die Enktesis, die Isotelie, Asphalie, Asylie erhalten und ausserdem alle Rechte geniessen, wie

---

[1]) Foucart, Rev. arch. N. S. XIII, p. 163 f.: ibid. p. 298 f. = Loewy, Inschr. gr. Bildh. 184, 185, ferner Loewy 186.

[2]) Foucart a. a. O. p. 158 = Loewy 188 und Loewy 189.

[3]) Rh. Mus. IV, p. 166 = Loewy 191.

[4]) Ἐφημερίς ἀρχαιολογική 1891, S. 78.

die Bürger [1]). Während sonst nur einzelne Rechte, wie die Atelie, in jenem Ausmasse verliehen werden, in welchem sie den Bürgern zustanden, werden dem Wohlthäter hier alle Rechte in dem Ausmasse, wie sie dem Bürger zustehen, erteilt, ohne dass jedoch die Teilnahme an der Regierungsgewalt damit gemeint sein kann, zum deutlichen Beweise, dass man mit dem Bürgerrecht diese Teilnahme notwendig verband. Hier haben wir den adäquatesten Ausdruck für Quasibürgerrecht gewonnen. Der Quasibürger hat also in allen Dingen des Lebens von den Magistraten so behandelt zu werden, als ob er Bürger wäre. Sehr charakteristisch ist, dass sich die Bürgerschaft von Oropos scheute dafür, dass jemand den finanziellen Mut hatte, ein nicht schlechtes Geschäft einzugehen, ihm das Bürgerrecht zu verleihen, obgleich sie sich nicht scheute, durch Verheissung von erheblichen Rechten dazu anzulocken. Es mag dies darin gelegen sein, dass auch hier vielleicht ein Gesetz bestand, welches bloss Wohlthätern das Bürgerrecht zu verleihen gestattete. Wenigstens motivieren die Bürgerrechtsdiplome von Oropos die Schenkung mit der Formel ἐπειδὴ ἀνὴρ ἀγαθός ἐστι, oder ἐπειδὴ εὔνους καὶ χρήσιμός ἐστιν. Bei aller Dehnbarkeit des Begriffes ἀνδραγαθία war aber ein Darlehensgeschäft zum normalen Zinsfuss nicht gut als Wohlthat aufzufassen, während der Erteilung des Quasibürgerrechts kein Gesetz im Wege stand. Eine einzige Person kam dem Bedürfnisse der Stadt Oropos entgegen und ihr Name wurde dementsprechend am Ende der Inschrift vermerkt. Wenn dieselbe ein Talent oder etwas darüber geborgt hatte, so bedurfte die Stadt keiner weiteren Hilfe und die etwa angebotene Hilfe weiterer Personen wäre nicht angenommen worden, die Erteilung der verheissenen Rechte wäre unterblieben.

Aehnliche Bestimmungen mögen es sein, die sich auf zwei delphischen Inschriften finden, wo Personen unbekannter Nationalität die ἀτέλεια πάντων ὡς καὶ τοῖς ἄλλοις πολίταις verliehen wird [2]). Der Wortlaut spräche dafür, dass die Geehrten delphische Bürger waren, aber da ihnen gleichzeitig γᾶς καὶ οἰκίας ἔμπασις verliehen wird, ist diese Interpretation unmöglich. Es muss also entweder τοῖς ἄλλοις scilicet πολίταις verstanden oder angenommen werden, dass wir es hier mit Neubürgern zu thun haben, die von dem ihnen erteilten Bürgerrechte keinen Gebrauch machten und sich nun wenigstens die für sie wertvollen Rechte zusichern liessen, die ihnen implicite zugestanden hätten, wenn sie das Bürgerrecht angenommen hätten.

Es ergibt sich also eine Analogie zwischen der Entwicklung des

---

[1]) καὶ τὰ ἄλλα πάντα καθάπερ τοῖς πολίταις.
[2]) Wescher-Foucart, inscr. de Delphes, Nr. 7, 8.

angeborenen und des verliehenen Bürgerrechtes in der Trennung der Privatrechte von den politischen. Wie die politischen Rechte erst in der entwickelten Demokratie den Bürgern zukommen, in den alten Geschlechterstaaten aber die Masse der Bevölkerung bloss das Niederlassungsrecht und im weitern Verlauf die Privatrechte überhaupt besitzt, so war auch bei der Verleihung des Bürgerrechtes die Vorstufe die Verleihung der Ansässigkeit, die Enktesis und die Gerichtszuständigkeit. Philippi [1]) hat auf den gentilicischen Charakter des griechischen Bürgerrechtes hingewiesen und ihm den genossenschaftlichen Charakter der modernen Staaten gegenübergestellt, mit Recht, insofern die historische Entwicklung des Bürgerrechts von den Geschlechtern ausgegangen ist, denen zunächst der Anteil an der Regierungsgewalt und auch das Niederlassungsrecht zustand. Die Verleihung des Bürgerrechts an Fremde war insofern eine Durchbrechung dieses Prinzips, als damit auch Personen in die Bürgerschaft aufgenommen wurden, die den Geschlechterverbänden fernestanden. Aber da die Verleihung die Ausnahme ist, da sie sich als ein Geschenk des Staatsganzen an eine Person darstellt, und die Einreihung des Beschenkten in die aus den Geschlechtern erwachsenen Gemeinschaften die Fiktion des nicht bestehenden Geschlechtsverbandes ist, so durfte man in dieser Ausnahme eine Bestätigung der Regel sehen. Die Verleihung der Privatrechte aber, also des Quasibürgerrechtes, ihrem Wesen nach auch eine Auszeichnung und ein Geschenk, bildete, wenn und da sie in grösserem Massstab vorgenommen wurde, einen Uebergang zum genossenschaftlichen System des Bürgerrechtes.

Die Verleihung des Bürgerrechtes an Fremde oder Halbbürtige ist normal ein Privileg, welches die souveräne Gewalt erteilt. Wenn in Zeiten grosser Umwälzungen massenhafte Einbürgerungen stattfanden, so gestattet uns unsere Ueberlieferung nicht immer ein sicheres Urteil über den Modus der Aufnahme; wenn z. B. von Kleisthenes erwähnt wird, dass er in Athen vielen Metöken und Sklaven zum Bürgerrecht verhalf, so wissen wir nicht, ob sich diese Einbürgerung nur deshalb an seinen Namen knüpfte, weil er der geistige Urheber derselben war, im übrigen sich aber unter den gültigen Formen der Bürgerrechtsverleihung abspielte, oder ob durch einen revolutionären Machtspruch eine Inpatriierung stattfand. Von Dionysios von Syrakus wird berichtet, dass er einen Teil des Landes in gleicher Weise den Fremden wie den Bürgern verteilte und unter dem Namen der Bürger auch die freigelassenen Sklaven, die er Neubürger nannte, umfasste [2]).

---

[1]) Philippi, Beiträge zu einer Geschichte des att. Bürgerrechts, S. 6 ff.
[2]) Diod. XIV, 7.

Hier haben wir es mit einem offenbaren Machtspruch des Tyrannen
zu thun, der einfach erklärte, die Liberten seien Neubürger, so dass
offenbar ein rechtliches Verfahren, welches die Veränderung des Standes
begründete, nicht erfolgte. Ebenso wird die Verleihung des syraku-
sanischen Bürgerrechtes an die umgesiedelten Kauloniaten als eine
Verfügung des Dionysios hingestellt [1]). Ein Willkürakt des Tyrannen
Gelon war die von ihm in grossem Massstabe vorgenommene Bürgerrechtsverleihung [2]). Wenn nach dem Sturz des Tyrannen diesen Neubürgern der Zutritt zu den Aemtern verwehrt wurde, ohne dass gleichzeitig die Streichung aus der Bürgerliste erfolgte, so folgt, dass man
die Aufhebung des Bürgerrechtes nicht verfügen konnte, weil seine
Erteilung in den gesetzlichen Formen vor sich gegangen war.

Auch sonst ist die Entscheidung schwer, wenn die Historiker
den faktischen Verhältnissen Rechnung tragend der Person eines Er-
oberers die Bürgerrechtsverleihung an Sklaven oder Metöken zuweisen
und diesen somit zum verleihenden Organ machen. Wann und wo
hier die unter dem Befehle des Machthabers beschliessende Volksversammlung als blindes Werkzeug übergangen wurde, lässt sich kaum
feststellen. Kontrollieren können wir den Vorgang nur in jenen Fällen,
in welchen uns die Inschriften als amtliche Dokumente desselben
zu Hilfe kommen; und da stossen wir ausnahmslos auf Volksbeschlüsse,
welche Bürgerrecht verleihen, müssen also die in der Volksversammlung konzentrierte souveräne Gewalt als das beschliessende Organ erkennen. In den weitaus meisten Fällen charakterisiert sich die Bürgerrechtsverleihung als ein auf die Person erteiltes Privileg, und der
Volksbeschluss geht daher auch auf die bestimmte Person. Es kommt
aber auch vor, dass bloss Bedingungen für den Erwerb des Bürgerrechts beschlossen werden und derjenige, welcher dieselben erfüllt,
dadurch Bürger wird. In diesem Falle geht die Bürgerrechtsverleihung nicht auf die Person, sondern diejenige Person, die ihre Qualifikation nachweisen kann, wird durch die Exekutivgewalt als Bürger
aktiviert. Bei einer Aenderung der Gesetzgebung im Sinne einer Erweiterung des Bürgerrechtes erfolgt die Aktivierung der Neubürger
auf diese Weise *e lege*, so bei der Ausdehnung der Politie auf Leute
von einseitig bürgerlicher Abstammung. In solchen Fällen ist die

---

[1]) Diod. XIV, 106, 3: ὁ δὲ Διονύσιος ... προσέταξεν ἑκατὸν ὁμήρους δοῦναι.
Δοθέντων δὲ πάντων ἀνέζευξεν ἐπὶ Καυλωνίαν· ταύτης δὲ τοὺς μὲν ἐνοικοῦντας εἰς
Συρακούσας μετῴκισε καὶ πολιτείαν δοὺς πάντε ἔτη συνεχώρησαν ἀτελεῖς εἶναι.

[2]) Diod. XI, 72: τὰς δὲ ἀρχὰς ἁπάσας τοῖς ἀρχαίοις πολίταις ἀπένειμον τοὺς δὲ
ξένους τοὺς ἐπὶ Γέλωνος πολιτευθέντας οὐκ ἠξίουν μετέχειν ταύτης τῆς τιμῆς . . . .
τοῦ γὰρ Γέλωνος πλείονας τῶν μυρίων πολιτογραφήσαντος ξένους μισθοφόρους ἐκ τούτων περιελείποντο πλείους τῶν ἑπτακισχιλίων κατὰ τοὺς ὑποκειμένους καιρούς.

Exekutive kompetent, weil nur die Prüfung vorgenommen werden muss, ob der Petent den Bedingungen des Gesetzes entspricht, eine Prüfung, die sich unter Umständen auch der längst im Genusse des Bürgerrechts Stehende gefallen lassen muss. Aber es bedarf auch in diesem Falle einer Ermächtigung der Behörden durch die souveräne Gewalt, auf Grund der festgestellten Bedingungen Personen in die Bürgerliste einzuschreiben. Diese Ermächtigung folgt gewöhnlich aus der Fassung des Volksbeschlusses von selbst. Denn in jenen Fällen, in welchen ein Gesetz nur allgemeine Grundzüge für die Verleihung des Bürgerrechts festsetzt, kann der Beamte nicht κατὰ τὸν νόμον ins Bürgerrecht aufnehmen. Es bedarf vielmehr ebenso eines Volksbeschlusses, dessen Gültigkeit oder Einbringbarkeit an die Bestimmungen des Gesetzes gebunden ist. Bestimmt z. B. das Gesetz, dass Wohlthätern des Volkes das Bürgerrecht gegeben werden könne, so kann der Beamte nicht befinden, dass die einzelne Person Wohlthäter sei und daher als Bürger eingetragen werden müsse, sondern nur das Volk kann auf Grund des Gesetzes dem Wohlthäter das Bürgerrecht verleihen und der Volksbeschluss ist anfechtbar, wenn nachzuweisen versucht wird, dass der zu Beschenkende kein Wohlthäter ist. Das hat nicht nur darin seinen Grund, dass man den Behörden nicht das Recht zugestehen wollte, die Handlungen der einzelnen Personen als Wohlthaten zu qualifizieren, also nicht bloss in der allgemeinen Fassung des Gesetzes, sondern auch darin, dass dem Wohlthäter nicht das Bürgerrecht verliehen werden muss, sondern nur kann. Anders steht es, wenn der Erwerb des Bürgerrechts an die Bezahlung einer Geldsumme gebunden wird, wo die notwendige und auch hinreichende Bedingung der Verleihung einfach festgestellt werden kann. Hier kann und muss die Behörde die Einschreibung vornehmen, ohne die Volksversammlung zu befragen. Der Exekutivgewalt steht eben nur die Anwendung des Gesetzes oder Volksbeschlusses zu, nicht aber die Erteilung eines Privilegs an Stelle der souveränen Gewalt. Die Verleihung des Bürgerrechtes an Staatswohlthäter ist nämlich immer noch ein Geschenk, welches natürlich nur der Schenker geben kann, die Verleihung auf Grund des Erlags einer Taxe ist kein Geschenk mehr, sobald durch ein Gesetz oder Psephisma an denselben die Verleihung geknüpft ist.

In einem Beschlusse der am Heiligtum des Apollo und Herakles teilnehmenden Phylen von Kos [1]) wird beschlossen, die Bürger aufzuschreiben, ihren Namen, den Vaternamen, den Mutternamen, die

---

[1]) Bull. de corr. hell. VI, S. 249.

Phyle beizusetzen und auch zu vermerken, ob der Betreffende eine
Tochter hat. Bezüglich der Neubürger wird bestimmt, dass zu ihrem
Namen auch hinzuzuschreiben ist, nach welchem Gesetze oder Volks-
beschlusse sie das Bürgerrecht erlangt haben [1]). Man kann also
Bürger werden durch ein Gesetz oder einen Volksbeschluss; ist man
es durch ein Gesetz geworden, so musste der Fall eingetreten sein,
dass das Gesetz hinreichende Bedingungen aufstellte, deren Erfüllung
von der Behörde konstatiert wurde; wenn durch einen Volksbeschluss,
so hatte man das Geschenk frei aus den Händen des Volkes empfangen.
Aber es wäre falsch, wollte man glauben, dass in allen Fällen, in
welchen den Personen, die eine bestimmte Bedingung erfüllen, das
Bürgerrecht verliehen wurde, also in allen Fällen, in welchen die Neubürger thatsächlich ihr Bürgerrecht aus der Hand der Beamten em-
pfiengen, ein Gesetz diese Bedingungen aufgestellt haben müsse. Vielmehr konnte dies auch ein Volksbeschluss thun. Es gibt Gesetze, welche
allgemeine Grundzüge für die Verleihung des Bürgerrechtes festsetzen;
an diese hat sich der Volksbeschluss zu halten, der einem Einzelnen
Bürgerrecht gewährt; es gibt aber auch Gesetze, die die speziellen
Bedingungen für das Bürgerrecht festsetzen, diese bedürfen keines
Volksbeschlusses, sondern haben einfach angewendet zu werden. Ebenso
gibt es Volksbeschlüsse, die schlechthin Bürgerrecht verleihen, einer
Person oder mehreren Personen, dagegen auch andere Volksbeschlüsse, die die Bedingungen feststellen, unter denen jemand Bürger wird. In Byzanz bestand z. B. das Gesetz, dass nur Bürger sei,
wer von beiderseits bürgerlicher Abkunft wäre. In einer Finanznot
beschlossen aber die Byzantier, das Bürgerrecht jedem gegen Erlag
von 30 Minen zu verleihen [2]). Nach dem Wortlaut der Ueberlieferung
haben wir anzunehmen, dass die Erweiterung des Bürgerrechts nicht
durch ein Gesetz, sondern durch einen Volksbeschluss verfügt wurde.
Dies ist aber keine Umgehung des Gesetzes, welches nur die Bedingungen des durch Geburt erworbenen Bürgerrechts regelte, sondern bleibt im Rahmen der Kompetenz des Volksbeschlusses, durch
welches jeder Fremde unter Umständen mit dem Bürgerrecht beschenkt werden konnte. Statt aber die Spende von 30 Minen abzu-
warten und dann den Spender ad personam ins Bürgerrecht aufzunehmen, beschloss man allgemein jeden Spender zum Bürger zu machen und musste daher die Erfüllung dieser Bedingung und die Ein-

---

[1]) οἷς δίδοται ἡ πολιτεία, κατὰ τίνα νόμον ἢ δόγμα κοινὸν τοῦ παντὸς δήμου.

[2]) Arist. Oekon. p. 1346 b: ὄντος δὲ νόμου αὐτοῖς μὴ εἶναι πολίτην ὃς ἂν μὴ
ἐξ ἀστῶν ἀμφοτέρων ᾖ, χρημάτων δεηθέντες ἐψηφίσαντο τὸν ἐξ ἑνὸς ὄντα αὐτοῦ κατα-
βαλόντι μνᾶς τριάκοντα εἶναι πολίτην.

tragung in die Bürgerlisten den Behörden überlassen. Ein Beschluss der Stadt Dyme in Achaia, welcher den Metöken, wenn sie ein Talent erlegten, das Bürgerrecht verlieh [1]), setzt dieselben Formen voraus; nur steht nicht fest, ob die Worte der Inschrift zu einem Psephisma oder zu einem Gesetze gehören. Für den Modus der Einbürgerung bleibt sich das aber gleich. In beiden Fällen sollten diejenigen, welche den Bedingungen nachgekommen waren, beim Bularchen, beim Prostaten der Damosiophylakes und beim Schreiber in die Listen eingetragen und von den Beamtenkollegien in die Phylen eingelost [2]) werden. Wäre der Anfang der Inschrift erhalten, so wüsste man, ob ein Gesetz oder ein Psephisma vorliegt.

Wo die Feststellung der hinreichenden Bedingungen für den Erwerb des Bürgerrechts nicht so einfach konstatierbar war, wie bei der Zahlung einer Geldsumme, dort trat auch an Stelle der magistratischen Exekutive ein gerichtliches Verfahren ein. So bei der Verleihung des Bürgerrechts an die Plätäer in Athen, wo sich jeder Plätäer einer Dokimasie zu unterziehen hatte, ob er plätäischer Bürger sei. Ebenso bei der Verleihung des Bürgerrechts von Dyme an eine Anzahl von Mitkämpfern im Krieg [3]), wo die Formel lautet: τούςδε ἁ πόλις πολίτας ἐποίήσατο .... κ ρ ί ν α σ α κ α ϑ᾽ ἕ ν α ἕ κ α σ τ ο ν. Das Wort κρίνειν geht hier auf die gerichtliche Untersuchung, ob der Betreffende die Bedingung der Teilnahme am Kampfe und der Rettung der Stadt erfüllt habe. Die Verleihung an die Mitkämpfer im allgemeinen erfolgte natürlich durch ein Psephisma. Ein ähnlicher Sachverhalt liegt in der Inschrift von Phalanna vor [4]), in welcher den umwohnenden Völkerschaften das Bürgerrecht verliehen wird τοῖς ποκγραψαμένοις καὶ δοκιμασϑέντεσσι καττὸν νόμον. Nur wird hier die gerichtliche Dokimasie nicht deshalb vorgenommen, weil die Verleihung an eine Masse stattgefunden hat und der Einzelne seine Zugehörigkeit zu dieser Masse gerichtlich erweisen muss, sondern wie der Zusatz καττὸν νόμον lehrt, war die Dokimasie bei jeder Bürgerrechtsverleihung notwendig, sowie in der späteren Zeit auch in Athen, und es konnte für die Notwendigkeit derselben keinen Unterschied machen, ob ein Einzelner oder Massen beschenkt wurden. Die Aufschreibung der Neubürger auf Grund des Volksbeschlusses vor der Dokimasie erfolgte aber hier naturgemäss durch die Magistrate. Gleich-

---

[1]) Collitz Nr. 1614.

[2]) ἀπογραφέντω δὲ] ποτὶ τὸμ βούλαρχον καὶ [προσ]τάταν δα[μοσιοφυλάκω]ν καὶ γραμματιστάν, τοὺς δὲ ἀπογ[ραφέντες καὶ δὲ]ν ὁμοσαμένους τὰν ἁλικίαν καὶ δό(ν)[τας τά-λαντον], καθὼς γίγραπται, διακλαρωσάν[τω αἱ συναρ](χ)ίαι ὡς ἰσότατα ἐπὶ τὰς φυλὰς κτλ.

[3]) Bull. de corr. hell. II, p. 41. = Collitz 1612.

[4]) Ath. Mitth. VIII, p. 101.

wohl wird sich die gerichtliche Dokimasie, weil sie an sich die Untersuchung der Würdigkeit zum Gegenstande hat, mit darauf erstreckt
haben, ob der Einzelne in Wahrheit einem der Völkerstämme angehörte, für welche das Bürgerrecht im Psephisma gewährt wurde. Im
Dekret von Pharsalus [1]) wird den Bundesgenossen pharsalisches Bürgerrecht verliehen und zwar in ihrer Gesamtheit. Es ist nicht angegeben, in welcher Weise über die Zugehörigkeit jedes Einzelnen bestimmt wurde, aber es leidet keinen Zweifel, dass das in die Kom-
petenzsphäre des Magistrats fiel. Die Namensliste der Neubürger,
welche am Ende der Inschrift angehängt ist, war also auf Grund
der Anmeldungen oder Erhebungen durch die Behörden aufgestellt
worden, welche entschieden, ob jeder Einzelne Bundesgenosse der
Pharsalier war und ob ihm daher nach dem Psephisma das Bürgerrecht zustehe oder nicht. In allen diesen Fällen der Verleihung an
begrifflich fest umschriebene Massen liegt natürlich nur ein ein-
maliger Akt vor, und die Verleihung gilt nur für die Personen, welche
augenblicklich den Bedingungen entsprechen, nicht für solche, welche
einmal in Zukunft wieder alle Bedingungen erfüllen werden, die das
Psephisma erfordert.

Anders steht es mit den auf Grund der Briefe Philipps V er-
flossenen Beschlüssen der Larissäer [2]), durch die allen thessalischen
und hellenischen Metöken das Bürgerrecht verliehen und die Aufschreibung der Neubürger von Amtswegen angeordnet wird. Das
Psephisma soll nämlich für alle Zeit (καππάντος χρόνοι) gelten. Diese
Bestimmung kann unmöglich die Unanfechtbarkeit des Volksbeschlusses
bedeuten; denn natürlich kann jeder Volksbeschluss durch einen zweiten umgestossen werden, und eine derartige Bestimmung hätte selbstverständlich für die Volksversammlung keinerlei bindende Kraft gehabt. Dagegen bedeutet die Bestimmung allerdings die Gültigkeit
des Psephismas für so lange, als es nicht aufgehoben ist. D. h. die
Bestimmungen desselben finden nicht nur augenblicklich Anwendung,
sondern sollen auch in Zukunft, falls kein anderer Beschluss gefasst
wird, zur Anwendung kommen, wenn neuerlich Metöken hellenischen
Geblütes zuwandern. Diese werden dann auf Grund des in Kraft
stehenden Psephismas sofort in die Bürgerschaft aufgenommen,
ohne dass eine neuerliche Beschlussfassung nötig ist. Dieselben
Grundsätze werden dann mit der gleichen Wirkung für die Zukunft
in dem auf die Urgenz des Königs gefassten zweiten Beschlusse der
Larissäer auch auf die Freigelassenen ausgedehnt. In seiner prak-

---

[1]) Collitz Nr. 326.
[2]) Ath. Mitth. VII, p. 64.

tischen Wirkung kam daher dieser Volksbeschluss einem Gesetze gleich, welches für alle Folgezeiten die Bedingungen des Bürgerrechtes regelt, wenn er auch nicht wirklich Gesetz war.

Mommsen hat in einem diese Inschrift behandelnden Aufsatze[1] den auch in der Inschrift selbst betonten Einfluss des römischen Staatsrechtes auf die Meinungen des Königs Philipp und der ihm ergebenen Larissäer dargelegt. Der König wollte im Interesse der Vergrösserung der Zahl der Bürgerschaft die Einführung des Bürgerrechts der Liberten, wie in Rom. Die Larissäer gingen zunächst nur zum Teil auf die Wünsche des Königs ein, indem sie den Metökenstand aufhoben und sämtliche Metöken zu Bürgern machten; es bedurfte einer zweiten Pression, um sie auch zur Aufnahme der Liberten zu veranlassen. Da aber die Aufnahme der Neubürger nicht durch Aenderung des Gesetzes erfolgte, sondern in der sonst üblichen Form der Verleihung als eines Geschenks, so wäre ohne den Zusatz, dass das Psephisma für ewige Zeit gelten solle, keine Aenderung im Prinzip des Bürgerrechts eingetreten. Durch diesen Zusatz aber wurde der politische Gedanke des Königs verwirklicht. Es war ein völliger Uebergang vom gentilicischen zum genossenschaftlichen Charakter des Bürgerrechts, indem eben nun jeder freie Bewohner von Larissa Bürger wurde. Nur waren die Altbürger Bürger durch Geburt, die jeweilig angesiedelten Metöken oder die freigelassenen Sklaven aber Bürger durch Verleihung auf Grund des für immer gültigen Volksbeschlusses. Nichts war für den Bestand der kleinen griechischen Republiken gefährlicher als das zähe Festhalten am gentilicischen Bürgerrecht. Die berechtigten Familien starben aus und neuer Zuzug fand sich nicht ein, weil die Rechtlosigkeit die Bürger fremder Staaten in ihre Heimat bannte, oder es brachte ein starker durch den auflebenden Handel der Diadochenzeit herbeigeführter Zuzug ein fremdes und, weil rechtlos, staatlich uninteressiertes Element in die Staatswesen. Die ganze Entwicklung vom dritten Jahrhundert an drängte auf Zerstörung des gentilicischen Prinzips. Längst ruhte Kraft und Bedeutung der Staaten nicht mehr auf dem Grundbesitz der heimischen Familien, das bewegliche Kapital trat in den Vordergrund und suchte über die engen Grenzen des eigenen Staates hinaus seine Bethätigung. Dadurch kam eine grössere Beweglichkeit in die Massen, die Einwohnerschaften der Staaten verschoben sich mehr als es früher der Fall war, und die einzig richtige Konsequenz wäre der vollständige Bruch mit dem gentilicischen Bürgerrechte gewesen.

---

[1] Hermes XVII, S. 477 ff.

Diese Konsequenz zog man nicht, sondern flickte am alten Zeuge-
herum. Eine grössere Zahl von Einzelverleihungen des Bürgerrechtes,
häufiger auftretende Massenverleihungen, Staatsverträge mit gegenseitiger Garantie von Rechten, Incolatsverleihungen an Metöken, endlich Bundesstaatsbildungen waren die verschiedenen Heilmittel, die
man gegen das Uebel anzuwenden suchte. In unserer Ueberlieferung
ist König Philipp V der erste, welcher den vollen Wert der Identität von Einwohner- und Bürgerschaft erkannte und in dem gegebenen Falle durchzuführen versuchte. Es ist aber bezeichnend, dass
selbst in diesem Falle, in welchem sich die Stadt Larissa willfährig
erwies, den Kreis der Bürgerschaft bis zur gewünschten Grenze aus-
zudehnen, der natürliche juristische Ausdruck nicht gefunden werden
konnte. Wenn der König der Stadt zur Hebung ihrer Einwohner-
zahl, im Interesse der Ackerbestellung und vieler anderer Dinge
die Aufhebung des gentilicischen Bürgerrechtes vorschlug, so musste
das Gesetz in diesem Sinne geändert werden und lauten, dass Bürger
jeder Freie sei, der in Larissa oder seinem Gebiete wohne. Aber dass
jemand anderer als ein von larissäischen Bürgern Abstammender φύσει
Bürger sein könne, war ein so unfassbarer Gedanke, dass man, obgleich gewillt im Sinne des Königs vorzugehen, die nicht im Bürgerrecht Geborenen nur immer in der Weise aufnahm, wie jeder einzelne
Fremde auch sonst in die Bürgerschaft aufgenommen wurde. Bei
völlig exakter Durchführung dieses Volksbeschlusses auch in der Zukunft kam dies freilich praktisch auf dasselbe hinaus. In allen griechischen Staaten waren die Bedingungen für das Bürgerrecht durch
ein Gesetz geregelt, die Verleihung des Bürgerrechtes an Fremde aber
der Kompetenz des Volksbeschlusses vorbehalten. Wurde von diesem
Rechte ein so ausgiebiger Gebrauch gemacht, dass ganze Klassen der
Bevölkerung mit dem Bürgerrecht beschenkt wurden und die Ausdehnung der Gültigkeit des Beschlusses auf die ganze Zukunft beschlossen wurde, so liegt eigentlich eine Ueberschreitung der Kompetenz vor. Es wurde etwas durch einen Volksbeschluss geregelt,
was nur durch ein Gesetz geregelt werden durfte und wenn Aristoteles die Herrschaft der ψηφίσματα an Stelle der Gesetze als die
schlimmste Blüte der Demokratie bezeichnet, so hätten wir es hier
in seinem Sinne mit einer demokratischen Ausschreitung zu thun.
Dennoch war die Grenze schwer zu ziehen. Da die Verleihung an
den Einzelnen zweifellos in der Kompetenz des Volksbeschlusses lag,
so lag auch die Verleihung an mehrere mit Namen genannte Personen in derselben Kompetenz. Strittig könnte schon sein, ob der
Volksbeschluss auch Klassen der Bevölkerung ins Bürgerrecht auf-

nehmen konnte, obgleich dies nur eine Modification des Princips der Aufnahme von mehreren Personen war. Zweifellos aber musste es in das Gebiet des Gesetzes fallen, wenn ein solcher Volksbeschluss für ewige Zeiten festgesetzt wurde, weil damit eine grundsätzliche Bestimmung über den Erwerb des Bürgerrechtes geschaffen wurde, welcher völlig analog z. B. der sonst gegebenen gesetzlichen Bestimmung war, dass dazu nur beiderseits bürgerliche Abkunft befähige. Die grosse Scheu, Gesetze zu ändern, gefördert durch die komplizierte Form der Gesetzgebung, die wir freilich nur für Athen näher kennen, die aber offenbar überall bestand, trug wesentlich mit dazu bei, politisch notwendige Akte durch Volksbeschlüsse zu regeln, indem man eine Form suchte, für welche die Kompetenz der Psephismata feststand.

Was hier die Macht des Königs als leitenden Gesichtspunkt feststellte, das zwang nicht selten vorübergehend Kriegsnot und Bedürfnis nach Kriegern den Staaten ab. Wo immer in der Verzweiflung des Augenblicks Sklaven oder Schutzverwandten das Bürgerrecht zugestanden wurde, dort haben wir es mit einem durch die Notwendigkeit abgerungenen Bruch mit dem gentilicischen Bürgerrecht zu thun. In allen diesen Fällen wird gleichfalls das Bürgerrecht durch Volksbeschluss verliehen. Im Notstandsgesetz von Ephesus [1]) aus dem Jahre 86 v. Chr. werden diejenigen Isotelen, Metöken, heiligen Sklaven, Freigelassenen und Fremden, welche sich zum Waffendienst melden, ins Bürgerrecht aufgenommen. Ihre Namen sollen die Truppenkommandanten den Proedren des Rates und seinem Schreiber behufs Einlosung in die Phylen und Chiliastyen mitteilen. Der Vorgang ist also ebenfalls der, dass der Volksbeschluss nur festsetzt, welcherlei Personen Bürger werden sollen, die Aufnahme der einzelnen Personen selbst aber Sache der Magistrate ist. Die Staatssklaven sollen nur frei und Metöken werden. Wir haben also hier einen vorübergehenden Uebergang zum genossenschaftlichen Prinzip des Bürgerrechtes. Der Umstand, dass die Staatssklaven von der Erwerbung des Bürgerrechts ausgeschlossen sind, beweist nichts dagegen; die Privatsklaven, soweit sie nicht schon früher freigelassen waren, sind gar nicht erwähnt und haben daher wahrscheinlich gar kein Anrecht auf den Erwerb des Bürgerrechts gehabt. Daraus folgt nur, dass das genossenschaftliche Prinzip nur für die freie Bevölkerung gelten sollte und die Sklaverei eben nicht abgeschafft wurde, wie sich von selbst versteht. Die Freilassung der Staatsklaven ist also nur ein weiteres Opfer, welches der Staat im Interesse seiner Wehrfähigkeit brachte,

---

[1]) Lebas III, 136 a.

und welches die Staatssklaven gegenüber den Privatsklaven be-
vorzugte. Besser gestellt sind nur die heiligen Sklaven. Natürlich
wurden die auf solche Weise ins Bürgerrecht aufgenommenen Personen Vollbürger. Auffallend ist die in einem anderen Zusammenhange derselben Inschrift stehende Bestimmung, dass alle Personen,
welche bis zu dem Zeitpunkte der neuen Verordnung ins Bürgerrecht
neu aufgenommen waren, vollen Anteil an den Ehrenrechten haben
sollten. Hieraus wäre zu schliessen, dass die auf Grund der neuen
Verordnung ins Bürgerrecht Aufgenommenen nicht ἔντιμοι und μετέ-
χοντες τῶν αὐτῶν φιλανθρώπων sein sollten. Aber diese Bestimmung
bezieht sich auf gewisse Schuldenerleichterungen, die den Bürgern
gewährt wurden, wie die Einsetzung in den vollen Genuss der Rechte
für Schuldner des Staates oder des heiligen Schatzes, die Sistierung
gewisser Prozesse, die in gleicher Weise für die durch Geburt das
Bürgerrecht Geniessenden wie für die bis zu dem gegebenen Zeitpunkte ins Bürgerrecht Aufgenommenen gelten soll. Die Staats-
schuldner sollen ἔντιμοι werden und unter den φιλάνθρωπα sind diese
und andere Erleichterungen zu verstehen. Für diejenigen, welche
von dem gegebenen Zeitpunkte an erst Bürger werden, sind diese
Bestimmungen zum grössten Teile illusorisch; jedenfalls sind sie für
sie nicht berechnet. Man darf daher aus der citierten Stelle nicht
schliessen, dass hier eine Verleihung eines minderen Bürgerrechtes
stattgefunden hat, welches das griechische Staatsrecht nicht kennt,
sondern muss für die Fassung des Beschlusses die besonderen Verhältnisse verantwortlich machen, unter denen diese Verordnung zustande kam.

In mehreren anderen Fällen, von denen einige noch ihre Be-
sprechung finden werden, verleiht der Volksbeschluss ebenfalls nur
fest umschriebenen Massen das Bürgerrecht, die Aktivierung derselben
für die einzelnen Personen den Magistraten überlassend. Daher konnte
auch Themistokles mit leichter Mühe. als die Thespier zur Hebung
ihrer Bürgerzahl eine Massenaufnahme von Neubürgern veranstal-
teten, durchsetzen, dass dem Sikinnos das Bürgerrecht verliehen wurde,
weil er dazu nur die Magistrate zu gewinnen brauchte [1]).

Die Hauptmasse der Bürgerrechtsdiplome bezieht sich aber auf
die Verleihung an Einzelne. Auch hier haben wir es durchwegs mit
Volksbeschlüssen zu thun; da diese aber die bestimmte Person nennen,

---

[1]) Herodot VIII, 75: Ἐνθαῦτα Θεμιστοκλῆς . . . λαθὼν ἐξέρχεται ἐκ τοῦ συνεδρίου, ἐξελθὼν δὲ πέμπει ἐς τὸ στρατόπεδον τὸ Μήδων ἄνδρα πλοίῳ ἐντειλάμενος τὰ
λέγειν χρεών, τῷ οὔνομα μὲν ἦν Σίκιννος, οἰκέτης δὲ καὶ παιδαγωγὸς ἦν τῶν Θεμι-
στοκλέους παίδων, τὸν δὴ ὕστερον τούτων τῶν πρηγμάτων Θεμιστοκλῆς Θεσπιέα τε
ἐποίησε, ὡς ἐπεδέχοντο οἱ Θεσπιέες πολιήτας.

welche beschenkt wird, so ist mit der Fassung des Volksbeschlusses die
Verleihung bereits perfekt geworden, soweit nicht die Gesetzgebungen
einzelner Staaten noch andere Akte erheischen. Wenn bei den Massenverleihungen des Bürgerrechts natürlich immer ein politisches Motiv
zu Grunde lag, also ein Akt wirklicher oder vermeintlicher Notwendigkeit, und nur die Form der Verleihung die eines freiwillig erteilten Geschenkes war, so kommt bei der Verleihung an Einzelne
dieses Moment viel deutlicher zum Vorschein. Denn bei der Massenerteilung entsteht für den Einzelnen, der dieser Masse angehört, ein
Recht auf die Eintragung in die Bürgerlisten, dessen Erfüllung er
beim Magistrat erzwingen kann. Es kommt für ihn also die Thatsache, dass er sein Bürgerrecht einem Schenkungsakte des Volkes
verdankt, nicht in gleich starker Weise zur Empfindung, wie für den
einzelnen Aufgenommenen. Daher ist auch nur für den Letzteren
die erteilte Politie eine Ehre. Die Verleihung ist aber auch ein freier
Entschluss der Gesamtheit. Denn selbst dort wo Gesetze bestehen,
die die Bedingungen feststellen, unter denen ein Volksbeschluss auf
Bürgerrechtsverleihung gefasst werden darf, steht es im Belieben des
versammelten Volkes, von dieser gesetzlichen Befugnis Gebrauch zu
machen und nur nicht im Belieben über die gesetzlichen Bestimmungen
hinaus Bürger zu kreieren. Für Athen kennen wir einige Gesetze,
welche die Fähigkeit der Volksversammlung, Bürger zu machen, auf
Wohlthäter und Flüchtlinge einschränkte [1]). Aber wenn das Gesetz
so allgemein gehalten war, so hatte es nicht viel mehr zu bedeuten
als das Zugeständnis der Kompetenz der Volksversammlung für die
Bürgerrechtsverleihung. Ohne Zweifel hat das Gesetz auch die Motivierung der Volksbeschlüsse stilistisch beeinflusst, welche die dem
Staate erwiesenen Wohlthaten in den Vordergrund stellen. Aber die
Dehnbarkeit des Begriffes ἀνδραγαθία liess doch dem Volksbeschluss
einen grossen Spielraum. Dieser Umfang der Kompetenz des Psephismas kommt auch darin zum Ausdruck, dass eine ausdrückliche Berufung auf das Gesetz in Verleihungsdiplomen niemals vorkommt. Den Zusatz κατὰ τὸν νόμον (oder ähnlich) unmittelbar bei
der Bürgerrechtsverleihungsformel führen nur die Inschriften von
Andros [2]) und Histiäa [3]), und dieser kann ebensogut auf den Verleihungsmodus wie auf die gesetzmässige Notwendigkeit oder Zuläs-
sigkeit der Verleihung bezogen werden. Aus der Masse der übrigen

---

[1]) Vgl. meine Unters. z. attischen Bürgerrecht S. 26 ff.
[2]) Lebas II, Nr. 1800: πολίτην εἶναι τῆς πόλεως τῆς Ἀνδρίων κατὰ τοὺς νόμους. Ath. Mitth. I, p. 236 ebenso.
[3]) Bull. de corr. hell. X, p. 102: δοῦναι δὲ καὶ πολιτείαν αὐτῷ καὶ ἐκγόνοις
κατὰ τὸν νόμον.

Diplome lässt sich keine Beziehung auf ein Gesetz herauslesen. In der grossen Zahl der Dekrete, welche Proxenie mit Politie verbinden, namentlich wenn sie in der für einen grossen Teil Griechenlands üblichen verkürzten Form [1]) abgefasst sind, steht die Bürgerrechtsverleihung inmitten der Verleihung anderer Rechte, äusserlich und innerlich ununterschieden. Wenn solche Dekrete in der Regel damit schliessen, dass dem Geehrten auch alle „anderen" Rechte gegeben werden, welche sonst Proxenen und Wohlthätern gegeben werden, so bezieht sich dieser Zusatz sicher auf ein Gesetz, das den Umfang der einem Proxenen zustehenden Ehrenrechte regelte, wie dies z. B. auch gelegentlich in der Formel καὶ ὅσα τοῖς ἄλλοις προξένοις καὶ εὐεργέταις δίδοται πάντα κατὰ τὸν νόμον zum Ausdruck kommt [2]). Dieses Gesetz wird aber schwerlich, auch nicht für die Gegend, wo diese Verbindung am häufigsten vorkommt, nämlich für Mittel- und Nordgriechenland, und auch nicht für die in Betracht kommende Zeit des dritten und zweiten Jahrhunderts den Proxenen das Bürgerrecht zugesprochen haben, so dass uns die Eruierung eines Gesetzes über Bürgerrechtsverleihung auch hier nicht möglich wird. Möglicherweise liegt in der Formel καθάπερ τοῖς λοιποῖς εὐεργέταις, die sich auf mehreren ephesischen Dekreten neben der Verleihungsformel findet, die Beziehung auf ein Gesetz. Nirgends aber wird das Bürgerrecht an Einzelne durch ein Gesetz verliehen. Es ist daher auffallend, dass in Athen, welches bekanntlich komplizierte Formen der Bürgerrechtsverleihung hat, die Verleihung des Bürgerrechts ein νόμος ἐπ' ἀνδρί genannt zu werden pflegt. Wir haben ja eine erhebliche Anzahl athenischer Bürgerrechtsdiplome, die alle ψηφίσματα sind und sich auch so nennen. Der Umstand, dass das Bürgerrecht erst auf Grund einer zweiten geheimen Abstimmung durch die Sechstausend perfekt wird, kann unmöglich das Psephisma zum Nomos machen, weil ja für die Gesetze andere Formen üblich sind. Ein Bürgerrechtsdiplom anders zu bezeichnen denn als Psephisma wäre für Athen so unerhört wie für jeden anderen Staat. In der That beruht aber die Bezeichnung νόμος ἐπ' ἀνδρί für Bürgerrechtsverleihungen, vermutlich auch für den Ostrakismus und die ἄδεια auf einem Missverständnis oder einer Korruptel. Das Gesetz nämlich, welches den νόμος ἐπ' ἀνδρί verbietet, damit alle Bürger in gleicher Weise an den Gesetzen teilhaben, verbietet ihn schlechtweg ohne Einschränkung. So wird das Gesetz bei Demosthenes citiert (g. Timokr. 59, g. Stephanos II, 12, g. Aristokr. 86) mit dem Wortlaute: μηδὲ ἐπ' ἀνδρὶ νόμον ἐξεῖναι θεῖναι ἐὰν

---

[1]) Vgl. Swoboda, Die gr. Volksbeschlüsse S. 47 ff.   [2]) So in der lokrischen Inschrift, Arch. Z. 1878, p. 142. Vgl. auch die S. 16 Anm. citirte Inschrift.

μὴ τὸν αὐτὸν ἐπὶ πᾶσιν Ἀθηναίοις. Niemals hätte man aus den demosthenischen Stellen schliessen können, dass die Bürgerrechtsverleihung, die ein Volksbeschluss ist, νόμος ἐπ' ἀνδρί genannt werden könnte, weil ja sonst jede Bürgerrechtsverleihung unmöglich, weil durch das Gesetz verboten gewesen wäre. Veranlassung zu dieser Verkehrung des Sachverhaltes war die Stelle bei Andokides in der Mysterienrede § 87, wo zu dem gleichfalls citierten Gesetzespassus noch die Worte hinzukommen: ἐὰν μὴ ἑξακισχιλίοις δόξῃ κρύβδην ψηφιζομένοις. Da mit dieser verordneten geheimen Abstimmung der Sechstausend offenbar die bei Bürgerrechtsverleihungen und verwandten Beschlüssen, die zwar ἐπ' ἀνδρί gefasst wurden, aber nicht Gesetze waren, gemeint sein muss, glaubte man diese Privilegien mit dem Namen von νόμοις ἐπ' ἀνδρί belegen zu sollen. Aber schon das doppelte ἐὰν hätte stutzig machen müssen. Denn entweder der zweite Bedingungssatz steht in einem Unterordnungsverhältnis zum ersten, dann ist der erste sinnlos, oder er ist beigeordnet, dann muss ein ἤ eingesetzt werden. Vor Verlesung dieses Gesetzes (§ 86) bemerkt Andokides, dass die sogleich zur Verlesung zu bringenden Gesetze deshalb gegeben worden seien, weil den Bürgern so vieles Ungemach, τοῖς μὲν κατὰ νόμους, τοῖς δὲ κατὰ ψηφίσματα τὰ πρότερον γενόμενα, widerfahren sei. Man vermisst also im citierten Gesetze eine Bestimmung über ψηφίσματα ἐπ' ἀνδρί. Da wir aber wissen, dass diese unter der Bedingung der Abstimmung durch Sechstausend gestattet waren, so muss die Stelle im Gesetz so hergestellt werden: μηδὲ ἐπ' ἀνδρὶ νόμον ἐξεῖναι θεῖναι ἐὰν μὴ τὸν αὐτὸν ἐπὶ πᾶσιν Ἀθηναίοις [μηδὲ ψήφισμα] ἐὰν μὴ ἑξακισχιλίοις δόξῃ κρύβδην ψηφιζομένοις. An jenen Stellen bei Demosthenes, wo eben nur das Verbot des νόμος ἐπ' ἀνδρί anzuführen war, fehlte daher ganz richtig bei der Citierung des Gesetzes die Exemption der Abstimmung durch die Sechstausend und wurde korrekt behauptet, dass ein νόμος ἐπ' ἀνδρί überhaupt verboten ist. Natürlich kann man nicht einwenden, dass das Verbot des νόμος ἐπ' ἀνδρί durch den Erlass eines ψήφισμα ἐπ' ἀνδρί habe umgangen werden können, weil Verfügungen, die ein Gesetz erforderten, überhaupt nicht durch ein Psephisma erlassen werden durften. Jetzt wird auch eine Stelle in der Rede gegen Aristokrates verständlich, an welcher gegen Aristokrates, der zur Bürgerrechtsverleihung an Charidemos den Zusatzantrag gestellt hatte, dass das Leben des Charidemos durch besondere Massregeln gegen den, der ihn zu töten versuchte, geschützt werden solle, und deshalb παρανόμων geklagt wurde, angeführt wird, dass es verboten sei, einen νόμος ἐπ' ἀνδρί einzubringen. Da nun das Gesetz das Leben der anderen Bürger nicht durch ein Sondergesetz für den Einzelnen

schütze, so dürfe ein solches auch nicht für Charidemos eingebracht
werden. Schon das wäre falsch, wenn der νόμος ἐπ' ἀνδρί unter der
Bedingung der Abstimmung durch Sechstausend gestattet war, richtig
aber, wenn er, wie wir angenommen haben, überhaupt verboten war.
Da nun, fährt der Redner fort, die Volksbeschlüsse gemäss den Gesetzen abgefasst sein müssen, der Antrag für Charidemos aber etwas
für diesen verlangt, was nach den Gesetzen nicht allen Bürgern zusteht, so ist er gegen das Gesetz, weil man nicht etwas durch einen
Volksbeschluss durchdrücken dürfe, was nicht einmal im Wege der
Gesetzgebung zu beschliessen erlaubt sei. Das heisst doch wohl klar,
Aristokrates habe jenes Privileg für Charidemos als Psephisma eingebracht und er war dazu insofern berechtigt, als ein ψήφισμα ἐπ' ἀνδρί
unter den bekannten Modalitäten, die ja auch für die Bürgerrechtsverleihung an ihn beobachtet werden mussten, gestattet war. Gesetz-
widrig aber war der Inhalt dieses Psephismas insofern, als er über
die Kompetenz des Volksbeschlusses ging und in den Rahmen der
Gesetzgebung gehörte; aber auch als Gesetzesantrag wäre er abzuweisen gewesen, weil er ein νόμος ἐπ' ἀνδρί wäre und dieser verboten
ist. Nur so gewinnen diese Bestimmungen auch Sinn und Bedeutung.
Alles was grundsätzlich, also durch ein Gesetz geregelt wird, muss
überhaupt und speziell in einer Demokratie für Alle gleich gelten.
Eine strafrechtliche Bestimmung kann z. B. nicht zu Gunsten eines
Einzelnen aufgehoben werden, auch nicht wenn Sechstausend darüber
abstimmen. Aber was die Gesetze nicht grundsätzlich geregelt wissen
wollen und daher der Kompetenz der Volksbeschlüsse anheimgestellt
haben, das kann beschlossen werden unter gewissen den Beschluss
erschwerenden Formen. Wenn trotzdem nicht alle Ehrenbeschlüsse
wie die Bekränzung, das Lob und andere Dinge, die auch nur den
Einzelnen betreffen, der Beschlussfassung durch die Sechstausend unterzogen wurden, obgleich sie in gewissem Sinne auch ψηφίσματα ἐπ'
ἀνδρί sind, so muss es noch Spezialgesetze gegeben haben, die der-
gleichen nicht schwer ins Gewicht fallende Auszeichnungen ausdrücklich und unter den einfachen Modalitäten des Volksbeschlusses gestattet haben, oder es muss ein Spezialgesetz diejenigen Formen der
Psephismata aufgezählt haben, die in technischem Sinne ψηφίσματα
ἐπ' ἀνδρί genannt werden.

Es lässt sich also auch für Athen behaupten, dass niemals die
Verleihung des Bürgerrechts Sache der Gesetzgebung gewesen ist,
sondern völlig in der Kompetenz des Volksbeschlusses lag. Für die
anderen Staaten, für welche nicht einmal ein so kompliziertes Verfahren der Abstimmung, wie es in Athen üblich war, nachweisbar ist

und das Gesetz über die ψηφίσματα ἐπ' ἀνδρ! nicht galt, versteht es
sich von selbst, dass wir auf Grund der Thatsache, dass alle Bürger-
rechtsdiplome ψηφίσματα sind, denselben Grundsatz anerkennen müssen.
Uns ist freilich nicht immer der Volksbeschluss erhalten, wo
ein Volksbeschluss vorgelegen haben musste. So ist aus Milet das
Verzeichnis derjenigen Personen, eines bestimmten Jahres vorhanden,
welche in demselben in die Bürgerschaft aufgenommen wurden [1]).
Natürlich wurden sie durch Volksbeschlüsse aufgenommen, aber die
Aufzeichnung dieser Psephismen war nicht angeordnet, sondern bloss die
Aufschreibung der Namen. Aber die Aufnahme hat deshalb nicht in
der Weise stattgefunden wie in jenen Fällen, in welchen der Volksbeschluss nicht den einzelnen Personen, sondern bestimmten Klassen galt
und die Magistrate die Aufschreibung der Namen der diesen Klassen
angehörigen Personen vornahmen. Dies beweist der Zusatz, dass sie
κατ' εὐεργεσίαν, also wegen besonderer Verdienste aufgenommen wurden.
Nebenbei bemerkt lehrt die Inschrift auch, dass in dem ganzen Jahr
nur sieben Personen Bürger wurden und zwar vermutlich ein Dionysios aus Ainos mit drei Söhnen, ein Demetrios aus Ainos mit seinem
Sohne und ein Hermias aus Heraklea, vermutlich dem am Latmos.
Hier lag also ein Psephisma vor, in Stein geschrieben wurde aber
nur die Liste der Neubürger. In dem grossen Bürgerverzeichnisse
aus Ilion [2]) werden zunächst die Altbürger aufgezählt und daran eine
weitere Liste geknüpft, die mit den Worten οἷς ἐδόθη ἡ πολιτεία eingeleitet ist. Die Volksbeschlüsse, auf deren Grund diese Verleihung
stattfand, sind uns verloren. Diese Listen sprechen also nicht gegen
die Verleihung des Bürgerrechts durch Volksbeschluss. Wir besitzen
überhaupt nur eine einzige Inschrift, welche eine Verleihung durch
mit Magistratsgewalt bekleidete ausserordentliche Kommissäre zu
kennen scheint. Sie ist in Ephesus gefunden und enthält einen Beschluss von gewählten Kommissaren, welche für die Verpflegung der
Stadt eingesetzt waren, auf Verleihung des Bürgerrechts an drei namhaft gemachte Personen [3]). Natürlich kann diesen Kommissaren das

---

[1]) Rayet, Rev. arch. XXVIII, p. 107 (Ditt. syll. 314): ἐπὶ στεφανηφόρου
Ὀλυμπίχου τοῦ Ἀριστοτέλους· οἴδε ἐγένοντο πολῖται κατ' εὐεργεσίαν αὐτοί (οι) καὶ
ἔκγονα· Διονύσιος Σπαρτάκου Αἴνιος, Διονύσιος Διονυσίου Αἴνιος, Πυθίων Διονυσίου
Αἴνιος, Δημήτριος Βοήθου Αἴνιος, Ἀπολλώνιος Δημητρίου Αἴνιος, Ἀρχέλας Διονυσίου
Αἴνιος, Ἑρμίας [Γλα]υκίκου Ἡρακλεώτης.

[2]) Schliemann, Bericht üb. d. Ausgrabungen in Troja 1890, S. 344.

[3]) Anc. gr. inscript. of the Br. mus. III, Nr. 461: ἔδοξεν τοῖς ᾑ[ρ]ημένοις ἐκ
τοῦ δήμου ἐπὶ τῷ σίτῳ κοινῇ οασθαι πολίτας τρεῖς εἰς τὰ συμφέροντα τοῦ δήμου [ὄντας
κατὰ τὸ ψήφισμα τῆς βου]λῆς, ἀναγράψαι δὲ τὰ ὀνόματα τῶν γενομένων πολιτῶν τοὺς
νεωποίας ὅπου καὶ τοὺς ἄλλους πολίτα[ς ἀναγράφουσιν] . . . ἔλαχον φυλὴν Ἐφεσεῖς
χιλιαστὺν Οἰνῶπας.

Recht der Aufnahme in die Bürgerschaft nicht zugestanden haben, speziell nicht in Ephesus, von welcher Stadt wir eine Reihe von Bürgerrechtsdiplomen haben, die alle Volksbeschlüsse sind. Auch die Worte κατὰ τὸ ψήφισμα τῆς βουλῆς, wenn sie richtig ergänzt sind, auf ποιήσασθαι πολίτας zu beziehen, und so den Rat zum beschliessenden, die Kommissare zum ausführenden Faktor zu machen, geht deshalb nicht an, weil auch der Rat nicht die Kompetenz zur Bürgerrechtsverleihung hatte. Es ist vielmehr nur die eine Erklärung möglich, dass das Volk beschlossen habe, jenen Personen, welche sich um die Verproviantierung der Stadt Verdienste erworben haben, insgesamt das Bürgerrecht zu verleihen und die Kommissare mit der Nominierung und faktischen Aufnahme zu betrauen. Diese fanden dann nur drei Personen der Ehre für würdig und wiesen sie der Phyle der Ephesier und der Chiliastys der Οἰνωπες zu, statt wie sonst üblich war, die Erlosung dieser Unterabteilungen vorzunehmen. Welche Rolle dabei der Rat gespielt habe, ist allerdings nicht klar. Ein Psephisma des Rates kann vielleicht einige nähere Modalitäten geordnet haben. Jedenfalls ging die eigentliche Verleihung von der Volksversammlung aus, während die Kommissare nur die Personen namhaft machten, die den Bedingungen des Volksbeschlusses entsprachen, dasselbe Verhältnis, welches sonst bei Massenerteilungen des Bürgerrechts regelmässig vorkommt.

Wenn also die Bürgerrechtsverleihung wesentlich im freien Ermessen der Volksversammlung lag und dadurch als Geschenk charakterisiert war, so folgt, dass sich feste Normen dafür nicht feststellen lassen, wann Bürgerrecht verliehen wurde und wann nicht. Das schliesst aber nicht aus, dass sich gewisse Uebungen festsetzten, der eine Staat leichter, der andere schwerer zugänglich war, wenn es galt, dieses Geschenk zu machen. Es gab daher griechische Staaten, welche in dem Ruf standen, den Zutritt zum Bürgerrecht ausserordentlich zu erschweren. Namentlich Sparta mit seiner geringen Zahl von Berechtigten verschloss sich den fremden Eindringlingen, um nicht durch Erweiterung der Bürgerzahl die Macht der Einzelnen zu schmälern. Die Art, wie Herodot [1]) die Einbürgerung des Sehers Tisamenos aus Elis erzählt, ist lediglich eine Bestätigung dafür. Die Spartaner wollten den Tisamenos als Feldherrn gewinnen, er erklärte jedoch, nur dann ihnen zu Willen zu sein, wenn sie ihm das Vollbürgerrecht gäben [2]). Anfangs sträubten sie sich darauf einzugehen, und als sie sich bereit erklärten, forderte er das Gleiche für seinen

---

[1]) IX, 33.

[2]) ἢν μὲν πολίτην σφέτερον ποιήσωνται τῶν πάντων μεταδιδόντες.

Bruder Hegias. Dass das verliehene Recht ein Vollbürgerrecht war, folgt nicht nur aus dem Begriffe, sondern auch aus den drei Ausdrücken, die Herodot gebraucht: ἐποίησαντο λεωσφέτερον, τῶν πάντων μεταδιδόντες und γίνεσθαι Σπαρτιήτην. Also auch hier, wo die Bürgerrechtsverleihungen spärlich sind und der gentilicische Charakter streng festgehalten wird, wird der Neubürger Spartiate, vollkommen gleich berechtigter Mitbürger. Als rühmenswertes Vorbild für die das Bürgerrecht verschwenderisch austeilenden Athener stellt gelegentlich Demosthenes seinen Mitbürgern die Aegineten, Megarer und Spartaner gegenüber, die sich der Werbung Fremder gegenüber viel spröder verhielten. Die Aegineten, die eine so kleine Insel bewohnten, hätten nicht einmal dem Lampis, der ihre Stadt und ihren Hafen erbaut hatte, das Bürgerrecht verliehen, die Megarer hätten den Hermon, der mit Lysander in der Schlacht bei Aegospotamoi 200 Trieren kaperte, nicht zum Bürger gemacht und, als die Spartaner dies von ihnen verlangten, geantwortet, sie würden erst abwarten, ob er zum spartanischen Bürger gemacht werde und sich dadurch dieser Verpflichtung entzogen. Die Oreiten endlich hätten den Charidemos, obgleich er der Sohn einer Bürgerin von Oreos war, nicht in die Bürgerschaft aufgenommen [1]). Diese Ausführungen sind zwar advokatenhaft gemacht, um die Freigebigkeit der Athener zu tadeln, sie beweisen aber jedenfalls eine verschiedene Praxis in der Verleihung bei den einzelnen Staaten. Diese Verschiedenheit war natürlich auch in zeitlich auseinanderliegenden Perioden innerhalb desselben Staates möglich und vorhanden, und schon die Thatsache, dass unser epigraphisches Material für das Bürgerrecht erst vom Ende des 4. Jahrhunderts an reicher zu fliessen beginnt, lässt erkennen, dass von derjenigen Zeit an häufiger Verleihungen vorkamen, in welcher die Abgeschlossenheit durch den frischen Zuwachs an fremder Bevölkerung ihr natürliches Ende fand und auch der letzte Rest von Adelsvorrechten schwand, schliesslich die Erschütterungen der Diadochenkämpfe die Staaten vielfach auf neue Grundlagen stellten, zur Neukonstituierung nötigten, jedenfalls aber die starre Gentilicität der Bürgerschaften etwas ins Wanken brachten. In diesen Wirren war aber auch einzelnen Personen in erhöhtem Masse die Möglichkeit geboten, sich um den fremden Staat wenigstens augenblicklich solche Verdienste zu erwerben, die eine Verleihung des Bürgerrechts gerechtfertigt und geboten erscheinen liessen, um sie an den Staat auch für die Zukunft zu fesseln und um eine wirkliche Auszeichnung zu geben, die sich von den verbrauchten Ehren der früheren Zeit abhob.

[1]) Dem. g. Aristokr. § 211 ff.

Die erhaltenen Bürgerrechtsdiplome sind fast ausschliesslich solche, die nur deshalb in Stein gegraben wurden, weil in der öffentlichen Ausstellung des Dekretes eine weitere Ehre für den Beschenkten erblickt wurde. Sie lassen daher selten erkennen, dass ein anderes Motiv als das der Auszeichnung für die Verleihung massgebend gewesen ist, und gestatten keinen Schluss auf die innere Politik des Staates. Für Athen ist es uns bekannt, dass die ἀνδραγαθία ein gesetzliches Erfordernis der Verleihung gewesen ist, für die anderen Staaten dürfen wir aus den erhaltenen Motivierungen schliessen, dass entweder ein gleiches Gesetz bestand oder die Verleihung wenigstens nur üblich war, wenn es sich um ἄνδρες ἀγαθοί handelte. Die Motivierungen zählen nicht selten spezielle Verdienste des Geehrten auf, welche das Volk zur Verleihung des Bürgerrechts bewogen, häufig aber wird nur ganz allgemein das bewiesene Wohlwollen erwähnt. Inwieweit bei diesen formelhaften Motivierungen auch der Wunsch des Volkes mitspielt, einfach den Kreis der Berechtigten zu erweitern, lässt sich nicht mehr feststellen. Die grosse Anzahl der sogenannten verkürzten Dekrete von der Formel οἱ ... ἔδωκαν· τῷ δεῖνι πολιτείαν κτλ. entbehren vollständig der Motivierung und gestatten daher gar keinen Einblick in die Gründe der Verleihung. Wo uns aber die Motivierung erhalten ist, haben wir es zumeist mit der Anerkennung eines bestimmten Verdienstes oder der allgemeinen wohlwollenden Gesinnung gegen den Staat zu thun.

Um mit den kleinasiatischen Diplomen zu beginnen, so bildet eine der häufigsten Motivierungen, die sich für die Bürgerrechtsverleihungen finden, das Verdienst, das sich von fremden Staaten gesandte Richter durch Schlichtung von Prozessen und Streitigkeiten erworben haben. Solche Beschlüsse sind in Priene gefunden, in denen Bürgern dieser Stadt von anderen Städten das Bürgerrecht verliehen wird. So z. B. zwei Richtern von der Stadt Iasus [1]), einem Richter von der Stadt Erythrä [2]). Desgleichen verleiht die Stadt Bargylia einem Richter aus Teos Bürgerrecht [3]), die Stadt Stratonikea einem Richter aus Assos [4]), vermutlich die Stadt Alexandria Troas Richtern aus Karystus [5]). Ausserhalb Kleinasiens kommen solche Verleihungen vor in Kalymna für einen Richter aus Iasus [6]), in Mytilene für Erythräer [7]), in Akräphia in Böotien für Larissäer [8]). Die geographische

[1]) Anc. gr. inscr. of the Brit. Mus. III, 420. [2]) ibid. 418.
[3]) Lebas III, 87. [4]) Papers of the american school Vol. I, p. 18 ff.
[5]) CIG II, 2152 b. [6]) CIG II, 2671.
[7]) Sitzungsber. d. Wien. Akad. d. W. 1872, p. 336 = Collitz Nr. 215.
[8]) Bull. de corr. hell. 1890, p. 33 ff. u. 44 ff.

Verbreitung dieser Verleihungen lässt auf eine diesbezügliche allgemeine griechische Uebung schliessen. Da die Richter immer einer befreundeten Stadt abgefordert und durch diese geschickt werden, so wird im Volksbeschluss die Stadt, die sie entsendet hat, gelobt und werden ihr Ehren zugesprochen. Sehr häufig wird das spezielle Verdienst der Richter in der Motivierung noch durch ein allgemeines Lob des Wohlwollens und Eifers für die verleihende Stadt eingeleitet. Die Erhaltung des vollen Wortlautes der betreffenden Urkunden verdankt man in der Regel dem Umstande, dass der Ehrenbeschluss an die Heimatsstadt der Richter gesandt und von dieser auch ungekürzt in Stein gegraben wurde. Der Fundort der meisten dieser Inschriften ist daher nicht der Ort des Beschlusses, woraus weiter folgt, dass diese Bürgerrechte nur Ehrenbürgerrechte waren, d. h. von dem Beteiligten nicht ausgeübt wurden.

Die thatsächliche Abhängigkeit der griechischen Staaten von den Königen nach Alexanders Tode bewirkte nicht selten die Verleihung des Bürgerrechts an Abgesandte derselben oder an Personen, die an deren Hof die Interessen der Stadt vertreten oder ihnen sonst Dienste geleistet hatten. Unter diesen Gesichtspunkt fallen z. B. mehrere schon erwähnte ephesische Dekrete, wie das für den Gesandten des Demetrios und Seleukos, den Rhodier Nikagoras [1]), das für den Gesandten des Demetrios, Apollonides (?) [2]), das für den Akarnanier Euphonios, welcher eine Gesandtschaft an Prepelaos den Feldherrn des Kassander begleitete [3]), für den Makedonen Archestratos den Freund des Demetrios, welcher diesem und der Stadt Dienste leistete [4]), die Inschriften aus Ilion [5]) für einen Temniten, der bei einem König sich für die Stadt verwendet hatte, und die für den Arzt Antiochos des I [6]), die aus Samos für Gorgos [7]), der sich für die Restitution der Stadt an die Verbannten bei Alexander verwendet hatte, die von Kos [8]) für einen Gesandten an Antipater, die von Aegina [9]) für einen Gouverneur Attalos des III, die von Akräphia für einen Gesandten an den römischen Kaiser [10]), und die von Odessus für Hermeias [11]), der sich am Hofe eines Skythenkönigs der Stadt wohlwollend gezeigt hatte.

Die einzelnen speziellen Verdienste, die sich die in die Bürgerschaft aufgenommenen Personen noch sonst erworben haben, aufzuzählen, würde zu weit führen. Es seien nur erwähnt die Inschrift

[1]) Brit. Mus. III, Nr. 453. [2]) ibid. Nr. 443. [3]) ibid. Nr. 449.
[4]) ibid. No. 452. [5]) Arch. Z. 1871, S. 170. [6]) CIG 3596.
[7]) Curtius, Stud. u. Inschr. zur Geschichte von Samos Nr. 7.
[8]) Bull. de corr. hell. V, p. 209.
[9]) CIG II, 2139b = Hicks manual Nr. 189.
[10]) Keil, sylloge inscr. Boeot. Nr. 31. [11]) CIG II, 2056.

aus Stymphalos [1]), welche einem Manne gilt, der nach einem Kriege die gefangenen Bürger mit seinem Gelde ausgelöst hatte. Wiederholt wurden Verdienste um die Verproviantierung der Stadt oder kriegerische Verdienste durch die höchste Anerkennung ausgezeichnet, welche die Stadt zu vergeben hatte. Bemerkenswert und für eine bestimmte Zeit charakteristisch sind ferner die Bürgerrechtsverleihungen an Dichter, welche die verleihende Stadt in ihren Werken verherrlicht hatten. Hieher gehört das Dekret von Knossus [2]) für den Grammatiker Dioskurides aus Tarsus, der ein Loblied auf Kreta geschrieben und seinen Schüler Myrinos nach Knossus geschickt hatte und dort Konzerte abhalten liess, ferner das Dekret von Samothrake für den Tragödiendichter Dymas aus Iasus [3]), welcher in einem Drama, das die Geschichte des Dardanos behandelte, die Insel verherrlicht hatte, und endlich das Dekret von Lamia [4]) für eine Dichterin aus Smyrna für ein Gedicht, in welchem sie des Volkes der Aetoler und seiner Vorfahren würdig gedacht hatte, zugleich ein deutliches Ehrenbürgerdiplom, da ja eine Frau keine politischen Rechte erwerben konnte. Inwieweit Künstler, welche sich durch ihre bildnerischen Werke die Dankbarkeit einer Stadt gesichert hatten, in die Bürgerschaft derselben aufgenommen zu werden pflegten, ist eine unter Archäologen viel verhandelte Frage. Dass dies vorkam, ist sicher, ein darauf bezügliches Bürgerrechtsdiplom hat sich freilich nicht gefunden. Im ganzen aber ist die politische Anerkennung poetischer und ähnlicher Verdienste ein Produkt der Zeit nach Alexander. Die angeführten Fälle der Auszeichnung von Dichtern beziehen sich nicht auf die poetische Leistung an sich, sondern auf die der Stadt erwiesenen Huldigungen, für welche die Zeit des Niedergangs ein schärferes Ohr hatte, als die Blütezeit.

Als Kuriosum sei endlich auch die Verleihung des Bürgerrechts an einen Rossarzt von seiten der Stadt Lamia erwähnt [5]), welcher den Bürgern der Stadt seine unzweifelbaft wertvollen Dienste unentgeltlich zur Verfügung gestellt hatte und sich auch sonst als ein wackerer Mann erwies. Die Inschrift gehört ins zweite Jahrhundert. Weniger fremdartig berührt uns die Verleihung des Bürgerrechts an einen Architekten [6]).

---

[1]) Bull. de corr. hell. 1883, p. 489. Von Z. 2 an ist zu lesen: εὐεργέτης] γεγένη[ται] καὶ ἐν το[ῖ πρότερον χρόνοι καὶ νῦν] παργεγε[ν]ημένος, ἔγραψε [ὁ δεῖνα] πολίταν θέσθαι αὐτὸν [καὶ ἐκγόνους καὶ σ]τεφνῶσαι [χ]ιλίαις δαρχμαῖς .... αις τοῖς ἐλύσατο ἀπέλ[υτρα τοῖς ἐν πολέ]μοι ϝαλόντοις μεγάλα ἀπολε[... κ]αὶ τριακοσίαις.

[2]) Bull. de corr. hell. IV, p. 854.

[3]) Brit. Mus. 444; cf. Swoboda, Volksbeschlüsse S. 119.

[4]) Rangabé. Ant. hell. II, 741 = Lebas II, 1142.

[5]) Athen. Mitth. VII, p. 364.

[6]) Arch. Epigr. Mitth. XI, p. 51.

Aber auch wo das politische Motiv der Verleihung mehr als durchsichtig ist, wird immer die der Stadt erwiesene Wohlthat, das freundliche und werkthätig gute Verhalten des zu Ehrenden gegen die Stadt ausdrücklich hervorgehoben, und zwar meistens, wenn nicht die Redseligkeit der späteren Dekrete alle Voraussetzungen übertrifft, in festen formelhaften Wendungen, die entweder die Stetigkeit des Kanzleistils verraten oder sich auf ein vorhandenes Gesetz beziehen. Solche Wendungen sind: ἐπεὶ ἀνὴρ καλὸς κἀγαθός ἐστι oder πρόθυμός ἐστι περὶ τὴν πόλιν, πᾶσαν εὔνοιαν καὶ προθυμίαν παρέχεται καὶ κοινῇ τῷ δήμῳ καὶ ἰδίᾳ τοῖς ἐντυγχάνουσιν τῶν πολιτῶν oder πράττων διατελεῖ ἀγαθὸν ὅτι δύναται, χρείας παρέχεται u. dgl. Solche Motivierungen finden sich in allen Fällen unverkürzter Dekrete, in denen die Aufnahme einer oder mehrerer bestimmter Personen durch einen ad hoc gefassten Volksbeschluss stattfindet, nicht aber dort, wo die Aufnahme der einzelnen Personen auf Grund eines allgemein die Klasse der aufzunehmenden Personen bezeichnenden Psephismas erfolgt. Sie finden sich z. B. auf einer Reihe von samischen Dekreten, welche Personen gelten, die vor der Repatriierung der Flüchtlinge sich diesen wohlwollend erwiesen haben, weil diese Wohlthäter einzeln aufgenommen wurden. Sie finden sich aber nicht in jenen Fällen von Massenverleihungen, die mehr oder minder auf dem Versuche der Einführung des genossenschaftlichen Prinzips des Bürgerrechts beruhen, welches eben zugleich den Bruch mit jenem Gesetze bedeutet, das nur wegen ἀνδραγαθία die Verleihung des Bürgerrechts gestattete. Das Motiv der Verleihung in diesen Fällen ist die ὀλιγανθρωπία des verleihenden Staates, sei es die absolute, sei es die durch eine augenblickliche Notlage bedingte. Wie in der Familie Kinderlosigkeit ein Uebel ist, das durch eine Fiktion, die Adoptierung, geheilt werden kann, so ist im Staate die ὀλιγανθρωπία ein Uebel, das durch ποίησις von Neubürgern geheilt wird. In Kriegszeiten äussert sich die ὀλιγανθρωπία durch den Mangel an Kriegern, in Friedenszeiten durch den Mangel an Ackerbautreibenden empfindlich. Auch finanziell kann der an Bürgerzahl unzureichende Staat seine Bedürfnisse nicht befriedigen und den Nachbarstaaten gegenüber kann er nicht jenen Einfluss aufbieten und jene Achtung erzwingen, die seine Selbständigkeit verbürgen. Die Aufnahme der Halbbürtigen ist die erste Stufe zu einer gesunden Regelung dieser Verhältnisse, ihr folgt die Aufnahme der Metöken und, was nur ein Schritt mehr ist, der Freigelassenen. Das Verhängnis der griechischen Staaten war es, dass sie sich zwar nicht selten in einzelnen Momenten ihrer Geschichte zum genossenschaftlichen Prinzip bekannten und es

gelegentlich auch energisch durchführten, dass sie es aber nicht dauernd
adoptierten, sondern starr an der Gentilicität ihres Bürgerrechts fest-
hielten, bis das Bürgerrecht überhaupt nichts mehr bedeutete, und
noch über diese Zeit hinaus. Die politischen Fehler rächen sich nicht
im Momente der durch eine Reihe günstiger Umstände bedingten
Lage, sondern doppelt schwer, wenn sich das Unglück einstellt.

Da der Volksbeschluss die einzige Form der Bürgerrechtsverleihung ist, so richten sich die Verleihungsmodalitäten für das Bürgerrecht nach den Modalitäten für den Volksbeschluss. In Athen freilich begegnen wir besonderen Vorschriften über die Verleihung des
Bürgerrechts, die aber speciell attisch zu sein scheinen. Wenigstens
können wir gleiche Erschwerungen in anderen Staaten mit unseren
Mitteln nicht nachweisen, obgleich manche derselben der Aufnahme
von Neubürgern gegenüber sich viel spröder verhielten. Es kommt
eben mehr auf die Handhabung der Vorschriften als auf deren Inhalt
an. Eine zweite Abstimmung nach perfektem Volksbeschluss, wie
wir sie für Athen, auch wenn wir keine Schriftstellernachrichten
hätten, aus der Fassung der Inschriften erschliessen könnten, bei
welcher eine Normalzahl von Abstimmenden zugegen sein muss, lässt
sich sonst nirgendwo beweisen. Dagegen finden sich in einzelnen Staaten
einige Spuren einer von der gewöhnlichen Form der Volksbeschlüsse
abweichenden Art von Bürgerrechtsverleihungen. So begegnet man
in dem Beschlusse der Stadt Iasus für die von Priene gesandten
Richter ¹) der Verleihungsformel εἶναι δὲ αὐτοὺς καὶ προξένους τῆς
πόλεως, περὶ πολιτείας δὲ αὐτοῖς τε καὶ τοῖς ἐκγόνοις αὐτῶν προγράψασθαι τοὺς προστάτας ἐν τοῖς ἐννόμοις χρόνοις. Während also die
Proxenie von der betreffenden Volksversammlung direkt beschlossen
wurde, wurden in Bezug auf das Bürgerrecht die kompetenten Behörden angewiesen, in der gesetzlichen Zeit den Vorschlag einzubringen. Die gesetzliche Zeit kann entweder absolut eine bestimmte
Volksversammlung des Jahres oder relativ eine Frist, welche von der
ersten Behandlung der Sache in der Volksversammlung an läuft, bezeichnen. Wahrscheinlicher ist das Zweite. Da aber die Beauftragung²)
der Prostaten notwendig in der Volksversammlung vorgenommen worden sein muss, so haben wir sicher zwei Volksversammlungen, die über
die Sache zu befinden hatten, wenn auch für die zweite nicht eine
Minimalzahl von Abstimmenden erwiesen werden kann. In einer
zweiten Inschrift von Iasus für einen Koer ³) stellen die Prostaten

---
¹) Brit. Mus. III, 420.
²) ib. Z. 55 περὶ δὲ τῆς πολιτείας αὐτοῖς τε καὶ ἐκγόνοις αὐτῶν ἐπιτετάχασιν
τοῖς προστάταις προγράψασθαι ἐν τοῖς ἐννόμοις χρόνοις.
³) Bull. de corr. hell. XI, p. 76.

und Strategen den Antrag, und enthält die Motivierung ebenso die Verleihungsklausel wie der Beschluss, in folgender Weise: ἐπειδή..... παντὶ τῷ δήμῳ εὔνους ὑπάρχει .... ἵνα ἐπαινεθῇ..,. γένηται δὲ καὶ πρόξενος τῆς πόλεως δοθῇι δὲ αὐτῷ καὶ πολιτεία ... δεδόχθαι Ἰασεῦσιν ἐπαινέσαι ... ὑπάρχειν δὲ αὐτὸν καὶ πρόξενον τῆς πόλεως, δεδόσθαι δὲ αὐτῷ καὶ πολιτείαν.,.. ἐπικληρῶσαι δὲ αὐτὸν καὶ ἐπὶ φυλὴν ἐν τοῖς ἐννόμοις χρόνοις. Hier haben wir also das Protokoll des zweiten Beschlusses, welcher bereits die Einlosung in die Phylen angeordnet, also die Verleihung endgültig verfügt hat. Die Antragstellung durch die Prostaten mit der bereits völlig gegebenen Motivierung spricht für die Identität des Verleihungsmodus mit dem im ersten Falle klargestellten. Der gleiche Fall liegt in einer Inschrift für einen Bürger aus Bargylia vor, wo ebenfalls Motivierung und Beschluss sich decken [1]). Dagegen haben wir noch einige kleinere Bürgerrechtsdiplome aus Iasus, deren Fassung auf eine solche Prozedur nicht schliessen liesse [2]). Dies sind aber kurzgefasste Diplome, die nur Auszüge aus den Protokollen und sämtlich in Iasus gefunden sind, während die drei, welche die Prozedur ausführlich schildern, in den Heimatstädten der Geehrten, das eine in Priene, das andere in Kos, das dritte in Bargylia gefunden sind, und den vollen Wortlaut des in extenso den betreffenden Gemeinden übersandten Beschlusses reproduzieren. Die betreffenden ψηφίσματα sind wahrscheinlich auch auf Kosten der Geehrten oder ihrer Heimatstädte aufgestellt worden, während die Dekrete verkürzter Form blosse Nachweise für die erfolgte Bürgerrechtsverleihung in Iasus selbst sind.

Sicher ist uns ein ähnliches Verhältnis für Mytilene verbürgt in einer Inschrift für von Erythrä geschickte Richter [3]). Die Motivierung sagt, dass der Strateg und der Gegenschreiber die Belobung des Volkes der Erythräer und der von ihm gesandten Richter beantragt, in Betreff der Proxenie und Politie aber den Antrag gestellt hätten, dass die Strategen hierüber in der gesetzlichen Frist die Vorlage machen sollten; der Beschluss verfügt die Belobung und Bekränzung und fährt fort: εἰσαγήσασθαι δὲ περὶ αὕτων ἐν τοῖς χρόνοις τοῖς ἐκ τῷ νόμω καὶ τοῖς στραταγοῖς ὅπως ὑπάρξηι αὕτοισι προξενία καὶ πολιτεία. Hier ist also die Proxenieverleihung unter demselben komplizierten Verfahren einer zweiten Abstimmung unterworfen. Die Erhaltung des Beschlusses im Wortlaut verdanken wir abermals dem Um-

---

[1]) Bull. de corr. hell. XIII, p. 23.

[2]) CIG 2673, 2675, 2676, 2677, 2678.

[3]) Kenner, Wr. Sitzber. 1872, p. 335: καὶ περὶ προξενίας καὶ πολιτείας ἵνα παγήσωνται οἱ στράταγοι ἔφοδον ὑπὲρ αὕτων ἐν τοῖς χρόνοις τοῖς ἐκ τῶ νόμω.

stande, dass derselbe der geehrten Stadt übersandt wurde. Er ist
in Erythrae, nicht in Mytilene gefunden.

Nahezu sicher einen gleichen Verleihungsmodus dürfen wir für
Samothrake annehmen. In der Inschrift für den Tragödiendichter Dymas
aus Iasus [1]) sind uns zwei ψηφίσματα erhalten. Das zuerst aufge-
zeichnete besagt in der Motivierung, dass der Rat περὶ ἐπαίνου καὶ
στεφάνου καὶ πολιτείας vorberaten habe, im Beschlusse setzt es Lob,
Bekränzung und Bürgerrecht fest. Das zweitaufgezeichnete spricht
in der Motivierung nur davon, dass der Rat über Lob und Kranz
das προβούλευμα gefasst habe, der Beschluss selbst verfügt daher
auch nur Lob und Kranz und εἶναι δὲ αὐτῷ καὶ ἄλλο ἀγαθὸν εὑρέσθαι
ὅτι ἂν βούληται παρὰ τοῦ δήμου. Aus mehreren Koinzidenzen geht
aber hervor, dass das Lob und der Kranz des ersten Beschlusses identisch sind mit denen des zweiten. Wir haben daher anzunehmen, dass
die Verleihung des Bürgerrechts nicht so rasch von statten gehen
konnte, als die des Kranzes, dass sie aber gleichwohl in derselben
Volksversammlung angekündigt worden war, in der der Kranz
beschlossen wurde, weil wir aus dem προβούλευμα des ersten Beschlusses wissen, dass der Rat über Lob, Kranz und Politie zusammen
beraten hatte. Der zweitaufgezeichnete Beschluss ist daher chronologisch der erste. Er enthält auch ziemlich ausführlich die Verdienste
des Geehrten, die der andere nur kurz berührt und er enthält auch
die Bestimmung, den Beschluss dem Volke von Iasus zukommen zu
lassen. Sobald also in der ersten darüber abgehaltenen Volksversammlung Lob und Bekränzung in Rechtskraft erwachsen waren, beschloss man sofort die Absendung des Beschlusses an die in ihrem
Mitbürger geehrte Stadt. Hierauf erst wurde nach Ablauf der gesetzlichen Frist und abermaliger Verhandlung in der Volksversammlung die Verleihung des Bürgerrechts perfekt, und man sandte auch
diesen zweiten Beschluss, welcher nicht mehr in gleicher Ausführ-
lichkeit die poetischen Leistungen des Dymas analysierte, nach der
Stadt Iasus. Dort aber wurden beide Beschlüsse zusammen in Stein
aufgeschrieben und zwar der später perfekt gewordene zuerst, der
frühere an zweiter Stelle. Antragsteller in beiden Fällen ist der βα-
σιλεύς, aber in jedem Beschlusse ein anderer, also war, als der zweite
Beschluss gefasst war, das Amtsjahr des ersten bereits abgelaufen.
Es versteht sich von selbst, dass der Inschriftstein nicht in Samothrake, sondern in Iasus gefunden ist.

Wir haben hier gesehen, dass die für die Erteilung des Bürger-

---

[1]) Brit. Mus. III, 444.

rechts vorgeschriebenen Modalitäten zunächst für die Erteilung der Proxenie nicht gelten, aber auch einen Fall kennen gelernt, in welchem für Proxenie und Politie gleichmässig die zweite Abstimmung vorgeschrieben ist. Die Proxenie hatte in der That der Politie den Rang als Ehre allmählich abgelaufen, weil die Rechte, welche die Politie gewährte, nicht von Bedeutung waren für jemanden, der in seiner Heimatstadt blieb. Es ist daher nicht zu verwundern, dass wir einmal auch das umgekehrte Sachverhältnis finden, dass nämlich die Politie sofort bei der ersten Verhandlung gleichzeitig mit Lob und Kranz endgültig verliehen wird, in Betreff der Proxenie aber die Beamten angewiesen werden, die nötigen Schritte beim Rate einzuleiten, um die Erteilung derselben zu veranlassen [1]).

Da wir in der überwiegenden Anzahl von Fällen nur solche Bürgerrechtsdiplome besitzen, die in der verleihenden Stadt auf Stein geschrieben worden waren, darunter sehr häufig auch solche, die uns in offenbar verkürzter Gestalt erhalten sind, lässt sich aus dem Stillschweigen der Inschriften über eine eventuelle zweite Abstimmung nichts schliessen. Dass sie überall oder auch nur an den meisten Orten üblich gewesen ist, wird auch nicht einmal vorauszusetzen sein. Dass sie dort, wo sie vorhanden war, auf attischen Einfluss zurückgeht, ist chronologisch möglich, sonst aber unerweisbar. Ueberall aber dürfen wir ein bestehendes Gesetz annehmen, welches den Modus der Verleihung durch Volksbeschluss regelte und vielleicht die Fristen festsetzte, innerhalb deren eine Bürgerrechtsverleihung durchgebracht werden durfte.

Von sonstigen Erschwerungen der Verleihung begegnet uns in Athen vom Ende des 4. Jahrhunderts an die gerichtliche Dokimasie des perfekt gewordenen Volksbeschlusses. Die beiden Fälle, in denen wir die Dokimasie ausserhalb Attikas finden, und die oben besprochen worden sind, beweisen nichts, weil es sich um Massenverleihungen handelt, wie bei den Plataeern in Athen, welche ebenfalls eine Dokimasie zu bestehen hatten, lange bevor dieselbe regelmässig eingeführt wurde. In mehreren Fällen, in denen die vorzunehmende Prozedur ausführlich geschildert wird, ist von einem Eingreifen des Gerichts nicht die Rede.

Die völlige Einbürgerung eines mit dem Bürgerrecht beschenkten Fremden findet erst dadurch statt, dass er in die Listen der bestehenden Unterabteilungen eingetragen wird. Aus dem gentilicischen Charakter

---

[1]) In einer unpublizierten Inschrift aus Seleukia am Kalykadnus, welche u. a. einen Beschluss von Kalchedon enthält, dem diese Bestimmungen entnommen sind.

des Bürgerrechts folg t von selbst, dass es keinen Bürger geben konnte
der nicht einer der Phylen oder Phratrien angehörte, deren Summe
den Staat bildete. Da der Neubürger φύσει einer solchen Phyle nicht
zugezählt werden kann, muss er ποιήσει Mitglied derselben werden.
Wegen des Mangels einer souveränen Gewalt der Phylen steht es
jedoch nicht im Belieben dieser Unterabteilungen, den Neubürger
aufzunehmen oder abzuweisen, sondern der Staat, der ihn aufgenommen, konnte seine Aufnahme unter allen Umständen oktroy-
ieren und dieser politischen Notwendigkeit gegenüber schwiegen
auch alle sakralen Bedenken, die sich dagegen stellten. In Athen
war es bekanntlich dem Neubürger gestattet, sich Phyle, Demos und
Phratrie zu wählen, der er angehören wollte: in andern Staaten war
die Erlosung der Phyle vorgeschrieben. Zahlreiche Bürgerrechtsdiplome enthalten keine Andeutung über die Einordnung der Neubürger, ohne dass deshalb auf den Mangel einer solchen Einteilung
der Bürgerschaft zu schliessen wäre. In dem Beschlusse von Dyme [1]),
welcher die Einbürgerung Fremder von der Bezahlung einer Geldsumme abhängig macht, wird ein- für allemal bestimmt, dass die
Behörden die Neubürger nach geleistetem Eid in die drei Phylen
einzulosen haben. In den einzelnen Staaten haben die Diplome folgende Formeln:

Von Inseldekreten hat das von Thasos [2]) die Formel: ἰέναι δὲ
αὐτοὺς καὶ ἐπὶ πάτρην ἣν ἂν πείθωσιν. Es wird also ein gütliches Uebereinkommen zwischen dem Neubürger und der πάτρα, die ihn aufnehmen soll, erfordert, vielleicht weil die Gemeinschaft eine zu kleine
war, als dass man durch einen staatlichen Machtspruch das friedliche
Einvernehmen ihrer Mitglieder hätte stören wollen. Auf Keos begegnen wir nur in Karthäa, nicht in Poieessa der Formel: καὶ φυλῆς
ἧς ἂν βούλωνται καὶ οἴκου [3]). In Tenos ist die Formel καὶ πρὸς φυλὴν καὶ φρατρίαν προσγραφῆναι ὁποίαν ἂν βούληται Regel [4]), in Andros
ἐξεῖναι δὲ αὐτοῖς καὶ φυλῆς γενέσθαι, ἧς ἂν βούλωνται καὶ φρατρίας
ἧς ἂν [ὁρκίσ?]ωνται [5]), in Aegina γράψασθαι φυλῆς καὶ δήμου οὖ ἂν βούληται[6]). In Amorgos haben wir neben Urkunden, die über die Zugehörigkeit zu den Phylen nichts bestimmen, eine, welche die Zu-
weisung zu einer bestimmten Phyle (Βασιλειτῶν) verfügt, weil der
Neubürger Sohn einer Bürgerin ist, die vermutlich vor ihrer Ver-
heiratung mit einem Bürger von Seleukia dieser Phyle angehört

[1]) Bull. de corr. hell. II, p. 94 = Collitz 1614.   [2]) CIG 2161.
[3]) Mus. ital. Vol I, p. 218; cf. CIG 2853.
[4]) CIG 2330, 2333 = Brit. Mus. II, 376.
[5]) Ath. Mitth. 1, p. 237.   [6]) CIG 2189 b.

hatte [1]). Aus der Verwendung des typischen Ausdruckes ἐπικληρῶσαι dürfen wir schliessen, dass in Amorgos die Einordnung nicht wie in den früher erwähnten Fällen durch Wahl des Neubürgers, sondern durchs Los vor sich ging. Die Urkunden von Samos bieten die Formel ἐπικληρῶσαι αὐτὸν ἐπὶ φυλὴν καὶ χιλιαστὺν καὶ ἑκατοστὺν καὶ γένος [2]), also auch hier war die Einlosung üblich, wahrscheinlich auch in Kos mit der Formel [ἐπικληρῶσαι φυλὴν] καὶ χιλιαστύν [3]). Die zahlreichen Urkunden von Kalymna haben die Formel ἐπικληρῶσαι δὲ αὐτοὺς ἐπί τε φυλὰν καὶ δᾶμον mit dem Schlussvermerk ἔλαχε φυλᾶς (Name) δάμου (Name), der das Resultat der vorgenommenen Einlosung nach den Worten ἐπεκλαρώθη ἐπὶ φυλὰν καὶ δᾶμον enthält [4]). Eine einzige Inschrift von Kalymna, welche das Bürgerrecht dem Sohne eines Bürgers verleiht, bestimmt, dass jener die Phyle und συγγένεια seines Vaters beibehalten solle [5]). In Kleinasien hat Ephesus ebenfalls die Formel ἐπικληρῶσαι δὲ αὐτὸν εἰς φυλὴν καὶ χιλιαστύν mit dem Schlussvermerk ἔλαχε φυλήν . . χιλιαστύν . . [6]), Smyrna dieselbe Einrichtung, wie aus dem Dekrete hervorgeht, durch welches die Magneten in die Bürgerschaft aufgenommen werden [7]), wo es heisst: ἐπικληρωσάτωσαν δὲ οἱ ἐξετασταὶ εἰς τὰς φυλὰς τὰ ἀνενεχθέντα ὀνόματα πάντα καὶ ἀναγραψάτωσαν εἰς τὰ κληρωτήρια καὶ ἔστω μετουσία τοῖς ἀναγραφεῖσι εἰς τὰ κληρωτήρια πάντων ὧν καὶ τοῖς λοιποῖς πολίταις μέτεστι. Wenn hier auch κληρωτήριον das Listenverzeichnis der Phyle bedeutet, in welches der Name des Neubürgers eingezeichnet wird, so muss mit ἐπικληρωσάτωσαν am Anfang der citierten Stelle doch das Einlosen der Neubürger in die einzelnen Phylen gemeint sein, auf dessen Grund dann nach erlangter Phyle die Einschreibung (ἀναγραφή) in die κληρωτήρια erfolgt. Das Wesentliche ist also auch hier das Los; nur ist man nicht sicher, ob in Smyrna die Losung bei Neubürgern immer erfolgte oder nur in dem Falle, wo man es mit einer Massenverleihung zu thun hatte. Aber der Ausdruck κληρωτήριον für ληξιαρχικὸν γραμματεῖον scheint doch eine Bürgschaft dafür zu sein, dass auch in der Regel die Phyle, der man angehören sollte, durch das Los und nicht durch eigene Wahl oder Uebereinkommen bestimmt wurde. Für Stratonikea ist die Formel ἐπικληρῶσαι αὐτὸν ἐπὶ φυλὴν καὶ δῆμον [8]), in Mylasa wahrscheinlich [ἐπικληρῶσαι] ἐπὶ τὰς φυλὰς καὶ

[1]) Bull. de corr. hell. VIII, p. 445.
[2]) Curtius Nr. 7, 8, 9. Ath. Mitth. IX, p. 194 ff.
[3]) Bull. de corr. hell. V, p. 210.
[4]) Brit. Mus. II, 232, 233, 234, 236, 237, 240, 242, 243, 249 a, 253, 254, 271, 276, 277.
[5]) Brit. Mus. II, 238.　　　[6]) Brit. Mus. III, 447 ff.　　　[7]) CIG 3137.
[8]) Papers I, p. 18.

συ[γγενείας¹), vermutlich ebenso in Olymos ²). Iasus hat die Einlosung³).
Dagegen finden wir in Ilion die Formel εἰς φυλὴν εἰσιόντας ἣν ἂν θέλωσιν⁴)
oder ἐξεῖναι αὐτῷ καὶ εἰς φυλὴν καὶ τὸν δῆμον ἣν ἂν βούληται ἐγγρά-
φεσθαι ⁵), einmal auch gar keinen darauf bezüglichen Vermerk ⁶).

Auf europäischem Festland findet sich die Freiheit der Wahl in
Athen, ferner in Larissa in Thessalien mit der Formel φυλὰς ἑλομέ-
νοις ἑκάστου ποίας κε βέλλειται ⁷), in Phayttos in Thessalien ⁸), in Byzanz mit der Formel καὶ ποτιγραφῆμεν ποθ' ἂν κε θέλη τᾶν ἑκατοστύων⁹),
die Erlosung im Gesetz von Dyme in Achaia.

Die Verbreitung der beiden Modalitäten der freien Wahl und
der Einlosung in die Phylen ist daher, um die termini der Sprach-
wissenschaft zu entlehnen, wie aus der Uebersicht hervorgeht, nur
wellentheoretisch, nicht stammbaumtheoretisch zu erklären. Die Abgrenzung der beiden Verbreitungsbezirke kann so vorgenommen werden, dass eine nördliche Gruppe, die in Europa bis zum Peloponnes,
in Kleinasien bis über Ilion reicht und von den Inseln jedenfalls noch
Andros und Tenos umfasst, die freie Wahl gestattet, die südliche
Gruppe, zu welcher in Kleinasien noch Smyrna gehörte und zu der
die Inseln, die unter der Breite von Smyrna liegen, zählen, in Europa
vielleicht der Peloponnes, das Los verfügt hat. Mit Stammes-
eigentümlichkeiten hat diese Uebung nichts zu thun. Erst mit der
vollzogenen Einordnung der Neubürger in die Phylen oder Geschlechter ist das verliehene Bürgerrecht in Aktivität getreten. Auch
bewiesen kann es nur durch den Vermerk in den betreffenden Listen
werden, da gewiss nicht alle Verleihungsbeschlüsse in Stein gegraben
wurden, sondern die Aufschreibung meistens, wenn auch nicht immer,
eine neue Ehre war, die dem Wohlthäter erwiesen werden sollte. Nur
als Mitglied der Phyle, des Demos, der Phratrie, der Syngenie, der
Tausend- oder Hundertschaft, des Geschlechtes kann der Neubürger
seine bürgerlichen Rechte ausüben, als solcher ist er aber auch voll-
berechtigt. Freilich wird er noch als Neubürger bezeichnet und als
solcher wahrscheinlich auch in den Listen geführt; denn in den Voll-
verzeichnissen der Bürger werden die Neubürger getrennt aufgeführt.
Es ist daher möglich, dass in einzelnen Staaten eine levis macula
bestand, die dem Neubürger anhaftete — für Athen wissen wir, dass
ihm die Bekleidung des Archontates versagt blieb —, aber das ändert
grundsätzlich die Qualität des Bürgerrechtes nicht. Sicherlich gab

---

¹) Lebas III, 360.   ²) Lebas III, 334.
³) Bull. de corr. hell. XI, p. 76.   ⁴) ibid. IX, p. 161.   ⁵) CIG 3596.
⁶) Arch. Z. 1871, p. 170.
⁷) Ath. Mitth. VII, p. 64.   ⁸) ibid. VIII, p. 125.
⁹) CIG 2060 und in einer unpublizierten in Seleukia gefundenen Inschrift.

es auch gewisse Einschränkungen, die der Neubürger sich in den Sonderversammlungen der Unterabteilungen gefallen lassen musste, aber diese sind gewiss auch nur faktische, nicht rechtliche gewesen und wiegen nicht schwerer als die Bevorzugung adliger oder erbgesessener Familien bei gleicher Berechtigung aller Staatsbürger in modernen Staaten. Der Ehrgeiz der Neubürger richtete sich ja auch in der Regel nicht auf die Erreichung der höchsten Aemter und Priestertümer, sondern ihr Verlangen war die Gewährung des gleichen Rechtes mit jenen Personen, in deren Mitte sie lebten, und die Teilnahme an der Regierung des Staates, in welchem sie lebten, in jenem Ausmasse, in welchem dieselbe jedem Bürger zustand. Das aber wurde durch die Verleihung des Bürgerrechtes erreicht. Dass die Gewährung eines solchen Rechtes in den Händen derer liegt, die ihn in ihre Gemeinschaft aufnehmen wollen und ihr eigenes Recht dadurch einschränken, ist völlig erklärlich.

Das verliehene Bürgerrecht ist erblich, so gut als das durch Geburt erworbene. In der Regel wird es auch αὐτῷ καὶ τοῖς ἐκγόνοις verliehen, und ist demnach die Erblichkeit schon im Dekrete ausgesprochen. In einzelnen Dekreten, und zwar völlig regellos fehlt die Bestimmung καὶ τοῖς ἐκγόνοις. Doch ist darauf kein Gewicht zu legen, es kann ein Versehen sein, oder das Dekret kann einem Kinderlosen gelten. Die Eintragung in die Listen hat besonders für die Erblichkeit ihre Bedeutung. Der etwa bestehende soziale Unterschied zwischen Neu- und Altbürgern musste sich daher auch im Laufe der Generationen ausgleichen und konnte nur insofern abgeschwächt stehen bleiben, als die alten Familien eine Tradition hatten, die ihren Adel verbürgte. Eine weitere Frage aber ist, ob der Zusatz καὶ τοῖς ἐκγόνοις sich auf diejenigen Kinder bezieht, welche bereits geboren waren, als der Vater das Bürgerrecht erhielt, oder auf diejenigen, die er erst bekommen würde, nachdem er Bürger geworden, oder auf beide. Wenn unter den ἔκγονοι die vorhandenen Kinder gemeint sind, so würde es sich natürlich von selbst verstehen, dass auch die künftigen Kinder Bürger sind, wenn aber die künftigen, so würde das Bürgerrecht der vorhandenen nicht mehr sicherstehen. Da jedoch im allgemeinen minderjährige Kinder dem Stande des Vaters folgen, da nach dem Bürgergesetz von Dyme, welches die Zahlung eines Talents für die Verleihung des Bürgerrechts erforderte, ausdrücklich die Söhne bis zum 17. Jahre mit inbegriffen werden, ältere Söhne aber selbst ihr Talent erlegen müssen, so ist von vornherein anzunehmen, dass auch minderjährige Kinder der Neubürger Bürger werden. Für die grossjährigen Söhne ist aber die Frage, ob sie mit dem Vater ins Bürger-

recht aufgenommen werden, mindestens nicht für alle Staaten zu be-
jahen. Ein Beispiel aus Dyme wurde schon angeführt, ein zweites
bietet eine Inschrift von Kalymna [1]), nach welcher Agoranax, der
Sohn des Agorakles, für seinen Sohn Agorakles, welchen er als πρόγονος bezeichnet, das Bürgerrecht bei Rat und Volk verlangt hatte.
Die Bezeichnung πρόγονος beweist, dass dieser Sohn der älteste war,
also auch später geborene Kinder vorhanden waren. Offenbar hatte
der Vater deshalb bloss für den ältesten Sohn das Bürgerrecht zu
verlangen, weil die jüngeren eo ipso Bürger waren, und zwar weil
sie entweder schon im Bürgerrecht geboren oder doch wenigstens
minderjährig waren, als es der Vater erhielt. Wäre der Vater aber
φύσει Bürger gewesen, so müsste der Sohn ebenfalls Bürger sein,
könnte also nicht erst aufgenommen werden, es sei denn, dass er ein
Halbbürtiger war oder dass er das Bürgerrecht verloren hatte. Der
Verlust des Bürgerrechts ist ohne ein Verschulden gegen den Staat
nicht denkbar, der ihn aber dann nicht aufgenommen hätte, für
die Halbbürtigkeit ist kein Anhaltspunkt vorhanden, und der Umstand,
dass er nach seinem Grossvater heisst, spricht mindestens gegen eine
geradezu uneheliche Geburt. Der Beschluss verleiht dem Sohne und
dessen Nachkommen auch wirklich das Bürgerrecht und weist ihn in
dieselbe Phyle, der der Vater angehört. Die wahrscheinlichste Erklärung bleibt also, dass der Sohn grossjährig war, als der Vater
Bürger wurde und durch ein eigenes Psephisma zum Bürger gemacht
werden musste. Die Motivierung des Beschlusses enthält kein Verdienst, sondern gibt nur die Bitte des Vaters als Grund der Verleihung an. Dass diese in einem gentilicisch aufgebauten Staate ausreichte, um den Sohn zum Bürger zu machen, ist eine Sache, die
weiter nicht Wunder nehmen kann.

In einer Inschrift von Telmessus [2]) wird dem Ephesier Hermogenes,
und dessen Sohne Zoilos αὐτοῖς τε καὶ ἐκγόνοις Bürgerrecht verliehen,
offenbar weil der Sohn grossjährig war. Sonst hätte die Verleihung
an den Vater und dessen Nachkommen genügt.

Auch in anderen Fällen kamen Verleihungen auf Grund von direkten Ansuchen vor, ohne dass das erbliche Anrecht vorgelegen
hätte, wenn nämlich ein Gesetz das Anrecht verbürgte, wie wir dies
für Athen sicher wissen [3]). Ein Fall ist uns aus Ephesus bekannt [4]),
wo ein Bürger von Histiäa sein Bürgerrecht verlangt und erhält. Die

---

[1]) Brit. Mus. II, 238.
[2]) Bull. de corr. hell. XIV, p. 167.
[3]) Vgl. m. Unters. z. att. Bürgerrecht, S. 27.
[4]) Brit. Mus. III, 460: ἐπειδὴ Ἀντιγῶν Ἀντιμένοντος Ἰσαιεὺς .... καταστὰς
εἰς τὴν βουλὴν καὶ τὸν δῆμον αἰτεῖται πολιτείαν, δεδόχθαι κτλ.

Kürze des Dekretes gestattet uns nicht den Grund seines Ansuchens zu erkennen. Es muss nicht ein solcher Fall vorgelegen haben, wie der besprochene von Kalymna war, aber er ist möglich. — Auffallend ist ferner die Fassung eines Bürgerrechtsdiploms aus Thasos, durch welches dem Polyaretos, Sohn des Histiäos, das Bürgerrecht verliehen wird [1]) und nicht, wie gewöhnlich der Fall ist, seine Kinder (χαὶ τοὺς ἐχγένους) mit zu Bürgern werden, sondern ausdrücklich seine mit Namen angeführten Söhne Polyaretos, Antigenes und Histiäus und seine Töchter Parmenusa und Nika und die Nachkommen dieser Kinder ins Bürgerrecht aufgenommen werden. Da das Bürgerrecht unmöglich den etwa noch zu erwartenden Kindern vorenthalten werden sollte, so haben wir anzunehmen, dass der mit fünf Kindern gesegnete Mann als er Bürger von Thasos wurde, in einem Alter war, welches zu der Hoffnung auf weitere Nachkommenschaft nicht mehr berechtigte, mithin seine Kinder wahrscheinlich schon grossjährig waren. Wäre er nur allein oder er χαὶ οἱ ἔχγονοι allgemein gesprochen aufgenommen worden, so hätten eben die grossjährigen Kinder kein Bürgerrecht gehabt und die ihm erwiesene Ehre wäre illusorisch gewesen. Wir hätten aber in der gleichzeitigen Verleihung an seine Kinder einen weiteren Beweis für die Schranken der Erblichkeit verliehenen Bürgerrechts. Merkwürdig bleibt dabei noch die Verleihung an die Töchter. Waren sie unverheiratet, so hatte dieselbe keine praktische Bedeutung. Waren sie verheiratet und hatten Kinder, so waren diese nach dem Wortlaut des Volksbeschlusses Bürger, ohne dass es ihre Väter sein mussten.

Solche Fälle, dass der Sohn einer Bürgerin, die einen Fremden geehelicht hatte, das Bürgerrecht der Mutter wieder erlangte, kommen vor. Aber erwerben kann es der Sohn nur in derselben Weise wie jeder Fremde, d. h. durch einen Volksbeschluss. Hier ist also das Verfahren abgekürzt. Statt zwei Volksbeschlüsse zu machen, von denen der eine den Söhnen des Polyaretos das Bürgerrecht verlieh, der zweite den Söhnen seiner Töchter, fasste man beide in einem Akte zusammen. Ein Beispiel für die Verleihung an den Sohn einer Bürgerin ist die Inschrift aus Amorgos [2]), in welcher der Beschluss den Serapeion den Sohn des Dionysius aus Seleukia ὑπάρχοντα υἱὸν τῆς πολίτιδος ὄντα δὲ ἔτι χαὶ οἴχηον ἀγαθὸν χαὶ πρώτων τῆς πόλεως ἀνδρῶν zum Bürger macht und ihn in eine bestimmte Phyle, vermutlich die, welcher die Familie der Mutter angehört hatte, einweist. Nahm man hier die Verleihung mit Rücksicht auf die Sippe des Petenten,

---

[1]) CIG 2161.
[2]) Bull. de corr. hell. VIII, p. 445 ff., Nr. 10.

der eine einflussreiche Verwandtschaft hatte, und mit Rücksicht auf
seine halbbürgerliche Geburt vor, so sollte, da die Verleihung nicht
in anderen Formen vorgenommen werden konnte, als sie für einen
Wohlthäter der Stadt gültig waren, die Sache wenigstens nichts kosten.
Daher wird der Schreiber angewiesen, den Volksbeschluss in das
Staatsarchiv (τὰ δημόσια γράμματα) einzutragen, der neue Bürger
selbst aber, die Aufschreibung in Stein vornehmen zu lassen und die
Aufstellung der Stele im Heiligtum des Zeus und der Athene Polias zu
besorgen. Die Motivierung hebt natürlich trotz alledem die εὔνοια des
Petenten hervor. Wir sehen, dass eine Frau von bürgerlicher Abkunft als
πολῖτις bezeichnet wird, wie auch sonst geschieht [1]). Natürlich ist
der Inbegriff der Rechte der Bürgerin nicht identisch mit denen des
Bürgers, sondern der Ausdruck bezeichnet eben nur Tochter eines
Bürgers und ist kein strenger juristischer Begriff. Es ist daher eine
Ausartung, wenn einmal einer Frau Politie, freilich auch Proxenie
verliehen wird [2]), und zwar von der Staat Lamia. Da aber trotz
dieser Verleihung ihren Söhnen noch immer nicht das Bürgerrecht
zustünde, sondern diese im besten Falle als mütterlicherseits Halbbürtige aufgefasst werden müssten, wird ihren Kindern in solenner
Form besonders die Politie verliehen, indem es im Verleihungsdekrete
nicht heisst αὐταὶ καὶ τοῖς ἐκγόνοις, sondern erst am Schlusse des
ganzen die Frau betreffenden Dekretes ausdrücklich und ungewöhn-
lich hinzugefügt wird: καὶ ἐκγόνοις αὐτᾶς προξενίαν πολιτείαν εἶναι.
Verwitwete Frauen erwerben nach dem Gesetz von Dyme das Bürgerrecht ähnlich wie die Männer.

Wenn also die Söhne von Bürgerinnen nicht e lege Bürger sind,
so müssen wir, wenn nach den Worten des Aristoteles (Polit. V,
p. 1278a, 27) in einzelnen Demokratien die Kinder von Bürgerinnen
Bürger waren, ebenso wie die Unehelichen, dies als einen durch augenblicklichen Notstand verursachten vorübergehenden Zustand ansehen,
wie es auch Aristoteles fasst; dieser sagt weiter, dass wenn die betreffenden Staaten sich wieder erholt hätten, sie zuerst die Kinder
der Sklaven, dann der Sklavinnen, dann die Söhne von Bürgerinnen
des Bürgerrechts berauben, so dass zuletzt wieder der normale Zustand des Erfordernisses beiderseits bürgerlicher Abkunft bleibt. Natürlich konnten solche Entziehungen des Bürgerrechts nur pro futuro
gelten, nicht aber diejenigen, die es bereits erworben hatten, desselben
berauben. Aristoteles spricht dabei von der Gesetzgebung, welche
das Bürgerrecht auf die angegebene Weise einschränkt oder erweitert.

---

[1]) Inschriftlich z. B. in Rhodos (Brit. Mus. II, 343) und sonst.
[2]) S. oben S. 48.   ·

Dies ist auch der korrekte Weg. Denn wenn das ursprüngliche Gesetz beiderseits bürgerliche Abkunft erforderte, so konnte eine Erweiterung des Bürgerrechts auf andere Klassen wieder nur durch ein Gesetz erfolgen und die nachmalige Einschränkung neuerdings durch ein Gesetz. Da man sich aber scheute, so häufig, als es notwendig war, die Gesetze zu ändern, einem augenblicklichen Bedürfnisse aber auch durch eine einmalige Aufnahme Nichtberechtigter abgeholfen werden konnte, so fand man den Weg, den wir bereits kennen gelernt haben, nemlich durch Volksbeschluss diejenigen Klassen der Bevölkerung, welchen nach dem Gesetz das Bürgerrecht nicht zustand, als Neubürger aufzunehmen, womit ihre Nachkommen ebenfalls aufgenommen waren. Nicht aufgenommen waren aber diejenigen Personen, die später in jene Bevölkerungsklassen eintraten, denen gesetzlich kein Bürgerrecht zustand, nicht also später zuwandernde Metöken oder später geborne Sklavenkinder. Dies musste durch Erneuung des Volksbeschlusses erreicht werden. Die Stelle des Aristoteles verbürgt aber, dass in einzelnen Fällen auch wirklich eine Aenderung des Gesetzes stattfand, die aber sicherlich das letzte Auskunftsmittel war, auf welches ein an ὀλιγανθρωπία leidender Staat verfiel. Als Normalgesetz für das Bürgerrecht durch Geburt haben wir daher anzunehmen, was für Athen feststeht: μετέχουσι τῆς πολιτείας οἱ ἐξ ἀμφοτέρων γεγονότες ἀστῶν (Ar. πολ. Αϑ. cap. 42). Die gesetzlichen Bestimmungen über das Bürgerrecht der νόϑοι und ihre jeweiligen Veränderungen in den einzelnen griechischen Staaten lassen sich nicht mehr eruieren. Dass aber die beiderseits bürgerliche Abkunft, wenn möglich, überall gefordert wurde, ist sehr wahrscheinlich.

Der gänzliche Verlust des Bürgerrechts ist bei seinem gentilicischen Charakter ausgeschlossen. Doch ist ein teilweiser Verlust der bürgerlichen Rechte durch strafweise Entziehung möglich. Wie das Vollbürgerrecht identisch ist mit der Entimie, so ist die Atimie der gänzliche oder teilweise Verlust desselben. Die Atimie wird durch das Gesetz oder in einzelnen Fällen durch den Volksbeschluss verhängt und hat die Unfähigkeit zur Teilnahme an der Regierungsgewalt zur Folge. Ausser durch Atimie kann das Bürgerrecht auch durch Exil verloren werden. Das Exil bedeutet den Ausschluss aus der Gemeinschaft in sakraler und politischer Beziehung. Es entzieht nicht nur die politischen Rechte, sondern auch das Niederlassungsrecht und das Eigentum. In Bürgerkriegen wurde über die unterliegende Partei gar oft das Exil verhängt, d. h. sie mussten nicht nur das Land um des Friedens willen meiden, sondern der neukonstituierte Staat schloss sie auch rechtlich von seiner Gemeinschaft aus. Die Verbannten selbst

fühlten sich dabei natürlich weiter als Bürger ihrer Heimatstadt, deren
augenblickliche Konstitution sie nicht anerkannten. Wir haben einen
Beleg dafür, dass Verbannte, als durch ein Kompromiss eine Einigung
der Parteien zu stande gekommen war, neuerdings durch Volksbeschluss
in die Bürgerschaft aufgenommen werden mussten, weil sie ihr ursprüngliches Bürgerrecht verloren hatten. In der Urkunde von Thasos [1]) werden nämlich die φεύγοντες ὑπὸ τοῦ δήμου, also die vertrie-
benen Oligarchen, nachdem ein Kompromiss geschlossen war, unter
abkürzendem Verfahren ins Bürgerrecht aufgenommen. Nach Ablauf
eines bestimmten Termins vom Momente der Anmeldung sollen sie
ihr volles Bürgerrecht wieder ausüben. Wären die Oligarchen wieder
siegreich in Thasos eingezogen, so wäre die Verleihung des Bürgerrechts, dessen Verlust sie ja nicht anerkannten, unnötig gewesen.

Einen eigentümlichen Fall bedingten Verlustes des Bürgerrechts
lernen wir bei Koloniegründungen kennen. Da nämlich die Bürger
der Städte, von denen wir wissen, dass sie Kolonien anderer Städte
sind, durchaus nicht Bürger der Mutterstadt sind, so müssen sie
das Bürgerrecht in irgend einem Zeitpunkte verloren haben,
anders als die Kleruchen, die ihr Bürgerrecht auch in der Kleruchie
beibehalten. Auf welche Weise dies geschah, lehrt die berühmte Inschrift, welche die von den hypoknemidischen Lokrern nach Naupaktos
ausgesandte Kolonie behandelt [2]). Im Eingangsparagraphen wird von
dem auswandernden Lokrer gesagt, dass er Naupaktier werde (ἐπεί
κε Ναυπάκτιος γένηται, Ναυπάκτιον ἐόντα ὅπω (χ' ᾗ Λοϙρῶν), ξένων
ὅσια λαγχάνειν καὶ θύειν ἐξεῖμεν) und in Lokris nur eine Art Hospi-
tium geniesse. Von der Steuerzahlung in lokrischem Gebiete wird er
befreit, φρὶν χ' αὖ τις Λοϙρὸς γένηται τῶν Ὑποκναμιδίων, d. h. solange bis er wieder lokrischer Bürger wird. Er übt also infolge des
Anschlusses an die Kolonie sein lokrisches Bürgerrecht nicht aus. Doch
wird ihm gestattet, wenn er will, zurückzukehren, wenn er einen
mannbaren Sohn in Naupaktos zurücklässt, der das Aussterben des
Hauses verhindert. Zu dieser Rückkehr bedarf er keiner speziellen
Erlaubnis durch Volksbeschluss, weil sein φύσει erworbenes Bürgerrecht unverlierbar ist. Der zeitliche Verlust desselben ist also nur
ein Quiescieren des Bürgerrechts, bedingt durch den Erwerb eines
anderen, wenn die betreffende Stadt unter dem Schutze der Heimatstadt
steht, um die neugegründete Kolonie vor Zerstörung zu bewahren.
Es ist nicht gesagt, ob ein gleiches Reversionsrecht auch den späteren

---

[1]) Journ. of hellenic studies VIII, S. 401. Vgl. meine Bemerkungen Ath.
Mitth. XV, p. 80 ff.
[2]) IGA 321.

Generationen zustehe. Auch ist das nicht wahrscheinlich, weil der praktische Gesichtspunkt der war, den Kolonisten, die sich zur Auswanderung entschlossen hatten, die Möglichkeit zu bieten, dass sie für sich gut machten, was sie bei diesem Entschlusse versehen hatten. Wird also das Reversionsrecht nicht ausgeübt, so folgt daraus der dauernde Verlust des ursprünglichen Bürgerrechts und die endgültige Schaffung eines neuen, so dass die ausgesandte Kolonie im weiteren Verlauf völlig unabhängig von der Mutterstadt wird, ihre Bürger dort als Fremde gelten und ihnen höchstens eine sakrale Gemeinschaft bleibt.

Aehnlich dürfte die Koloniebildung von Korinth und Korkyra gewesen sein. Thukydides I, 24 erzählt über die Ereignisse vor dem peloponnesischen Krieg, dass sich die Epidamnier bedrängt durch Beutezüge der Barbaren an ihre Mutterstadt Korkyra um Hilfe wandten, dort aber abgewiesen wurden. Auf Anraten des Orakels wandten sie sich darauf nach Korinth, nicht bloss weil dies die Mutterstadt von Korkyra war, sondern auch weil altem Brauche gemäss die Korkyräer als sie die Kolonie gründeten, einen Korinthier als Oikisten nach Epidamnus geschickt hatten, den sie als Bürger ihrer Mutterstadt zu dem Zwecke herbeiriefen. Die Korinthier sagten zu, zum Teil aus Hass gegen die Korkyräer, weil sich diese um die Mutterstadt wenig kümmerten, bei den gemeinsamen Festen den Korinthiern die Ehrengaben weigerten und ebenso gegen die einzelnen Korinthier verfuhren, die zu ihren Opfern kamen. Daraus folgt mit Sicherheit, dass der Zusammenhang zwischen Kolonie und Mutterstadt bereits ein sehr loser geworden war und von einem gemeinsamen Bürgerrecht nicht mehr die Rede sein konnte. Als nun die Korinthier den Epidamniern zu Hilfe kommen wollten, begannen die Korkyräer darüber erbost die Belagerung ihrer Tochterstadt. Auf die Nachricht hievon verkündeten die Korinthier öffentlich, dass sie nun selbst eine Kolonie nach Epidamnus ausführen würden und jeden, der wollte, unter gleichen Bedingungen aufnehmen wollten (καὶ ἅμα ἀποικίαν ἐς τὴν Ἐπίδαμνον ἐκήρυσσον ἐπὶ τῇ ἴσῃ καὶ ὁμοίᾳ τὸν βουλόμενον ἰέναι). Wer augenblicklich nicht mitziehen, aber doch später an der Kolonie teilhaben wolle, der sollte gegen Erlag von fünfzig Drachmen in Korinth bleiben dürfen. Da nun die Stadt Epidamnus bewohnt war und ihre eigenen Bürger hatte, so muss diese Kolonieausführung im Einverständnisse mit den Epidamniern erfolgt sein, wie die der Lokrer im Einverständnisse mit den Naupaktiern. Den Korinthiern, die sich dort ansiedeln wollten, konnte es aber nicht gleichgültig sein, ob sie als blosse Metöken, wenn auch in gewisser sakraler Gemeinschaft mit den Epidamniern, in dem neugewählten Aufenthaltsorte lebten und es muss ihnen daher epidamnisches Bürgerrecht garantiert worden sein. Die Korinthier konnten sich, wenn sie sich Epidamnus gewinnen wollten, mit dieser wesentlichen Stärkung der korinthischen Elemente in ihrer Enkelstadt begnügen, mussten aber andererseits auch auf dem Bürgerrecht ihrer Kolonisten bestehen. Wir vermögen nicht zu sagen, welche Konsequenzen dies für das bestehende korinthische Bürgerecht der Kolonisten gehabt hat, werden aber nach Analogie der Inschrift von Naupaktos und aus der allgemeinen Wahrnehmung, dass die Bürger der Tochterstädte nicht Bürger der Mutterstädte sind, den Schluss auf Verlust des korinthischen Bürgerrechts ziehen müssen. In welcher Weise dieser Prozess vor sich ging, ob durch einen Akt der Regierungsgewalt, ob durch Nichtausübung des korinthischen Bürgerrechts, speziell durch Nichteintragung der in der Kolonie geborenen Kinder in die Bürgerlisten der Heimatsstadt, ist natürlich nicht zu sagen. Jedenfalls reichte das zwischen Mutterstadt und Kolonie bestehende sakrale Band nicht aus, um die politische Gemeinschaft zu begründen und wie wir an dem Beispiele von Korkyra sehen, nicht immer, um auch nur ein einfaches Verhältnis gegenseitigen Wohlwollens zu sichern, wenn die Interessen auseinanderfielen. Was den Wiedererwerb des ursprünglichen Bürgerrechts durch einen Kolonisten betrifft, so wäre auch betreffs der folgenden Generationen, für welche das Reversionsrecht nicht verbürgt ist, die gentilicische Verbindung mit der Mutterstadt ein Motiv der Verleihung des Bürgerrechts gewesen, dem sich schwerlich irgend eine Stadt unzugänglich gezeigt hätte.

Dieser Verlust des Bürgerrechts durch den Erwerb eines anderen findet aber nur dort statt, wo der Heimatstaat an dem Aufblühen des anderen ein lebhaftes Interesse hat, wie bei der Gründung einer Kolonie. Sonst nimmt der Heimatsstaat von der Verleihung eines anderen Bürgerrechts an einen seiner Bürger rechtlich keine Kenntnis und erkennt in der Annahme desselben keinen Verzicht auf das ursprüngliche Bürgerrecht. Wenn auch der Geschlechterstaat eigentlich den Besitz zweier Bürgerrechte an sich ausschliesst, so hat man die strenge Konsequenz daraus immer doch nur im eigenen Staate für das Gemeindebürgerrecht gezogen. Ein Athener kann nur einem Demos angehören, wird er von einem Mitglied eines fremden Demos adoptiert, so folgt er der neuen Gemeindezugehörigkeit, wobei ihm allerdings das Reversionsrecht gewahrt bleibt. Aber die Aufnahme eines Bürgers in einen anderen Staat als Aufhebung seines natürlichen Bürgerrechts anzusehen, lag ausserhalb der Rechtsauffassung der Griechen. Das römische Bürgerrecht schliesst bekanntlich ein zweites Bürgerrecht aus, wenigstens theoretisch [1]). In der Praxis scheint die Meinung der Juristen geteilt gewesen zu sein, und ein vorsichtiger Mann wie Pomponius Atticus lehnte das athenische Bürgerrecht ab, weil er fürchtete, durch die Annahme das römische zu verlieren. „Gleichzeitiges mehrfaches Bürgerrecht", sagt Mommsen a. a. O., „oder gleichzeitige Zugehörigkeit zu mehreren Gemeinden ist logisch wie praktisch so unmöglich wie mehrfache Vaterschaft oder mehrfache Gentilität, weil der Staat auf dem Geschlecht ebenso ruht wie das Geschlecht auf dem Hause. An diesem im Wesen der Dinge begründeten, aber anderswo insbesondere durch das fiktive Ehrenbürgerrecht verkümmerten Prinzip haben die Römer . . . unwandelbar festgehalten". Der Aufbau des Staates auf dem Geschlecht steht für Griechenland ebenso fest wie für Rom und das mehrfache Bürgerrecht ist im Grunde also dort ebenso ausgeschlossen. Auch ist sicherlich der weite Umfang des Ehrenbürgerrechts ohne praktische Konsequenz dem Besitz mehrfacher Bürgerrechte förderlich gewesen. Aber je mehr sich die Erkenntniss Bahn brach, dass das Bürgerrecht die Teilnahme an der Regierungsgewalt ist, desto weniger war auch gegen die Teilnahme an zwei Regierungsgewalten theoretisch einzuwenden. Das mehrfache Bürgerrecht ist daher in griechischen Staaten eine ganz gewöhnliche Erscheinung, und selbst das mehrfache Bürgerrecht in Staaten, welche zusammen einen gemeinsamen Bundesstaat bilden, ist weder ausgeschlossen noch selten. Die praktische Ausübung war ja allerdings unter Umständen ein Ding der Unmöglichkeit, aber die theoretische Möglichkeit ist von grösserer Bedeutung, als es scheint. Es waren nicht nur wertlose Auszeichnungen für Fremde dadurch ermöglicht, sondern auch die Grundlage für eine Reihe wichtiger Staatenbildungen gelegt durch die Möglichkeit der Vereinigung und Verschmelzung verschiedener Bürgerschaften. Eine Reihe solcher Bildungen wird uns im Verlaufe der Untersuchung noch eingehender beschäftigen. In den letzten Jahrhunderten vor Christus und in der Kaiserzeit wurde dann die Häufung aller möglichen Bürgerrechte eine Art Sport, welchen reiche Müssiggänger unter mitunter beträchtlichen Opfern an Geld und Freundlichkeit trieben. Die öffentlich ausgestellte Inschrift, die die von den entlegensten Städten gebotenen Beweise der Wertschätzung den Bewohnern der Heimat verkündete, war der erstrebte Lohn. Die Beispiele für solche Ordensjäger anzuführen wäre nutzlose Mühe, nicht minder nutzlos die Ehreninschriften anzuführen, in denen die heimische Stadt ihren Bürger auszeichnet, ihn zugleich

---

[1]) Mommsen, Röm. Staatsrecht III, 1, S. 47 f.

als Ehrenbürger vieler anderer Städte preisend. Kurz und vielsagend
drückt sich z. B. eine in Sparta gefundene Inschrift aus, wenn sie
sagt: ἡ πόλις ἡ Σμυρναίων Γάιον Ἰούλιον Ἰουλιανὸν τὸν ἴδιον πολείτην
... πολειτευθέντα δὲ ἐν ὅλῃ τῇ Ἑλλάδι καὶ Μακεδονίᾳ καὶ Θεσσαλίᾳ
καὶ Κρητῶν . . Eine viel grössere Anzahl von Bürgerrechten war
nicht gut zusammenzubekommen. Das notwendige Korrelat zu dieser
Häufung war natürlich auch die Entwertung des Ehrenbürgerrechts.

Ueberblickt man nun Inhalt und Entwicklung des Bürgerrechts
in Griechenland, so findet man thatsächlich die Definition des Aristoteles richtig. Die Teilnahme an der Regierungsgewalt ist der
Prüfstein des Bürgerrechts. Nur behandelt Aristoteles nicht diejenigen Rechte, welche mit dem Bürgerrecht verknüpft sind und seine
Voraussetzung bilden, die aber von ihm auch losgelöst werden können,
und deren Summe das Quasibürgerrecht bildet. Diese Summe von
Privatrechten ist von grosser Bedeutung für jene Verfassungen, in
denen die Regierungsgewalt nicht allgemein ist, weil sie den unter-
drückten Klassen das Minimum verbürgt, mit welchem sie im Staatswesen ihr Auskommen finden konnten, sie ist auch von Bedeutung
für die Fremden, welchen das Bürgerrecht nicht zuerkannt wurde,
denen man aber mit Bereitwilligkeit die Rechte von Quasibürgern
gewährte. Die Frage, welche Aristoteles von der theoretischen Betrachtung ausschliesst und nur πρὸς χρῆσιν zulässt, wer nämlich von
der heimischen Bevölkerung zum Bürgerrecht zugelassen sei, lässt
sich, ohne auf das Dunkel der vorgeschichtlichen Zeit zurückzugehen,
nicht beantworten, weil sie die Frage nach den ersten Gründern des
Staates einschliesst. Wo das Bürgerrecht auf den Geschlechtern beruht, dort geht eben der letzte Grund auf Zeiten zurück, deren Geschichte niemals eruierbar war. Der Neubürger hat den Volksbeschluss als Dokument seiner Zugehörigkeit, der Altbürger die Tradition als endgültiges Zeugnis. Ein sicheres Ergebnis ist aber die
Gleichstellung des Neubürgers mit dem durch Geburt das Bürgerrecht
Besitzenden, hinsichtlich der vollen Teilnahme an der Regierung, der
Gleichstellung vor dem Rechte, des Eintritts in die sakrale Gemeinschaft.
Für alle griechischen Staaten lässt sich sagen, was Demosthenes [1])
gelegentlich von Athen sagt: .. ἐποιησάμεθα πολίτην καὶ διὰ τῆς δω-
ρεᾶς ταύτης μετεδώκαμεν αὐτῷ καὶ ἱερῶν καὶ ὁσίων καὶ νομίμων καὶ
πάντων ὅσων περ αὐτοῖς μέτεστιν ἡμῖν. Für das Bürgerrecht selbst
aber ist eine nicht völlig ausreichende, aber doch das Wesen der Sache
treffende Definition neben der des Aristoteles die von Plutarch περὶ
μον. II gegebene: πολιτεία ἐστὶ μετάληψις τῶν ἐν πόλει δικαίων.

---

[1]) g. Aristokr. § 65.

II. Die Isopolitie.

Die verbreitetste Ansicht über Begriff und Wesen der Isopolitie hat Niebuhr [1]) zum Urheber, welcher unter Zugrundelegung einer kretischen Inschrift zunächst die Angaben der Historiker über den latinischen Bund zu prüfen unternahm und unter Isopolitie ein durch Vertrag eingegangenes Verhältnis zweier Staaten, die vollkommen gleich und von einander unabhängig sind, verstand, also ähnlich wie nach ihm Marquardt [2]) wesentlich nur die Verleihung der Isopolitie an Staaten im Auge hatte und jedenfalls einen doppelseitigen Akt, wie bei einem Vertrag notwendig, annahm. Beiden Gelehrten kam es nur auf das Verständnis des Ausdruckes in seiner Anwendung auf römische Verhältnisse an, und nur sekundär interessiert sie seine Wurzel im griechischen Staatsleben. Böckh hingegen hat sich gelegentlich einer Inschrift [3]), welche einer einzelnen Person Isopolitie verleiht, kurz dahin ausgesprochen, dass die Isopolitie ein nicht vollkommenes Bürgerrecht sei, welches etwa der Isotelie gleichzusetzen wäre. Mommsen endlich hat erkannt, dass die Griechen in Beziehung auf römische Verhältnisse das Wort so wie die Latiner civitas verwenden „bald für das Bürgerrecht ohne Stimmrecht, bald und häufiger für das Bürgerrecht mit Stimmrecht" (Röm. Staatsr. III, 1, S. 643 f., Anm. 4). Sehen wir nun von der Anwendung dieses Ausdruckes bei Dionysius von Halikarnass, bei welchem der latinische Bund gemeint ist, ab und fragen wir, welche staatsrechtliche Bedeutung innerhalb griechischer Verhältnisse dem Worte überhaupt zukommen könne, so ergibt sich sofort, dass die litterarische Ueberlieferung der späteren Zeit denselben zweifellos mit Vorliebe anwendet, um ein an Massen verliehenes Bürgerrecht zu bezeichnen, während er älteren Quellen in dieser Bedeutung und wahrscheinlich überhaupt fremd ist. Das vielleicht älteste Zeugnis steht bei Aristoteles in der πολιτεία Σαμίων [4]), wo erzählt wird, dass die Samier, als sie infolge von Bedrückung durch Tyrannen — vielleicht ist Polykrates gemeint — einen beträchtlichen Verlust von Bürgern zu beklagen hatten, den Sklaven die Isopolitie verliehen. Allein schwerlich geht dieser Ausdruck auf Aristoteles selbst zurück, er ist vielmehr dem Excerptensammler zur Last zu legen, Photius oder dem, auf welchem Photius, der das Fragment überliefert, fusst. Diesen

---

[1]) Vgl. Niebuhr, Röm. Gesch. hsg. v. Isler II, S. 58 ff.
[2]) Röm. Staatsverwaltung I [1], S. 24.
[3]) CIG I, pag. 732. Vgl. auch Dittenberger syll. zu Nr. 181, Note 8.
[4]) Vgl. Rose, frgm. Arist. Nr. 575 = Müller fr agm. hist. Gr. II, S. 160 Nr. 181.

hat aber zur Wahl eines solchen Ausdrucks die in seiner Zeit übliche
Verwendung desselben für Massenbürgerrecht veranlasst. Einen greif-
baren Fall dieser Art haben wir bei Diodor [1]), wo von der Erteilung
des attischen Bürgerrechts an die Plataer die Rede ist, die zwar zum
Jahre 372 berichtet wird, aber, wie ich glaube, auf das Jahr 427 zu
beziehen ist [2]). Die älteren Quellen [3]) für die Bürgerrechtsverleihung
von 427 kennen jedoch diesen Ausdruck nicht. In beiden Fällen
kann von einer wechselseitigen Bürgerrechtsverleihung nicht die Rede
sein, in beiden Fällen geht der Ausdruck ἰσοπολιτεία nicht auf zeit-
genössische Quellen zurück, in beiden Fällen wird er nach dem Sprachgebrauch einer späten Zeit nur zu dem Zwecke angewandt, um die Verleihung an Massen zu charakterisieren. Dagegen findet er sich ebenso zweifellos in einer ursprünglichen Quelle, bei Polybius [4]), welcher von der
Verleihung des athenischen Bürgerrechts an die Rhodier diesen Ausdruck gebraucht, der sicher nicht auf Rechnung des Epitomators
zu setzen ist, sondern von Polybius selbst herrührt. Denn wir besitzen die „freie Uebersetzung“ der echten Polybiusstelle bei Livius,
welche durch ein offenkundiges Missverständnis ihres Urhebers ebenso
den Gebrauch des Wortes ἰσοπολιτεία bei Polybius an dieser Stelle
verbürgt, wie sie die ihm von den römischen Historikern beigelegte
Bedeutung klarlegt. Wenn Livius nämlich sagt: ‚civitasque Rhodiis
data, quem ad modum Rhodii prius Atheniensibus dederant‘, so ist
klar, dass der Nebensatz nichts ist als die vermeintlich richtige Um-
schreibung des Wortes ἰσοπολιτεία in dem Sinne, wie es die Spätern
verstanden, als ein wechselseitig verliehenes Bürgerrecht. Denn von
einer Erteilung des rhodischen Bürgerrechts an die Athener ist nicht
nur nichts bekannt, die ganze Situation widerspricht dem auch auf
das Entschiedenste. Die Verbündeten, Attalos und die Rhodier stehen
mit Philipp V im Krieg, Athen ist gegen Philipp erbittert, weil er
den Akarnanen gestattet hatte, einen Rachezug ins attische Gebiet
zu machen. Diesen Moment benützen die Verbündeten, um Athen
zur Kriegserklärung gegen Philipp zu bestimmen und nach Verlesung
des Briefes des Königs Attalos in der Ekklesie werden diesem über-
schwängliche Ehren erwiesen, ebenso wie nach Anhörung der Ge-

---

[1]) Diod. XV, 46: οἱ δὲ Πλαταιεῖς ... τῆς ἰσοπολιτείας ἔτυχον διὰ τὴν χρηστό-
τητα τοῦ δήμου.
[2]) Ich habe Wien. Studien VI, S. 166 ff. ausführlich darzulegen versucht,
dass im J. 372 eine nochmalige Erteilung des Bürgerrechtes an die Plataer,
von der einzig Diodor berichtet, der die feststehende vom J. 427 verschweigt,
nicht stattgefunden habe.
[3]) [Dem.] c. Neära 103 ff.
[4]) Polyb. XVI, 26, 8: καὶ πᾶσι Ῥοδίοις ἰσοπολιτείαν ἐψηφίσαντο ...; vgl. Nis-
sen, Unters. zur vierten und fünften Dekade des Livius S. 11 (Liv. XXXI, 15).

sandten der Rhodier den Rhodiern. Den letzteren wird aber, wie Polybius ausdrücklich berichtet, das Bürgerrecht wegen eines speziellen von ihnen geltend gemachten Verdienstes, der Restitution von vier gekaperten athenischen Schiffen, gewährt. Damit ist die Politieerteilung von Athen an die Rhodier motiviert, völlig unmotiviert wäre aber eine vorhergegangene Politieerteilung seitens der Rhodier als eines Staates, der um ein Bündnis ansucht, an Athen als den Staat, der es schliessen soll, ehe der Erfolg dieses Ansuchens bekannt ist. Livius hat also den Ausdruck des Polybius missverstanden und ihn in dem zu seiner Zeit gebräuchlichen Sinn gefasst. Als ein Bündnis ist der Ausdruck ferner in den Quaestiones Graecae [1]) gefasst, ohne dass es gelingen kann, das dort überlieferte Verhältnis irgendwie historisch zu fassen. Von einer Isopolitie Lebadeias mit dem Koinon der Arkader in irgend einer historischen Zeit wissen wir nichts, und eine solche wird dort auch nur behauptet, um eine plausible Erklärung für die bei den Arkadern übliche Bestrafung derjenigen zu finden, die absichtslos in das unzugängliche Heiligtum des Zeus Lykaios drangen und nach Eleutherä geschickt wurden, was wahrscheinlich schon Theopomp berichtet hatte [2]). Die Bedeutung dieser Ueberlieferung für die mythische Zeit hat in allem wesentlichen unumstösslich K. O. Müller [3]) dargelegt. Vielleicht bezieht sich die behauptete Isopolitie auch nur auf die mythische Zeit.

Wenn nun nach alledem angenommen werden kann, dass der Isopolitie mindestens nicht von Haus aus der Begriff einer Art von aequum foedus zukommen konnte, so erhebt sich neuerdings die Forderung nach einer Sammlung des nun erweiterten epigraphischen Materials. Die Inschriften, in welchen Isopolitie verliehen wird, scheiden sich aber sofort in solche, in welchen die Verleihung der Isopolitie seitens eines Staates an eine einzelne Person erteilt wird, und in solche, durch welche ein Isopolitieverhältnis zweier Staaten unter einander [geregelt werden sollte. Die Inschriften der erstbezeichneten Art sind folgende:

Böotien: 1. Oropos: Ἐφημερίς ἀρχ. 1891, S. 95, Nr. 41 an einen Athener.

Phokis: 2. Delphi: Bull. de corr. hell. VI, p. 239: Isopolitieverleihung der Delphier an von einer befreundeten Stadt zur Schlichtung von Streitigkeiten entsandte Richter;

---

[1]) Plut. Qu. Gr. 39: ... καὶ Λεβαδεῦσίν ἐστιν ἰσοπολιτεία πρὸς Ἀρκάδας.
[2]) Polyb. XVI, 12, 7.
[3]) Orchomenos und die Minyer S. 151 f.

                   3. A n t i k y r a: Lebas II, 1002: Isopolitie der Anti-
kyräer an einen Ambrysier;

                   4. A n t i k y r a: Lebas II, 1101.

Lokris: 5. C h a l e i o n: CIG I, 1567 = Collitz 1467: Isopolitie an einen Bürger von Aegion;

                   6. T h r o n i o n: Collitz Nr. 1511: an einen Aetoler.

Thessalien: 7. T h a u m a k e s: CIG I, 1772: an einen Herakleoten;

                   8. T h a u m a k e s: CIG I, 1773: an einen Larissäer;

                   9. T h a u m a k e s: Bull. de corr. hell, VII, p. 45:
an mehrere Larissäer.

Epirus: 10. D o d o n a: Arch. ep. Mitth. a. Oest. V, S. 131;
an einen Apolloniaten seitens der Molosser;

             11. (?) D o d o n a: ibid. 133: seitens der Epiroten.
Ίσο]πολιτείαν so ergänzt, daher fraglich. Fick
schreibt: διὸ] πολιτείαν.

Peloponnes: 12. T e g e a: Dittenb. syll. 317: an einen Thessaler;

             13. T e g e a: Lebas II, 340d.

             14. T h a l a m a e: Lebas II, 281.

Kreta: 15. A p t e r a: CIG 2558, besser Bull. de corr. hell.
III, S. 431: an ein Brüderpaar aus Hieropolis.

    Wenn wir von den beiden mit 10 und 11 bezeichneten Inschriften
aus Dodona absehen, so sind sämtliche Isopolitiedekrete zugleich Proxeniedekrete, d. h. sie haben lediglich die Form von Proxeniedekreten,
nur dass neben den in solchen Diplomen üblicher Weise aufgezählten
Rechten die Isopolitie auftritt ganz in derselben Weise wie sonst
vielfach die Politie [1]), ja es ist nicht einmal eine lokale Scheidung
möglich, weil mehrere der hier citierten Städte ganz ebenso durch
Politieerteilung erhöhte Proxenenrechte verleihen wie sie Proxenenrechte mit Isopolitie gewähren. Dagegen fällt sofort auf, dass unter
den Isopolitie erteilenden Staaten sich kein einziger jonischer befindet,
obgleich in jonischen Staaten die Kumulation von Proxenie und Politie eine ziemlich häufige und vergleichsweise auch alte Erscheinung
ist [2]). Ebensowenig ist ausser Kreta eine Insel vertreten. Die Heimat und der Ursprung dieses Wortes sind also jedenfalls entweder
im Mutterlande oder in Kreta zu suchen, die Zeit der Entstehung
darf nach den erhaltenen Beispielen kaum über das Ende des dritten
Jahrhunderts hinaufgerückt werden.

    Erwägt man, dass die Inschriften 2, 3, 4, 10 und 11 zweifellos
Beschlüsse von Städten sind, die einem Bundesstaate angehören, für 7,

---

    [1]) Vgl. Monceaux, les proxenies Grecques S. 58 ff. und oben S. 18 ff.
    [2]) Ebenda.

8, 9 schwerlich eine mögliche Zeit ausfindig zu machen ist, in welcher
die Zugehörigkeit von Thaumakes zu einem thessalischen κοινόν oder
zum ätolischen Bund abgewiesen werden könnte und bei den anderen
die Bundeszugehörigkeit ebenfalls wahrscheinlich ist, so könnte man
auf den Gedanken kommen, dass Isopolitie zwar nicht im römischen
Sinne die Erteilung des Bürgerrechts an eine Gemeinschaft bedeutet,
vielleicht aber die Erteilung seitens einer Stadt, welche einer grösseren
Staatsgemeinschaft angehört. Aber eine solche Annahme wird durch
die massenhaft vorhandenen Belege von blossen Politieerteilungen
seitens derselben oder anderer Städte, die zweifellos einem Bundesstaate angehörten, ausgeschlossen. Ebenso ausgeschlossen ist aber
auch die Annahme eines qualifizierten Bürgerrechts, wofür nur angeführt werden kann und wurde, dass sich nirgendwo in Isopolitiedekreten die Zuteilung der Neuaufgenommenen in die Unterabteilungen
(Phratrien und Phylen), und dass im Bürgerrecht eingeschlossene
Rechte wie die ἔγκτησις γῆς καὶ οἰκίας mit verliehen worden sind.
Aber dieselbe Erscheinung findet sich in den Politiedekreten desjenigen
Charakters, dem die Isopolitiedekrete fast ausschliesslich angehören, in
denen nämlich Proxenie mit erteilt wird und die alle einer Zeit angehören,
in welcher das Bürgerrecht mehr eine zuerkannte Ehre als ein zum
wirklichen Gebrauche verliehenes Recht bedeutete, ohne dass man
deshalb berechtigt wäre, an der juristischen Qualität des Bürgerrechts
etwas zu ändern. Lässt sich also weder ein geringerer Wert
der Isopolitie gegenüber der Politie, noch von Haus aus eine andere
Richtung in Bezug auf Subjekt oder Objekt statuieren, so bleibt nichts
als Identität, soweit das Wesen der Sache in Betracht kommt. Die
einzige mögliche sprachliche Analogie, die sich darbietet, ist der Ϝισοπρόξενος und Ϝισοδαμιωργός der Inschrift der Chaladrier (IGA 113),
wo der mit dem Bürgerrecht Beschenkte durch diese Ausdrücke als
mit der Fähigkeit bekleidet hingestellt werden soll, die Aemter der
Proxenie und Damiurgie zu bekleiden, natürlich ohne dass er deshalb
diese Aemter auch bekleiden musste. Isopolitie könnte daher nach
dieser Analogie nichts anderes als die Fähigkeit zum Vollbürgerrecht
bezeichnen, d. h. die absolute Verleihung desselben seitens des Staates
ohne die erfolgte Annahme seitens des Beschenkten, also dem Ausdruck εἶναι αὐτῷ τὴν πολιτείαν ἂν βούληται, der sich gleichfalls findet,
entsprechen. Praktisch kommt jedoch dieser Gedanke in unseren Isopolitiedekreten sicherlich nicht zur Geltung, da die Annahme des verliehenen Bürgerrechts ja zweifellos oft erfolgte, auf die Ausübung desselben aber gewiss hier nicht häufiger verzichtet wurde als in Fällen mit
simpler Politieerteilung. Der Unterschied zwischen Ϝισοπρόξενος und

ἰσοπολίτης ist also wesentlich der, dass mit der Verleihung der Isopolitie
der Geehrte rechtlich Bürger des verleihenden Staates ist, und nur
fraglich bleibt, ob er von seinem Rechte Gebrauch machen wird, der
ῥισοπρόξενος aber nur die Fähigkeit hat, πρόξενος zu werden. Natürlich konnte ein solches Rechtsverhältnis ganz gut auch durch πολιτεία ausgedrückt werden und wurde es thatsächlich. Der Ausdruck
ἰσοπολιτεία ist daher gleichwertig mit πολιτεία ἐφ' ἴσῃ καὶ ὁμοίᾳ und
nur lokal von diesem geschieden. Wenn Flavius Josephus (Ant. XII, 1)
bei dem Bericht über die Ansiedlung der Juden in Alexandria durch
Ptolemäus I sagt: καὶ τοῖς Μακεδόσιν ἐν Ἀλεξανδρείᾳ ποιήσας ἰσοπολίτας, so meint er die volle Gleichberechtigung, und der Dativ τοῖς
Μακεδόσιν ist ideell von ἰσο- regiert. Das Wort ἰσοπολίτας ist also
hier zu übersetzen: gleichberechtigte Bürger. Ist aus diesem Aus-
drucke auch nichts für das Wesen der Isopolitie in früherer Zeit zu
schliessen, so beweist er doch zum mindesten, dass Isopolitie niemals
ein bloss qualifiziertes Bürgerrecht bedeutet haben kann, sondern die
absolute Gleichstellung der Neubürger mit den alten Bürgern bedeutet
haben muss. Seit aber die Bürgerrechtserteilung immer mehr eine
blosse Ehrung wurde, kam es häufiger vor, dass die Geehrten keinen
Gebrauch von dem ihnen zuerkannten Rechte machten. Auch für
diese behielt man natürlich den neuen Terminus bei, der sich auch
vorzüglich eignete, um Massenbürgerrechtserteilungen zu bezeichnen.
Der klassische Boden der Isopolitie in dem Sinne einer solchen Bürgerrechtserteilung an Staaten ist dem Zustande der Ueberlieferung nach
Kreta, doch lassen sich auch hier deutlich zwei Stadien unterscheiden,
die einfache Bürgerrechtsverleihung an sämtliche Bürger eines fremden
Staates und der wechselseitige Vertrag, kraft dessen die Bürger des
einen Staates zugleich Bürger des anderen werden und umgekehrt.
Natürlich ist diese zweite Form der Isopolitie eine abgeleitete und
ursprünglich nichts als ein doppelter Akt, indem jenes Recht, welches
dem einen Staate vom anderen verliehen wurde, neuerdings von dem
zweiten dem ersten zuteil ward. Erst in übertragener Bedeutung und
in späterer Entwicklung heisst dann auch ein wirklicher Staatsvertrag,
der wechselseitig Isopolitie gewährt, kurz ἰσοπολιτεία. Die ursprüngliche Bedeutung des Wortes ἰσοπολιτεία wird am besten durch den
Ausdruck „gleichwertiges Bürgerrecht" wiedergegeben.

Die Isopolitie im Sinne einer Massenerteilung des Bürgerrechts
findet sich in folgenden Inschriften:

Teos   1. Beschluss der Biannier (Kreta) Lebas III, Nr. 77;
            2.   „   „ Pallaier (Kreta) Lebas III, Nr. 78;
            3.   „   „ Arkader (Kreta) Lebas III, Nr. 80;

Elatea 4. Beschluss der Elatäer für Tenos Bull. de corr. hell.
XI, p. 332.

Im Sinne eines wechselseitigen Vertrags findet sich der Ausdruck in:
Kreta 5. Vertrag zwischen Olus und Latos CIG 2554 = Mus.
it. I, p. 144;
6. Vertrag zwischen Hierapytna und Priansos CIG 2556;
7. Eid für die Hierapytnier CIG 2555;
8. Vertrag zwischen Allaria und Paros CIG 2557;
9. Eid der Lyttier Hermes IV, p. 267;
10. Vertrag zwischen Hierapytna und Magnesia (das Wort
Isopolitie umschrieben) Mnemos. I, p. 114;
Phigalia 11. Vertrag zwischen Messene und Phigalia Lebas II,
Nr. 328a;
Pergamon 12. Vertrag zwischen Pergamon und Temnos Altert. v.
Perg. VIII, 1, Nr. 5.

Die sub 1—3 genannten Inschriften gehören dem Komplex jener
kretischer Beschlüsse an, durch welche dem Heiligtum und der Stadt
von Teos auf Bitten ihrer Gesandten die Asylie garantiert wird. Diese
Beschlüsse [1]) fallen, wie Waddington nachgewiesen hat, in zwei
verschiedene Zeiträume, indem bei den älteren die Gesandten Apollo-
dotos und Kolotes intervenierten [2]), bei den jüngeren hingegen Hero-
dotos und Menekles. Die Beschlüsse der älteren Gruppe gewähren
Asylie in derselben Weise wie die jüngeren, aber niemals Isopolitie,
von den jüngeren gewähren drei Isopolitie, einer [3]) hat die Formel
ἦμεν Τηίους πολίτας τῶν Ἐραννίων, gewährt also Bürgerrecht, einer [4])
schliesst sich an die ältere Gruppe an, hat also kein Bürgerrecht,
während Nr. 81 und 82 blosse Ehrendekrete für die Gesandten sind
und die Dekrete der Athamanen, Delphier und Aetoler, welche gleichfalls kein Bürgerrecht gewähren, durch die geographische Lage der
betreffenden Staaten (daher kommt auch die Abordnung einer andern Gesandtschaft) von dieser Gruppe zu eximieren sind. Die Erneuerung der vor einer Generation gewährten Asylie bewog demnach
die meisten kretischen Städte zu einer Steigerung der Beziehungen,
welche in der Isopolitie ihren Ausdruck fand. Die Formel lautet in
76 einfach: ἦμεν πολίτας τῶν Ἐραννίων mit offenbar identischer Bedeutung. Schon aus dieser Zusammenstellung folgt, dass unter Isopolitie nichts anderes verstanden sein kann als unter Politie.

Die in Betracht kommenden Formeln der drei Isopolitiedekrete
und des Politiedekretes der Ἐράννιοι sind:

---

[1]) Lebas III, Nr. 60—85. [2]) ib. Nr. 60—74. [3]) Nr. 76.
[4]) Nr. 75 Beschluss der Apteraier.

Nr. 76
Ἐραννίων
δεδόχθαι ἡμεν Τηίους πολίτας Ἐραννίων, εἶναι δὲ αὐτοῖς καὶ ἀτέλειαν
καὶ ἔγκτησιν γᾶς καὶ οἰκίας

Nr. 77
Βιαννίων
ποιοῦμεν δὲ ὑμᾶς καὶ ἰσοπολίτας καὶ
ἀτελεῖς καὶ πολέμω καὶ εἰράνας καὶ
ἐάν τινες ... πολεμῶσιν ... βοαθήσομεν

Nr. 78
Παλλαίων
δ[ίδομεν δὲ] καὶ ἀτέλειαν καὶ ἰσοπο-
λιτείαν· καὶ ἐάν τινες ἀδικ[ήσωσιν
... [βοη]θήσ[ει ἡ πόλις τῶν] Παλλαίων κτλ.

Nr. 80
Ἀρκάδων
δοῦναι ὑμῖν ἰσοπολιτείαν καὶ ἔνκτησιν
γᾶς καὶ οἰκίας καὶ ἀτέλειαν, ταῦτα
δὲ δ[δομεν ὑμῖν καὶ ἐάν τινες ἀδι-
κήσωσιν ... βοαθήσομεν κτλ.

Aus diesem conspectus ergibt sich, dass die Isopolitie in all' diesen
Fällen zugleich mit Atelie und dem Hilfsversprechen bei Ueberfällen,
zweimal auch mit ἔγκτησις verliehen wird, welche offenbar auch dort
zu verstehen ist, wo sie nicht ausdrücklich genannt ist, d. h. also,
dass diese Isopolitiedekrete, welche dem Staate der Teer gelten, sich
ihrem Wesen nach an die Dekrete, durch welche Einzelbürgern Isopolitie verliehen wird, anschliessen; diese aber unterscheiden sich
ihrerseits wieder von denjenigen Politiedekreten überhaupt nicht,
welche nach der Weise der Proxeniedekrete abgefasst sind.

Nr. 4 verdankt seine Entstehung ähnlichen Gründen. Hier wird
der Insel Tenos und ihrem Poseidonheiligtum Asylie und Isopolitie
von seiten des κοινόν der Phokeer verliehen: ἐπαινέσαι δὲ κα! τὴν
πόλιν Τηνίων .... καὶ εἶμεν Τη[ν]ίοις ἰσοπολιτείαν πᾶσι δεδομέναν ἐμ
Φωκεῦσι. Nach allen Analogien wäre es falsch, hier Isopolitie etwa
so zu deuten, als ob damit ein gleichmässig in allen phokischen
Städten geltendes Bürgerrecht gemeint sei. Die Verleihung geht
vielmehr vom κοινόν aus, und es ist auch nur phokisches Samtbürgerrecht gemeint. Ganz anders stellt sich hingegen die Sache bei den
Isopolitieverträgen.

Das unter Nr. 5 aufgeführte Dekret charakterisirt sich als ein
Vertrag zwischen Latos und Olus und bestimmt zunächst Freundschaft, Bundesgenossenschaft und wechselseitige Hilfe im Kriegsfalle.
Es bestimmt sodann ἔγκτησις und Isopolitie μετέχοντι θίνων καὶ ἀνθρωπίνων und zwar sowohl für die Latier in Olus als auch für die
Oluntier in Latos, so dass also auch hier mit dem Ausdruck ἰσοπολιτεία noch nicht das wechselseitige Verhältnis ausgedrückt erscheint.
Durch den oben erwähnten Ausdruck der Teilnahme am Menschlichen
und Göttlichen ist aber die Isopolitie deutlich als Vollbürgerrecht

charakterisiert. Denn diese Formel ist nicht nur technisch die Formel
für das Vollbürgerrecht, sie erschöpft auch völlig alle Merkmale desselben. Im weiteren Verlaufe wird Zollfreiheit, Beuteteilung und Ver-
eidigung der Bürgerschaften statuiert, ferner, was wesentlich ist, das
Recht der Teilnahme an der Volksversammlung für jeden Latier in Olus
und umgekehrt, welches, ein Ausfluss des Bürgerrechtes, Anteil an
der Souveränetät gewährt. Aehnlich ist das Verhältnis in der Inschrift
Mnemos. I, p. 114. Kriminelle Voruntersuchungen, Epigamie, Dikaiodosie werden gleichfalls wechselseitig gewährt. Dennoch bleibt
die Integrität beider Staaten erhalten und ihre Grenzen werden sogar
festgesetzt. Die Thatsache, dass Rechte wie die Epigamie, welche
aus dem Vollbürgerrecht von selbst folgen, mitverliehen werden, hat
ihren Grund in dem potentiellen Charakter der Isopolitie, von deren
Verleihung ja nicht notwendig Gebrauch gemacht werden musste. Aber
auch hinsichtlich dieses Punktes unterscheidet sie sich noch nicht von
vorne herein von der Politie. Aehnlich ist das Verhältnis in Nr. 6,
wo zwischen Hierapytna und Priansus Isopolitie, Epigamie, Enktesis,
Teilnahme am Menschlichen und Göttlichen für die beiderseitigen
Vollbürger und volle bürgerliche Freiheit und Fähigkeit, gültige Verträge zu schliessen, beschlossen wird. Ebenso wird das Recht der
Aussaat und damit der Ernte und die Isotelie verliehen. Ueber die
Isopolitie hinaus geht das Recht des Kosmos der einen Stadt, in der
Ekklesie der andern mit den Kosmoi derselben zu sitzen. Dies ist
aber noch nicht als die Einführung eines sympolitischen Momentes
zu deuten. Uebrigens sind die Bürger der einen Stadt deutlich als
Bürger der andern gekennzeichnet (οἱ ἄλλοι πολῖται) [1]). So sehen wir
auch hier einerseits den rein bürgerrechtlichen Charakter der Isopolitie, der infolge des Umstandes, dass dieses Bürgerrecht als an
Massen verliehen bloss potentiell ist, allmählich den Charakter eines
Staatsvertrags annimmt und sich der Sympolitie nähert. Nr. 8 ist
ein Vertrag zwischen den Allarioten und Pariern von gleicher Bedeutung, bei welchem nur interessant ist, dass in beiden Städten
wechselseitiges Bürgerrecht beschlossen, damit also die Form des
Vertrages erreicht ist [2]).

Ein weiteres Isopolitiedekret gleichen Charakters ist wahrscheinlich die Inschrift, welche Naber (Mnemos. I, p. 105 ff.) publiziert hat
und welche ein Bündnis zwischen Hierapytna und Lyttos darstellt,

---

[1]) CIG 2556, Z. 37: ἐν δὲ τοῖς Ἡρ[ω]ικ[οῖ]ς καὶ ἐν ταῖς ἄλλαις ἑορταῖς οἱ παρα-
τυγχάνοντες ἱερπόντων παρ' ἀλλάλοις ἐς ἀνθρ[ή]ιον καθὼς οἱ ἄλλοι πολῖται.

[2]) εἶμεν δὲ Ἀλλαριώταις καὶ Παρίοις ἰσοπολιτείαν μετέχωσι τῷ τε Ἀλλαριώτᾳ
ἐμ Πάρῳ καὶ θείνων καὶ ἀνθρωπίνων ὡσαύτως δὲ καὶ τῷ Παρίῳ ἐν Ἀλλαρίᾳ μετέχωσι
καὶ θείνων καὶ ἀνθρωπίνων, ἐὰν συνδοκῇ ταῦτα τῷ δάμῳ τῷ Παρίῳ.

wenn auch der vordere Teil der Inschrift weggebrochen ist, in
welcher die isopolitische Formel stehen musste. Ferner gehört hieher
Nr. 7 und 9, wo bloss der Eid erhalten ist und dieser das Versprechen
enthält, ἐν τᾷδε τᾷ ἰσοπολιτείᾳ zu verharren. Dies ist aber zweifellos
eine Uebertragung, durch welche der Vertrag selbst mit seinem Haupt-
merkmal bezeichnet wird.

Diese Fülle von Isopolitiedekreten, welche einen doppelten Akt
der Bürgerrechtserteilung seitens zweier Staaten voraussetzen, beschränkt sich zum grossen Teile auf Kreta und das letzte Viertel des
dritten Jahrhunderts, eine Zeit der fortwährenden Verbindungen griechischer Staaten unter einander, welche das bereits vorhandene Prinzip der Isopolitie als ein bundbildendes verwendeten.

Derselben Zeit vermutlich gehört auch noch Nr. 11 der aufgezählten Dekrete an [1]), welches allein den Ausdruck ἰσοπολιτεία
sprachlich so fasst, dass darin zugleich die Wechselseitigkeit des Verhältnisses ausgedrückt erscheint. Die kretischen Dekrete statuieren
ja immer bloss einen zweiseitigen Akt, die Erteilung der Isopolitie
an den einen Staat und hierauf die Erteilung seitens des beschenkten
Staates an den schenkenden, zuweilen auch die Wechselseitigkeit durch
Hinzufügung des πρὸς ἀλλήλους kennzeichnend. Hier haben wir zum
erstenmale die Formel ἦμεν τοῖς Μεσσανίοις καὶ Φιαλέοις ἰσοπολιτείαν,
also die Verwertung des im ersten Kompositionsgliede des Wortes
ἰσοπολιτεία liegenden Begriffes, um die Gleichwertigkeit der beiden
in Betracht kommenden Bürgerrechte auszudrücken. Die Situation
ist die, dass Gesandte des ätolischen Bundes zu den Messeniern kamen,
um diese zur Aussöhnung mit den Phigaliern zu bewegen, dass infolge dessen die Isopolitie zwischen Messene und Phigalia beschlossen
und zugleich die Ungültigkeit dieser Vereinbarung für den Fall bestimmt wird, dass Phigalia nicht in Freundschaft mit den Messeniern
und Aetolern bleiben sollte. Die Inschrift gehört somit einer Zeit
an, in welcher sowohl Messene als auch Phigalia dem ätolischen
Bunde angehörten. Wir wissen aus Polybius, dass Phigalia vor Beginn des sog. Bundesgenossenkrieges im J. 221 im bundesstautlichen
Verhältnisse zu Aetolien stand [2]) und gleichzeitig Messene ebenfalls
in einer nicht näher definierbaren Bundesgenossenschaft zum ätolischen Bunde stand. Wir wissen ferner, dass Phigalia von den Aetolern besetzt und zum Ausgangspunkte mannigfacher Plünderungszüge
auf messenischem Gebiete gemacht worden war. Die bald darauf
von den Messeniern an den achäischen Bund gerichteten Bitten um

---

[1]) Lebas II, 328a, Explic. Ueber die Zeitbestimmung vgl. Foucart im Kommentar zur Inschrift. [2]) IV, 3: ἐτύγχανε δὲ τότε συμπολιτευομένη τοῖς Αἰτωλοῖς.

Aufnahme in die achäische Bundesgenossenschaft wurden von einzelnen
Gliedern dieses Bundes freundlich aufgenommen, während die Aetoler,
obgleich selbst Bundesgenossen der Messenier sowohl als auch der
Achäer, die Aufnahme der Messenier in die Bundesgenossenschaft der
Achäer als casus belli erklärten, ihre Zurückweisung aber mit Ein-
haltung des Friedens beantworten wollten, πρᾶγμα πάντων ἀλογώτατον,
wie Polybius sagt [1]). Nach Beginn des Krieges erklärten jedoch die
Messenier, dass sie, solange das benachbarte Phigalia in den Händen
der Aetoler sei, nicht in der Lage wären, von diesen abzufallen [2]).
Als Psophis in Elis in die Hände des achäischen Bundes gefallen
war, ging auch Phigalia zu diesem und Philipp von Macedonien über [3]).
Damit ist die Zeit gegeben, über welche hinaus unsere Inschrift nicht
gesetzt werden kann, weil Phigalia nicht mehr in freundlichem Verhältnis zum ätolischen Bund stand. Es ist nur die Zeit unmittelbar
vor Beginn und zu Anfang des Bundesgenossenkriegs denkbar, also
rund 220 v. Chr. Da die ätolischen Schiedsrichter und Gesandten
ein Bundespsephisma überbrachten, um die Messenier zur Freundschaft
mit Phigalia nach Beilegung der Zwistigkeiten zu bestimmen [4]), so
ist nicht unwahrscheinlich, dass diese ätolische Intervention im eigen-
sten Interesse der Aetoler vorgenommen wurde und die vorangegangenen
Unbilden der Phigalier gegen die Messenier vielmehr den Aetolern
zur Last fielen. Es werden wohl jene obenerwähnten Brandschatzungen
gewesen sein, welche mit Erlaubnis der ätolischen Führer durch Pi-
raten von Phigalia aus gegen Messene unternommen wurden und die
den ersten Anlass zu den Beschwerden der Messenier boten. Schlossen
diese damals mit Phigalia Isopolitie auf Grund eines freundschaftlichen
Verhältnisses zu den Aetolern [5]), so begreift es sich, dass sie im
weiteren Verlaufe sich weigern mussten, in die gewünschte Bundesgenossenschaft mit Philipp und dem achäischen Bunde zu treten, so
lange Phigalia in ätolischen Händen war und es nicht möglich wurde,
auch diese Stadt zum Beitritt zu vermögen. Bei Polybius ist als
Grund hiefür die geographische Nähe der Städte angegeben, in Wahrheit tritt noch ihr Vertragsverhältnis hinzu. Der Vertrag selbst bestimmt ausser der Isopolitie noch Epigamie, verordnet ferner die Er-

---

[1]) Freeman, history of federal government p. 513 ff. rechtfertigt die Politik der Aetoler.

[2]) Polyb. IV, 31.   [3]) Polyb. IV, 79.

[4]) ἐπειδὴ παραγενόμενο]ι πρεσβε[υ]ταὶ καὶ διαλυ[ται παρὰ τῶν Αἰτω]λῶν Τίμαιος,
Κλεόπατρο[ς ... τὸ ψή[φισ]μα τὸ παρὰ τῶν Αἰτωλῶν ἀπ[έδωκαν καὶ αὐτοὶ] διελέγοντο
ὅμοια τοῖς ἐν τ[ᾶι ψηφίσματι, ἀξ]ιῶντες διαλυθῆναι ποτὶ τὰ[ς Φιαλέας ...

[5]) Z. 19: ἐὰν δὲ μὴ ἐμ[μ]ένωντι οἱ Φιαλέες ἐν τᾶι φιλ[ίαι ποτὶ τὰς Με]σσανίως
καὶ Αἰτωλὼς ...

richtung von Verträgen ἀπὸ συμβόλων, wodurch die Rechtseinheit bewirkt werden soll und das beiderseitige Ernterecht im fremden Gebiete. Hiemit ist deutlich wie auch sonst in Fällen der Isopolitie die Zweiheit der Staaten geschützt und der potentielle Charakter der Isopolitie gegeben. In formeller Hinsicht ist zu bemerken, dass der erhaltene Teil der Inschrift bloss den Beschluss der Messenier enthält, welchem die Klausel angehängt ist: ἔδοξε δὲ καὶ τοῖς Φιαλέ[οις ποιεῖν καθάπερ ο]ἱ Μεσσάνιοι ἐψαφίξαντι. Wir sehen also, dass einmal die Isopolitieerteilung von den Messeniern an die Phigalier beschlossen wurde, dann auch umgekehrt von den Phigaliern an die Messenier, so dass der Vertrag (ὁμολογία) durch zwei getrennte Akte getrennter Staaten endgültig zustandekam. Ebenso ist das Verhältnis in den Isopolitie schliessenden kretischen Staaten zu denken, wenn dort auch vielfach die Beurkundung in der Form eines beiderseits ausgestellten förmlichen Vertrages vorgenommen wurde.

Am klarsten spricht sich der Begriff der Isopolitie in der Vertragsurkunde zwischen Temnos und Pergamon (oben Nr. 12) aus. Die Urkunde beginnt mit einem Beschluss der Pergamener, bevollmächtigte Gesandte an Temnos in Betreff des Abschlusses einer Isopolitie zu senden (ὅπως ψηφισθῇ ταῖς πόλεσιν ἀμφοτέραις ἰσοπολιτεία). Darauf folgt der Beschluss der Pergamener, welcher besagt, dass die Temniten in Pergamon und die Pergamener in Temnos Vollbürgerrecht besitzen sollen und, um jeden Zweifel auszuschliessen, nicht nur daneben die ἔγχτησις verbürgt, was auch sonst vorkommt, sondern auch ausdrücklich das Stimmrecht in den beiderseitigen Volksversammlungen garantiert (ἔμμεναι Ταμνί[ταισι ἐν Περ]γάμῳ πολι-[τ]είαν καὶ Περγαμήν[οισι ἐν Τάμνῳ] μετεχόντ[ε]σσι ὧν καὶ οἱ ἄλλο[ι πολῖται μετέχοι]σι καὶ γᾶς καὶ οἰ[κία]ς· ἔγχτησιν ἔ[μμεναι τῷ Ταμνί]τᾳ ἐμ Περγάμῳ [κ]αὶ τῷ Περγα[μήνῳ ἐν Τάμνῳ· ψᾶφον δ]ὲ φέρην τὸν Τ[α]μνίταν [ἐμ Περγάμῳ καθάπερ ὁ Περγ]άμηνος φέρει καὶ τὸν Π[εργ-άμηνον ἐν Τάμνῳ καθάπερ ὁ] Ταμνίτας φέρει). Wenn noch irgend ein Zweifel bestehen könnte, dass die Isopolitie ein volles Bürgerrecht sei, so würde dieser durch diese ausdrückliche Festsetzung des ius suffragii gehoben. Man ist daher auch nicht berechtigt, das ius honorum für den Isopoliten theoretisch auszuschliessen.

Wir besitzen aus Pergamon auch einen späteren Isopolitievertrag, in welchem im Gegensatze zu dem eben besprochenen der potentielle Charakter der Isopolitie, der jedoch nur ein sekundäres und konsekutives Moment ist, hervorgehoben erscheint. Das Wort Isopolitie wird dort allerdings nicht gebraucht, sondern vielmehr das ihm, wie bereits erwähnt, völlig gleichwertige πολιτεία. Es ist die Urkunde, welche in

den Altertümern von Pergamon (VIII, 1, Nr. 156) publiziert ist und
das Verhältnis von Pergamon und Tegea regelt. Der Anfang des
Dekretes, welcher die Begründung enthielt, ist bis auf wenige Reste
zerstört, aus denen jedoch noch hervorgeht, dass in ihm die Verleihung des tegeatischen Bürgerrechts an die Pergamener erwähnt
war. Der Beschluss der Pergamener erteilt das pergamenische Bürgerrecht an diejenigen Tegeaten, welche dasselbe erlangen wollen (ἐξου-
σίαν δὲ [εἶναι καὶ] πολιτε[ύε]σθαι ἐν Περ[γ]άμῳ τοῖς βο[υ]λομένοις Τε-
γεάτ[αις μετέχουσι π]άν[τω]ν [ὧν κ]αὶ οἱ ἄλλοι Περγαμηνοί). Die geographische Entfernung der beiden vertragschliessenden Städte von
einander hat diese Fassung der entscheidenden Worte verursacht, nach
welcher nicht jeder Tegeate schlechthin Bürger von Pergamon ist,
sondern nur ὁ βουλόμενος. Im Wesen laufen beide Fassungen auf dasselbe
hinaus, im Beschlusse für Tegea liegt ebensogut ein Isopolitieverhältnis
vor wie in dem Dekrete für die Tamniten, und der erste Fall ist auch
nicht um Haaresbreite einem sympolitischen Verhältnisse näher als
der zweite, sondern der potentielle Charakter des letzteren ist eine
naturgemässe Folge aus dem Wesen der Isopolitie, die eintreten musste,
da keine der beiden souveränen Gewalten aufgehoben war.

Wir vermögen demnach die Entwicklung der Isopolitie in verschiedenen Stadien zu verfolgen. Zunächst ist es ein mit der Politie
identischer Begriff, welcher einen gleichen Umfang der von ihm ein-
geschlossenen Rechte aufweist. Ihm entspricht die Verleihung der
Isopolitie an Einzelne. Sodann wird der Ausdruck mit Vorliebe angewandt, um Verleihungen von Bürgerrechten an Massen, z. B. auch
an sämtliche Bürger eines anderen Staates zu bezeichnen, aber auch
hier noch einseitig. Die nächste Folge solcher Isopolitieerteilungen
an Staaten ist aber, dass der beschenkte Staat seinerseits ebenso das
Bürgerrecht dem ursprünglich verleihenden Staat erteilt und so ein
doppeltes Isopolitieverhältnis erzeugt, welches im weiteren Verlaufe
dann wieder mit demselben Ausdruck belegt wird, so dass am End-
punkte der Entwicklung unter Isopolitie wirklich ein Vertragsverhältnis
zweier Staaten zu verstehen ist.

Die Getrenntheit der souveränen Gewalten garantiert auch in
dem letzten Falle die Gesondertheit der beiden Staatsverbände, deren
einzelne Bürger Bürger zweier Staaten sind, wobei freilich nicht alle
von dem neuen Bürgerrechte Gebrauch machen. Es war daher nicht
überflüssig, die Privatrechte, welche Ausflüsse des Bürgerrechts sind,
im besonderen zu verleihen. Epigamie, ἔγκτησις, Epinomie u. s.
standen daher jedem Bürger des einen Staates in dem anderen zu.
Ein wichtiger Punkt war die gegenseitige Rechtsgebung, welche in

den kretischen Dekreten ausdrücklich bestimmt ward, in dem Dekrete
von Messene und Phigalia durch noch zu errichtende Symbolieverträge
geregelt werden sollte. Keinem Zweifel jedoch kann es unterliegen,
dass das den Vollbürger charakterisierende Recht, das der Teilnahme
an der souveränen Gewalt der Volksversammlung, dem Isopoliten zugestanden habe. Doch wenn z. B. dem Kosmos der einen kretischen
Stadt das Recht eingeräumt wird, in der Ekklesie der anderen mit
den Kosmoi der letzteren zu sitzen, so bezieht sich diese Bestimmung
nur auf die Ehre der Sitzordnung, die Teilnahme an der Volksversammlung selbst steht dem Kosmos nicht als Beamten, sondern als
Isopoliten zu. Nur wenn, was möglich ist, ihm auch eine gewisse
magistratische Gewalt, etwa in der Leitung der Volksversammlung
des fremden Staates zugestanden hätte, könnten wir ein sympolitisches
Moment, also eine Weiterführung der Isopolitie annehmen.

Eigentümlich ist das Verhältnis der Isopolitie zum staatlichen
Föderativsystem. Theoretisch verlangt jedes bundesstaatliche Verhältnis ein gemeinsames föderatives Organ. Ein solches fehlt im Isopolitieverhältnis vollständig, und die absolute staatliche Unabhängigkeit und Freiheit der den Isopolitievertrag schliessenden Staaten schliesst
jeden höheren staatlichen Verband aus. Das moralische Element aber,
welches die einzelnen Teile eines Föderativstaates an einander kettet,
und welches wir mit dem dafür üblichen Terminus als φιλία kenn-
zeichnen können, ist vorhanden, vorhanden ist in der Regel auch
die Gleichheit der Privatrechte, vorhanden ist endlich potentiell die
absolute Staatseinheit, soweit sie sich in der souveränen Volksversammlung konzentriert, da ja die rechtliche Möglichkeit für jeden
Bürger des Staates A gegeben ist, in der Volksversammlung des
Staates B mitzuraten und umgekehrt. In diesem Falle wären die
beiden Volksversammlungen thatsächlich identisch, soweit die Teilnehmer in Betracht kommen, verschieden hinsichtlich des Namens,
der ihnen zukäme, hinsichtlich der Berufung und des Ortes ihrer Ta-
gung. Praktisch aber ist auch die Identität der Teilnehmer unmöglich. Ein dem bundesstaatlichen Verhältnis näher kommender Zustand wird aber eben durch die vorauszusetzende oder auch vertragsmässig festgesetzte φιλία, sowie durch die wechselseitige Gewährung
aller Privatrechte erreicht. Daher kommt es, dass die kretischen
Städte in der Zeit, in welcher sie sich zu einem Bunde zusammen-
zuschliessen beabsichtigten, ohne ihre gesonderte Existenz aufgeben
zu wollen, an der gegenseitigen Gewährung der Isopolitie ein Surrogat
fanden für einen einheitlich geordneten Staat, dass sie mithin die
Isopolitie als ein bundbildendes Prinzip anwandten.

In diesem Sinne scheint auch der ätolische Bund sich mehrere seiner Glieder auf isopolitischem Wege angeschlossen zu haben. Zwar leidet es keinen Zweifel, dass die Städte des eigentlichen Aetolien sympolitisch verbunden waren. Das lehrt schon die einfache Thatsache des Sammelnamens Αἰτωλοί. Auch bezeichnet Polybius wiederholt selbst ausserhalb dieses engeren Verbandes stehende Staaten als in Sympolitie mit den Aetolern lebend [1]) und den ätolischen Staat selbst als eine συμπολιτεία[2]). Allein Freeman [3]) hat schon darauf aufmerksam gemacht, dass das Verhältnis der ausserätolischen Bundesstädte zum Bunde ein anderes war als das der ätolischen Städte unter einander, dass demnach die rein ätolischen Städte sehr gut eine Sympolitie genannt werden konnten, während für die anderen Bundesstädte eine solche ja thatsächlich vorkommende Bezeichnung anderweitig zu erklären sein wird, vermutlich so, dass Polybius die Verhältnisse des achäischen Bundes übertragend alle Bundesstädte der Aetoler sympolitisch nannte, wenn auch das staatsrechtliche Verhältnis der Sympolitie nicht bestand. Es hat somit nicht in dem Sinne ein ätolisches Samtbürgerrecht gegeben, dass sämtliche der Symmachie angehörige Staaten an demselben teilgenommen hätten, wohl aber ein ätolisches Samtbürgerrecht hinsichtlich der durch Sympolitie mit einander verbundenen, der ätolischen Urstädte, wie wir sie kurz nennen wollen. In der That lässt sich in einem Falle ein solches Samtbürgerrecht nachweisen, welches κοινοπολιτεία genannt wird, und offenbar als πολιτεία τοῦ κοινοῦ τοῦ Αἰτωλῶν, nicht, wie auch geschehen[4]), als ἰσοπολιτεία interpretiert werden muss. Es handelt sich um eine in Delphi gefundene Inschrift [5]), deren erster unvollständig erhaltener Teil den Beschluss der Aetoler enthält, dem Epikles, Bürger von Oaxos auf Kreta, das Bürgerrecht zu verleihen [6]), während der zweite Teil das Ersuchschreiben von Oaxos enthält, in welchem ausgeführt wird, dass der Vater des Epikles, Eraton, auf einem Feldzuge nach Kypern gestorben, seine Kinder in Gefangenschaft geraten und Epikles nach Amphissa als Sklave verkauft worden sei; Epikles habe aber sein

---

[1]) Polyb. IV, 3, 6: εἰς τήν τῶν Φιγαλέων πόλιν ... ἐτύγχανε δὲ τότε συμπολιτευομένη τοῖς Αἰτωλοῖς. Polyb. II, 46, 2: ... Τέγεαν Μαντίνειαν Ὀρχομενόν, τάς Αἰτωλοῖς οὐ μόνον συμμαχίδας ὑπαρχούσας ἀλλά καί συμπολιτευομένας τότε πόλεις ...
[2]) Polyb. IV, 25, 6: Παραπλησίως δὲ καί τοὺς ὑπὸ τῶν καιρῶν ἠναγκασμένους ἀκουσίως μετέχειν τῆς Αἰτωλῶν συμπολιτείας ...
[3]) History of federal government I, p. 331 f. und 343.
[4]) So von Haussoullier.
[5]) Herausg. v. Haussoullier Bull. de corr. hell. VI, p. 460 ff.
[6]) [πο]λ[ίτ]α[ν ἀναγράφειν αὐτόν καί τ]άν ἀναγραφάν ἔμεν Ἐπικλε[ῖ, τάν δὲ ἐπιψάφιξιν τάν] περί τάς ἀναγραφὰς ποιήσασθαι ἐν νο[μίμωι ἐκκλησίαι.

Lösegeld gezahlt und sei somit Metöke in Amphissa [1]). Das Ersuchen
geht nun dahin, ihm die κοινοπολιτεία zu verleihen [2]). Das Schreiben
ist an die ätolischen Bundesbehörden, nicht an die Stadtbehörden von
Amphissa gerichtet, beweist somit schlechthin die Existenz eines ätolischen Bürgerrechtes, welches unabhängig vom Sonderbürgerrecht
einer zum ätolischen Bunde gehörigen Stadt ist, und die staatsrechtlich selbständige Stellung und Souveränetät des κοινόν. Es lässt sich
dies historisch aus der von allen Forschern, am schärfsten von Freeman hervorgehobenen ursprünglichen Eigentümlichkeit des ätolischen
Bundes, nicht sowohl ein Bund von Städten als von Landschaften
zu sein, erklären. Für uns ist die Inschrift auch zunächst deshalb
von Bedeutung, weil wir durch sie ein solches aetolisches Bürgerrecht nachzuweisen vermögen.

Eine andere Frage aber ist die, woher es kommt, dass das blosse
Ersuchen der Stadt Oaxos an den ätolischen Bund hingereicht hat,
um dem Metöken von Amphissa das ätolische Bürgerrecht zu verleihen, dass diese Verleihung nicht etwa durch besondere Verdienste
des Einzubürgernden motiviert, ja dass nicht einmal das Verlangen
nach Verleihung des Bürgerrechts im Schreiben der Stadt Oaxos besonders begründet wird. Ein blosses freundschaftliches Verhältnis
zwischen den beiden Staaten kann zu einer derartigen unmotivierten
Ehrung keine hinreichende Veranlassung sein. Der ganze Akten-
wechsel macht vielmehr den Eindruck, dass die Bescheinigung seitens
der Stadt Oaxos, dass Epikles das dortige Bürgerrecht geniesse, hingereicht habe, um ihm das ätolische zu verleihen, sowie um diese
Verleihung rechtlich zu verlangen. Daraus aber würde folgen, dass
in eben jenem Sinne, welcher für die Isopolitie oben in Anspruch
genommen worden ist, dem eines potentiellen Bürgerrechtes, ein Isopolitieverhältnis zwischen dem ätolischen Bunde und Oaxos bestand,
dass also jeder Bürger von Oaxos ätolischer Samtbürger, jeder Aetoler
Bürger von Oaxos werden konnte, wenn er wollte. Hieran kann uns
auch der Umstand nicht irre machen, dass die Bürgerrechtsverleihung
für Epikles einer nochmaligen Beschlussfassung durch die ätolische
Ekklesie unterzogen wurde. Denn die materielle Beschlussfassung
konnte sich ganz gut auf die Prüfung des Vorhandenseins des oaxischen Bürgerrechts beziehen und musste die durch das Vertragsverhältnis bereits erledigte Frage der Abhängigkeit des ätolischen
Bürgerrechts vom oaxischen nicht einbegreifen. Ueberdies ist vielleicht

---

[1]) οἰκεί[ων πα]ρ' ὑμ ἐ ἐν 'Αμφίσσαι, πολίτας ἰὼν ἀ μ ό ς.

[2]) [ὑμὲς δὲ δίκαια π]οιησεῖτε, φροντίδδοντες ὅπει, εἴ τίς κα ἀδικῇ α[ὐτὸν, ἀπο]-
λύηται ὑφ' ὑμῶν [κοι]ναῖ καὶ ἰδίαι, ἃ δὲ κοινοπολι[τείας] ἀϊδία ὑπάρχῃ ἀν[αγραφᾷ.

auch nicht die Verleihung des Bürgerrechts, sondern nur seine Inkraftsetzung, die ἀναγραφά, verlangt und wenn man die wahrscheinliche Ergänzung Haussoulliers annimmt, auch beschlossen worden, obgleich es zweifelhaft ist, wie der Ausdruck ἀναγραφά zu interpretieren ist. Ein Fund der jüngsten Zeit, welcher Friedrich Halbherr verdankt wird, lehrt uns überdies, dass ein Isopolitievertrag zwischen Oaxos und den Aetolern wirklich geschlossen wurde. In einer verstümmelten Inschrift dieser kretischen Stadt [1]) sind nämlich einzelne Reste erhalten, die Halbherr noch gerade diesen Schluss verstatteten [2]).

Wir sehen hier an einem Beispiele, in welcher Weise solche Staaten, die geographisch nicht dem ätolischen Bunde nahelagen, durch Isopolitieverträge doch angegliedert werden konnten, ohne dass zwischen ihnen und dem Bunde eine höhere Einheit zu bestehen brauchte. Wir sehen aber auch, um wie viel weniger der isopolitische Weg geeignet war, ein festes Bundesverhältnis zu begründen, als der sympolitische, wenn die Inkraftsetzung des bundesmässig garantierten Bürgerrechts einen Schriftenwechsel zwischen den Regierungen notwendig machte [3]).

Man könnte immerhin noch zweifelhaft sein, ob der ätolische Bund oder seine Politiker wirklich die Isopolitie als ein bunderweiterndes Prinzip mit Bewusstsein verwendeten, weil das hier nachgewiesene Isopolitieverhältnis mit einer kretischen Stadt eingegangen war, auf Kreta aber die Isopolitiebündnisse in Schwang waren und daher auch dieser Vertrag als ein Erfolg der kretischen Politik erscheinen könnte und dann keine Anwendung litte auf jene anderen dem ätolischen Bunde zugehörigen Staaten, die nicht im strengsten sympolitischen Bundesverhältnisse mit ihm lebten und ihm doch so

---

[1]) Mus. ital. di antichità classica Vol. III, p. 184 f., Nr. 197.

[2]) Z. 1: συγγεν... Z. 2: τάδε συ[νέθεντο. Z. 3: ται Αἰτωλ[ῶν. Z. 4: λιαν, ἰσοπ[ολιτείαν. Z. 5: τι κοινὸ. Z. 6 ff. folgen Bestimmungen hinsichtlich militärischer Hilfeleistungen.

[3]) Es zeigt sich hier wieder, dass die Isopolitie, auch als Staatsvertrag, das Vollbürgerrecht im Gefolge hat, daher dem Isopoliten die Teilnahme an den souveränen Gewalten jedenfalls in demselben Ausmasse wie dem Neubürger überhaupt garantiert. Sobald Epikles durch Loskauf der Sklaverei enthoben war, also in den Metökenstand eintrat, war auch, da es einen Oaxier, der Metöke in Aetolien gewesen wäre, rechtlich nicht geben konnte, die Bedingung seines ätolischen Bürgerrechtes gegeben. Fraglich bleibt dagegen, wie es mit dem Oaxier stand, der in Aetolien als Sklave lebte. Da er Lösegeld zahlte, so scheint man die Privatrechte desjenigen ätolischen Bürgers, der ihn gekauft hatte, soweit geschont zu haben, dass man den Kauf nicht für ungültig erklärte, weil ein Isopolite gekauft worden war. Es war dies eine Kollision zwischen der Isopolitie und dem Privatrechte des Sklavenbesitzes, der innerhalb dieser Verhältnisse nicht vorgebeugt werden konnte, wie das bei der Sympolitie zweifellos möglich war.

nahe standen, dass Polybius schlechtweg den Terminus sympolitisch
auf sie anwenden konnte.

Allein es scheint, dass ein gleiches Verhältnis sich zwischen dem
ätolischen Bunde und Keos nachweisen lässt, was doch eine all-
gemeinere Anwendung des isopolitischen Prinzips wahrscheinlich macht.
Wir besitzen nämlich Beschlüsse der Aetoler, Naupaktier und Keier,
welche das gegenseitige Freundschaftsverbältnis regeln wollen [1]). Zwei
dieser Dekrete behandeln den gegenseitigen Schutz und die Asylie
zwischen Keos einerseits und den Aetolern andererseits [2]), zwei andere
die Bürgerrechtsverleihungen, und zwar wird in dem einen dieser Dekrete [3]) den Keiern seitens der Naupaktier das Bürgerrecht verliehen,
natürlich nur das von Naupaktos, welches seinerseits dem ätolischen
Bunde angehörte.   Dieses Bürgerrecht wird als πολιτεία bezeichnet,
seinem Werte und seiner Bedeutung nach können wir es ebensogut
als ἰσοπολιτεία bezeichnen.   Im anderen [4]) wird hinwiederum von seiten
der Keier in Erwiderung dieses Vorrechtes und auf Grund des Berichtes
einer Gesandtschaft, welche die Nachricht von der erfolgten Bürgerrechtsverleihung seitens der Naupaktier nach Keos brachte [5]), nicht
etwa beschlossen, den Naupaktiern, sondern den Aetolern das keische
Bürgerrecht zu verleihen [6]).   Der Vorgang ist also der, dass Naupaktos als einer der zum ätolischen Bunde gehörigen und mit ihm
in Sympolitie lebenden Staaten den Keiern das naupaktische, damit
aber implicite das ätolische Bürgerrecht verlieh, dass aber der keische
Staat die Gesamtheit der Aetoler in seine Gemeinschaft aufnahm,
da die Aufnahme der Naupaktier nicht genügt hätte, um auch sämtliche Aetoler zu Keern zu machen.   Es war überflüssig, dass sich
etwa das Bundessynedrion der Aetoler mit der Bürgerrechtsverleihung
an die Keier beschäftigt und ihnen wie in dem Falle von Oaxos das
Samtbürgerrecht der Aetoler, die κοινοπολιτεία verliehen hätte, da durch
den Beschluss der Naupaktier dieses bereits erlangt worden war. Aus
der Verleihung des keischen Bürgerrechts an die Aetoler als Erwiderung des Geschenkes der Naupaktier erkennen wir aber, dass die Absicht, in der dasselbe erteilt worden war, nämlich die Keier zu Aetolern

---

[1]) CIG II, 2350, 2351, 2352 und Rangabé, Ant. hell. II, Nr. 750 o.
[2]) CIG 2850 und Rangabé II, 750 c.
[3]) CIG 2351.   [4]) CIG 2352.
[5]) ἐπειδὴ ἀναγέλλουσιν οἱ πρέσβεις οἱ ἀποσταλέντες εἰς Ναύπακτον καὶ πρὸς τοὺς
συνέδρους τοὺς Αἰτωλῶν πᾶσαν εὔνοιαν καὶ φιλοτιμίαν ἐνδεδεῖχθαι Ναυπακτίους καὶ
τοὺς συνέδρους τοὺς Αἰτωλῶν πρὸς τὰς πόλεις τὰς Κείων καὶ ἐψηφισμένοι εἰσὶν
Ναυπάκτιοι πολιτείαν εἶναι Κείοις καὶ γῆς καὶ οἰκίας ἔγκτησιν καὶ τῶν
ἄλλων μετέχειν Κείους ὄνπερ καὶ Ναυπάκτιοι μετέχουσι, δεδόχθαι κτλ.
[6]) εἶναι Αἰτωλοῖς πολιτείαν ἐγ Κέωι καὶ γῆς καὶ οἰκίας ἔγκτησιν καὶ τῶν ἄλλων·
μετέχειν αὐτοὺς πάντων ὄνπερ καὶ Κεῖοι μετέχουσιν.

zu machen, richtig erfasst wurde. Zu gleicher Zeit[1]) befasste sich auch
der ätolische Bund als solcher mit der Frage des Anschlusses von Keos
und erkannte den Keiern Asylie und andere Ehren — nicht das Bürgerrecht — zu, ὡς Αἰτωλῶν ὄντων τῶν Κείων, d. h. weil die Keer Aetoler
sind. Aetoler aber waren sie eben erst durch Verleihung des naupaktischen Bürgerrechts geworden[2]). Es ist klar, dass, was das Wesen
des Bürgerrechtes, die Ausübung der souveränen Gewalt, betrifft, die
Keier als solche keinen Anteil an der panätolischen Versammlung
hatten, ausser insofern sie Naupaktier waren und ihr naupaktisches
Bürgerrecht ausübten, dass hingegen die Naupaktier als solche An-
theil an der Versammlung hatten, mit anderen Worten, dass die Naupaktier in Sympolitie mit den Aetolern und in Isopolitie mit den
Keiern lebten und eine Folge dieses Doppelverhältnisses auch die Isopolitie zwischen Aetolern und Keiern war. Freilich wird dieses Verhältnis nicht Isopolitie, sondern Politie genannt. Dies beweist aber
höchstens etwas für die Verbreitung des neu geprägten Wortes, nicht

---

[1]) Das Bürgerrechtsdiplom von Naupaktos für Keos (CIG 2351) ist in seiner
einem keischen Beschlusse einverleibten Abschrift ἐπὶ θεώρου Σωκράτους τοῦ Τι-
μονος datiert, das citierte Asyliedekret von Keos für die Aetoler (Rangabé 750 c)
hat denselben Mann zum Antragsteller.
[2]) Es sind noch andere Erklärungen der citierten Stelle versucht worden.
E. Kuhn, Entstehung der Städte der Alten, p. 120 u. 182, interpretiert die Worte
„bildlich" und übersetzt: „gleich als ob die Keier Aetoler wären". Diese Erklärung
scheitert ebenso an der sprachlichen Unmöglichkeit wie an der Thatsache, dass
in jenem Dekret der Aetoler, welches den Mitylenäern einen gleichen Schutz
verbürgt (hersg. von M. Fränkel, Arch. Z. 1885, S. 142 ff.) und welches im übrigen mit dem Dekret CIG 2350 identisch ist, der Beisatz ὡς Αἰτωλῶν ὄντων τῶν
Μυττληναίων, wie erwartet werden müsste, fehlt. Hieraus erhellt, dass der oben
citierte Beisatz in den zwei keischen Dekreten kein müssiger ist, sondern eine spe-
cielle Beziehung hat. Ernster ist die Erklärung der Worte zu nehmen, wie sie
unter Beistimmung von W. Feldmann (Analecta epigr. ad historiam synoecismorum et sympolytiarum = Dissert. Argent. Vol. IX, p. 121) Buescher (de gente
Aetolica Amphictyoniae participe p. 19) aufgestellt hat, der darin einen Hin-
blick auf die Thatsache zu erkennen glaubte, dass die Keier ihren Ursprung
auf Naupaktos zurückleiteten; da die Naupaktier aber nunmehr Aetoler geworden wären, so wäre das Verwandtschaftsverhältnis zu diesen statt zu den
Naupaktiern substituiert worden. Aber für ein derartiges genealogisches Verhältnis pflegen die Inschriften andere Termini anzuwenden als gerade die für
den Ausdruck des Bürgerrechtes üblichen. Ausserdem wäre diese Erinnerung
des Ursprungs viel angebrachter gewesen im Dekrete der Naupaktier, wo sie
fehlt. Endlich könnte man sich die Erklärung gefallen lassen, wenn wir von
einer Bürgerrechtsverleihung, der allein der Terminus Αἰτωλῶν ὄντων τῶν Κείων
völlig entspricht, nichts wüssten und den Zusatz daher sonst irgendwie erklären
müssten. Gerade aber weil das ätolische Samtbürgerrecht den Keiern niemals
erteilt wurde, sondern dasselbe nur eine notwendige Folge des ihnen verliehenen
naupaktischen gewesen ist, schien es angemessen, im Asyliedekrete der Aetoler
die Thatsache des ätolischen Bürgerrechtes für die Keier besonders hervorzuheben

für das Wesen der Sache, welches, wie bereits oben bemerkt, ebensogut durch πολιτεία ausgedrückt werden konnte.

Unter solchen Verhältnissen gewinnt der (S. 76 ff.) besprochene Isopolitievertrag zwischen Phigalia und Messene eine erhöhte Bedeutung, umsomehr als er auf Betreiben der Aetoler zustandekam. Offenbar lag die Absicht zu Grunde, den einen der beiden Staaten auf dem Wege der Isopolitie an den anderen zu binden, welcher bereits sympolitisch oder isopolitisch mit dem ätolischen Bunde verknüpft war. Ist dies aber der Fall, dann war es ein bewusster Akt ätolischer Politik, neben den sympolitisch verbundenen Staaten geographisch entfernter gelegene Gemeinschaften wenigstens soweit zu verknüpfen, dass ihren sämtlichen Bürgern ein potentielles Bürgerrecht verliehen werde, welches für jeden einzelnen in Kraft treten konnte, wenn dieser wollte. In diesem Sinne ist auch die von Freeman ausgesprochene Vermutung einer Abstufung der Bundesverhältnisse richtig, welche im übrigen W. Vischer [1] erfolgreich bekämpft hat.

Der Erfolg für das Bundesverhältnis war naturgemäss ein viel geringerer, wenn die Isopolitie als wenn die Sympolitie gewählt wurde. Die Verschmelzung zu einem einheitlichen Staate war von vornherein ausgeschlossen, von vornherein war somit die Möglichkeit eines Widerstreites der beiderseitigen souveränen Gewalten gegeben und selbst diejenigen Bürger des einen Staates, welche von ihrer Isopolitie im anderen Gebrauch machend an der Volksversammlung des anderen teilnahmen, mussten notwendigerweise im Banne einer gewissen Zurückhaltung bleiben, wollten sie nicht Gefahr laufen, dass sie der Aufopferung der Staatsinteressen zu Gunsten ihres Heimatstaates verdächtigt wurden. Aus dem Gesichtspunkte der Bundesbildung hat daher die Isopolitie nicht viel mehr für sich als andere Freundschafts- oder Symmachieverträge und steht selbst hinter solchen Bundesverhältnissen, wie es die beiden attischen Seebünde gewesen sind, weit zurück, in eben dem Masse, in welchem sie die Selbständigkeit der vertragschliessenden Staaten besser wahrte. Dagegen bedeutet sie einen grossen Fortschritt hinsichtlich der gegenseitigen Gewährleistung der Privatrechte. Epigamie, Grundbesitz, Klagfähigkeit, kurz diejenigen Rechte, deren Fehlen den Mangel des Bürgerrechts in antiken Staaten so schmerzlich empfinden liess, waren gewährt, und der Umstand, dass für diese Privatrechte die Isopolitie von unendlich grösserer Bedeutung wurde als für die politischen Rechte, hat mit zu dem Missverständnisse geführt, als ob die Isopolitie rechtlich eine

---

[1] Kleine Schriften I, 578.

civitas sine suffragio gewesen wäre, was sie faktisch oft gewesen
sein mag.

Wir konnten die Entwicklung der Isopolitie durch die drei Stadien der einseitig erteilten (an Einzelne oder an Massen), der zweiseitig erteilten und endlich der wechselseitig sich bedingenden Isopolitie verfolgen. Die dritte Form entwickelt sich naturgemäss aus
der zweiten, indem der eine Staat nicht mehr bedindungslos die Isopolitie an den zweiten in der Erwartung erteilt, dass dieser nunmehr
auch ihm das gleiche Anrecht gewähren würde, sondern sich durch
vorhergegangene Verhandlungen der gleichzeitigen Gewährung versichert. Die zweite Form der Isopolitie (die zweiseitig erteilte) ist
aber nichts als eine zweimalige Isopolitie der ersten Form. Nimmt
man diese Entwicklung an, so folgt von selbst, dass der im ersten
Kompositionsgliede des Wortes ἰσοπολιτεία gelegene Gleichheitsbegriff
nicht auf die Gleichheit des Bürgerrechts zwischen den vertragschliessenden Staaten sich erstrecken kann, das Wort also nicht aequum foedus bedeutet, sondern nur auf die Gleichheit des neu erteilten Bürgerrechts mit dem bestehenden der Altbürger, dass also der Ausdruck
identisch ist mit πολιτεία ἐφ' ἴσῃ καὶ ὁμοίᾳ oder mit πολιτεία im
strengen Wortsinne; es ist merkwürdig, dass ein Wort, welches ausdrücklich ein gleiches Bürgerrecht bedeutet, so interpretiert worden
ist, als ob es ein minderes, also ungleiches Bürgerrecht bedeutete.
Wir konnten aber auch sehen, dass der Ausdruck ἰσοπολιτεία eben
wegen seiner Begriffsidentität mit πολιτεία — soweit die erste und
die zweite Form in Betracht kommen — nicht überall angewendet,
sondern häufig durch πολιτεία ersetzt wurde, während für die Isopolitie der dritten Form ein anderer Ausdruck nicht zu Gebote stand,
woraus sich die spätere Verwendung desselben für das aequum foedus
erklärt.

Der wiederholt hervorgehobene potentielle Charakter der Isopolitie haftet keineswegs mehr an ihr als an der Politie, er wird nur
erst sichtbar dadurch, dass das Bürgerrecht an Staaten verliehen wird,
deren einzelne Bürger einen verschiedenen Gebrauch von dem ihnen
zuerteilten Recht machen. Die Folge davon ist eine gewisse Inkon-
sequenz, ein Abweichen von den strengen Folgerungen der Isopolitie.
Dies zeigt sich z. B. deutlich in mehreren der kretischen Isopolitieverträge, in welchen den Beamten der vertragschliessenden Städte
wechselweise das Recht eingeräumt wird, in das Amtshaus des fremden
Staates zu gehen [1]) und mit den Beamten desselben bei Aufzügen

---

[1]) CIG 2556 Vertrag zwischen Hierapytna und Priansus: ὁ δὲ κόσμος ὁ τῶν

und in der Volksversammlung zu erscheinen. Es ist dies freilich nicht mehr als eine Ehre, die den Beamten eines befreundeten Staates erwiesen wird, aber eine solche, die dem Wesen des Isopolitievertrages widerstreitet. Denn wenn ein solcher Vertrag z. B. zwischen Hierapytna und Priansus geschlossen wurde, so sind die einzigen Beamten von Hierapytna, die es rechtlich geben kann, diejenigen von Hierapytna selbst in der dortigen Volksversammlung gewählten, an welcher alle Bürger von Priansus teilnehmen und in der sie daher auch mitwählen konnten. Wenn ein Beamter von Priansus an einem Staatsakte in Hierapytna teilnehmen wollte, so konnte er dies konsequenter Weise nur als Bürger, aber nicht als Beamter von Hierapytna, der er nicht war. Das gleiche Verhältnis findet umgekehrt statt. Gegen solche äusserste logische Konsequenzen eines Prinzips sträubte sich aber offenbar die Eifersucht der vertragschliessenden Städte, ihre Selbständigkeit anerkannt und ihre gesonderte Stellung unbedroht zu sehen. Man räumte daher den Beamten der fremden Stadt jenes unschädliche Ehrenrecht ein, indem man nur dafür sorgte, dass die Zahl der an öffentlichen Aufzügen und Versammlungen teilnehmenden fremden Staatsbeamten nicht die der eigenen überstieg. Sieht man also in diesem willig eingeräumten Ehrenrechte eine Konzession an das Selbständigkeitsgefühl der Staaten in einer politisch gleichgültigen Angelegenheit, so ist hingegen hinsichtlich der Gerichtsverfassung ein wesentliches Abweichen von dem strengen Begriffe der Isopolitie zu konstatieren. Die Notwendigkeit, zwischen zwei Staaten Symbolieverträge zu errichten, ergibt sich nämlich sonst aus dem Mangel eines Gerichtsstandes für einen Bürger eines fremden Staates. Der Nichtbürger kann nicht klagen, wenn kein Symbolievertrag besteht. Der Isopolite müsste also als Vollbürger vollständige Klagfähigkeit haben und die strenge Konsequenz eines Isopolitiebündnisses wäre, dass im Falle eines Streites zwischen je einem Bürger jedes isopolitisch verbundenen Staates der Kläger von seinem Vollbürgerrechte im Staate des Beklagten Gebrauch machte, bei dem dortigen Gerichte seine Klage anbrächte und diese als zwischen Vollbürgern obschwebend rite verhandelt würde. Diese Konsequenz scheint im allgemeinen auch gezogen worden zu sein. Denn die allgemeine

---

Ἱεραπυτνίων ἑρπέτω ἐν Πριανσοῖ ἐς τὸ ἀρχεῖον καὶ ἐν ἐκκλησίᾳ καθήσθω μετὰ τῶν κόσμων· ὡσαύτως δὲ καὶ ὁ τῶν Πριανσέων κόσμος ἑρπέτω ἐν Ἱεραπύτνᾳ εἰς τὸ ἀρχεῖον καὶ ἐν ἐκκλησίᾳ καθήσθω μετὰ τῶν κόσμων. CIG 2554 = Mus. it. I, 2, p. 144: εἴκα κόσμος ἔλθῃ Δάτιος εἰς Ὀλόντα ἢ Ὀλόντιος ἐς Λατὼ τότε ἐς τὰ πρυτανήϊον καὶ ἀνδρήϊον ἐς πομπὰν ἑρπόντων· αἱ δὲ πλέονες ἔρποιεν Δάτωι κόσμοι [ἐς Ὀλόντα ἢ] Ὀλόντιοι ἐς Λατῶν παρ' ἕ[να ἑκά]τερον ἥσθων ὅπῃ καὶ ἰδιῶται. Cf. Mnemos. I, p. 105.

Vertragsfähigkeit [1]) nach beiderseitigen Gesetzen setzt auch allgemeine Klagfähigkeit voraus. Ebenso scheint in einem anderen Dekrete die Rechtgebung im Falle einer Schädigung durch Verbrechen zugestanden worden zu sein [2]), ein anderesmal auch allgemein [3]).

Dennoch ist diese strenge Konsequenz aus dem Isopolitiebegriffe nicht immer gezogen, sondern die gegenseitige Rechtshilfe zuweilen besonders beschlossen worden. So wurde im Vertrage zwischen Messene und Phigalia die Errichtung von Symbolieverträgen trotz der bestehenden Isopolitie in Aussicht genommen, welche ebensogut wie ἔγκτησις auch zwischen völlig fremden Staaten beschlossen werden konnten. Sehr sonderbar sind ferner die Bestimmungen hinsichtlich der Rechtshilfe im Isopolitievertrage von Hierapytna und Priansus. In Bezug auf die civilen Rechtsfälle war zwar durch die Festsetzung der allgemeinen Vertragsfähigkeit das Nötige vorgesehen. Anders scheint es jedoch hinsichtlich der Kriminalfälle geschehen zu sein. Die erste der hierauf bezüglichen Bestimmungen scheint dem Wortlaute nach nur auf Verbrechen sich zu erstrecken, welche darauf abzielen, bestehende Vereinbarungen zu untergraben und gestattet jedem das Klagerecht vor dem gemeinsamen Gerichtshofe, von dem es fraglich bleibt, ob er als der Gerichtshof einer neutralen Stadt, als „Austrägalinstanz", oder als ein zu diesem Zwecke niedergesetzter gemischter aus Staatsangehörigen verschiedener Staaten bestehender Gerichtshof zu betrachten ist [4]). Durch eine weitere Bestimmung über das Beuterecht im Kriege von dieser getrennt findet sich eine Anordnung, welche sich auf die Bestrafung von Verbrechen bezieht, die scheinbar nichts mit dem Umsturze der Verträge zu thun haben, und welche zwischen solchen Verbrechen scheidet, die nach Aufhebung des gemeinsamen

---

[1]) CIG 2556: καὶ πωλόντας καὶ ὠνωμένους καὶ δανείζοντας καὶ δανειζομένους καὶ τἄλλα πάντα συναλλάσσοντας κυρίους ἦμεν κατὰ τοὺς ὑπάρχοντας παρ' ἑκατέροις νόμους. CIG 2554: κύριον δ' ἦμεν τόν τε Λάτιον ἐν Ὀλόντι κατὰ τὸν Ὀλόντιον καὶ Ὀλόντιον ἐν Λατῷ ποτὶ τὸν Λάτιον καὶ πωλόοντα διὰ τὰ χρεώφια καὶ ὠνεόμενον καὶ δανείζοντα καὶ δανειζόμενον καὶ τὰ ἄλλα πάντα συναλλάττοντα κατὰ τὼς ταύτᾳ νόμως τὼς ἑκατέρᾳ κειμένως. Hier wird als Gerichtsstand die Stadt des Beklagten angenommen.

[2]) Mnemos. I, p. 114: εἰ δὲ τίς κα ἀδικηθῇ Μάγνης ἐν Ἱεραπύτνᾳ [δό]μεν αὐτῷ τὸ δίκαιον καθάπερ τοῖς προξένοις. Wenn die Dikaiodosie hier den Isopoliten in demselben Umfange gewährt wird, wie sie den Proxenen erteilt ist, so ist wahrscheinlich, dass die Proxenen nur insoferne der Dikaiodosie teilhaftig waren, als sie zugleich Bürgerrecht erhielten.

[3]) Ein Eid, welcher dem Vertrag zwischen Latos und Olus (CIG 2558) folgt: δίκας τε καὶ πράξεις διδωσίω καθὼς καὶ συν[εδ]όμεθα.

[4]) εἰ δέ τις ἀδικοίη τὰ συγκείμενα κοινᾷ διαλύων ἢ κόσμος ἢ ἰδιώτας, ἐξέστω τῷ βουλομένῳ δικάξασθαι ἐπὶ τῷ κοινῷ δικαστηρίῳ τίμαμα ἐπιγραψάμενος τὰς δίκας κατὰ τὸ ἀδίκημα ὅκα τις ἀδικήσῃ · καὶ εἴκα νικάσῃ λαβέτω τὸ τρίτον μέρος τᾶς [κατα]δίκας ὁ δικαξάμενος, τὸ δὲ λοιπὸν ἔστω τᾶν πολίων. Vgl. Böckh zur Inschrift.

Gerichtshofes, über welchen wir durch Polybius XXII, 19, 10 unterrichtet sind, bis zum Jahre des Vertrags begangen worden sind,
und solchen, welche sich in Zukunft ereignen werden. Damit
wird aber der Zweifel angeregt, ob der gemeinsame Gerichtshof, sei
er ἔχχλητος πόλις oder gemischt, wirklich nur für Staatsverbrechen
und nicht vielmehr auch für jeden Fall eines von dem Angehörigen
des einen Staates dem des andern zugefügten Unrechtes in Geltung
sein sollte. Für die Verbrechen aus der Zeit bis zum Abschluss der
Verträge wird verordnet, dass die Behörden des laufenden Jahres,
in welchem der Vertrag zu stande kam, die Instruktion zu übernehmen und vor einem Gerichte durchzuführen hätten, welches auf
gemeinsamen Beschluss beider Städte bezeichnet werden sollte [1]).
Aber auch die nach Inkrafttreten der Verträge sich ereignenden
Verbrechen sind nicht wesentlich anders zu behandeln; es haben
lediglich die Behörden des betreffenden Jahres eine beiden Städten
genehme neutrale Instanz zu bestimmen, welche als gemeinsames
Gericht ihres Amtes zu walten hat [2]). Man sieht also, dass aus dem
Isopolitieverhältnisse der beiden Staaten hinsichtlich der Behandlung
der Kriminalfälle zwischen streitenden Parteien beider Staaten schlechter-
dings gar keine Konsequenz gezogen ist und Symbolieverträge wie
zwischen zwei beliebigen anderen befreundeten Staaten geschlossen
werden. Denn obgleich nirgends angedeutet ist, dass mit den citierten
Bestimmungen bloss solche Fälle getroffen werden sollen, in welchen
ein Bürger des einen Staates von einem Bürger des anderen eine
Schädigung erlitten hat, versteht es sich doch von selbst, dass Kri-

---

[1]) ὑπὲρ δὲ τῶν προγεγονότων παρ' ἑκατέροις ἀδικημάτων ἀφ' ᾧ τὸ κοινοδί-
κιον ἀπέλιπε χρόνω, ποιησάσθων τὰν διεξαγωγὰν οἱ σὺν Ἐνίπαντι καὶ Νέωνι κόσμοι
ἐν ᾧ κα κοινᾷ δόξῃ δικαστηρίῳ ἀμφοτέραις ταῖς πόλεσι ἐπ' αὐτῶν κοσμόντων καὶ τὸς
ἐγγύος κατασταούντων ὑπὲρ τούτων ἀφ' ἇς κα ἀμέρας ἃ στάλα τεθῇ ἐμ μηνί. Die
ἔγγυοι, die in Monatsfrist nach Beschreibung der Stele zu stellen sind, können
Vertreter der Staaten, welchen die streitenden Teile angehören, vor der ἔκ-
κλητος sein.

[2]) ὑπὲρ δὲ τῶν ὕστερον ἐγγινομένων ἀδικημάτων προδίκας μὲν χρήσθων καθὼς
τὸ διάγραμμα ἔχει, περὶ δὲ τῶ δικαστηρίω οἱ ἐπιστάμενοι κατ' ἐνιαυτὸν παρ' ἑκατέροις
κόσμοι πόλιν στανυέσθων, ἅγ κα ἀμφοτέραις ταῖς πέλεσσ[ι δό]ξῃ, ἐξ ἇς τὸ ἐπικριτήριον
τελε[ῖ]ται καὶ ἐγγύος κακιστάντω ἀφ' ἇς κα ἀμέρας ἐπιστάντι ἐπὶ τὸ ἀρχεῖον ἐν δι-
μήνῳ καὶ διεξαγόντων ταῦτα ἐπ' αὐτῶν κοσμόντων κατὰ τὸ δοχθὲν κοινᾷ σύμβολον.
Der Unterschied in der Behandlung dieser Kriminalfälle von der derjenigen,
welche vor Errichtung der Verträge vorgefallen sind, besteht also wesentlich
im Termine der Beendigung der Voruntersuchung durch Nominierung der ἔγγυοι,
welche für die Zukunft auf zwei Monate nach Beendigung der Instruktion durch
Aufschreibung der Klage auf die σανίς festgesetzt wird, während die andern
einen Monat nach Errichtung der Vertragsstele beendigt sein müssen, damit
mit der Ausserkraftsetzung der Uebergangsbestimmungen Ernst gemacht werden
könnte.

minalfälle, welche sich zwischen Bürgern desselben Staates abspielten, von den heimischen Gerichten abgeurteilt wurden. Der Grund für eine solche Adoption der internationalen Gerichtsbarkeit, trotzdem die Schwierigkeiten, welche dieselbe sonst hervorriefen, durch den Begriff der Isopolitie selbst gelöst waren, lag in der bestehenden Selbständigkeit der Staaten, welche ein Souveränetätsrecht preiszugeben fürchteten, wenn sie einen ihrer Angehörigen von einem Gerichte aburteilen liessen, durch welches sie mittelbar die Souveränetät des anderen Staates über den eigenen anerkennen würden. Das Misstrauen in die Unparteilichkeit einer solchen Gerichtsbarkeit mochte dazu kommen und so hielt man an überkommenen Formen internationaler Rechtsordnung fest, welche theoretisch durch die Isopolitie überholt waren.

Im übrigen waltet bei der Ordnung der Gerichtssachen derselbe Gedanke ob, der bei der gesonderten Verleihung der Epigamie, der Enktesis und anderer in der Politie eingeschlossener Privatrechte vorschwebte.

Die gesonderte Souveränetät der vertragschliessenden Staaten, welche das oberste Prinzip der Isopolitie bildet und sie von der Sympolitie scheidet, hatte natürlich auch zur Folge, dass die Souveränetätsrechte getrennt ausgeübt wurden. So konnte, worauf schon hingewiesen wurde, niemals die Volksversammlung des einen der beiden Staaten aufhören, berufen und befragt zu werden, so konnte es aber auch einmal geschehen, dass beide Volksversammlungen gemeinsam tagten. Wenn wir uns erinnern, wie der Vertrag zwischen Messene und Phigalia zustandekam, so haben wir auch ein deutliches Beispiel dafür, wie in dem dem Vertragsabschluss vorangehenden Stadium vorgegangen wurde. Beide Staaten schlossen die Vereinigung jeder für sich, jeder durch seine eigenen souveränen Gewalten, jeder bot dem andern die theoretische Möglichkeit, in ihm aufzugehen. Wir haben schon darauf hingewiesen, dass auch dort, wo die Urkunde mit einem τάδε συνέθεντο und der Doppeldatierung nach beiden Eponymen eingeleitet ist, nur die Form der Beurkundung geändert, das Wesen der Sache aber gleich geblieben ist. Offenbar ging in diesen Fällen der formell abgefassten Vertragsurkunde der bindende Beschluss der Volksversammlungen voraus. Ein einziges Mal findet sich ein Ausdruck, der uns stutzig machen muss. Im Vertrag zwischen Latos und Olus (oben S. 73 Nr. 5) heisst es nämlich nach der durch das von Halbherr gefundene Exemplar berichtigten Fassung hinsichtlich der Beuteteilung im Kriegsfalle, dass jede Stadt nach der Zahl ihrer Kämpfer an der Beute teilhaben solle, μή[τ' ἐ]ξ[έσ]τω μηδατέραι [μερ]ί̓δας ἀπ[οτάμ-νεσθαι αἰ μή] κοινᾶι αἱ πόλεις βουλεύσωνται. Es scheint also für

diesen Fall eine gemeinsame Beratung in Aussicht genommen worden
zu sein, von der es nicht klar ist, ob sie als gemeinsame Beratung
der Volksversammlungen gedacht ist, oder ob der Ausdruck nicht
etwa als getrennte gleichzeitige und übereinkommende Beratung zu
verstehen ist. Verstärkt wird dieses Bedenken noch durch die Wieder-
holung des gleichen Ausdrucks in prägnanterer Form am Schlusse
des Steines. Auf den förmlichen Isopolitievertrag folgen nämlich die
Grenzbestimmungen zwischen den beiden Staaten, hierauf die Anwei-
sung, dass gegenseitig Eide ausgetauscht werden sollen und das Eides-
formular, zum Schlusse endlich ein ψήφισμα, welches aus der Zeit
späterer Eponymen und von einem andern Monate datiert ist als der Isopolitievertrag und welches mit der Sanktionierungsformel ἔδοξε Λατίοις
καὶ Ὀλοντίοις κοινᾷ βωλευσαμένοις die Bestimmung enthält, auch ausser
Bundesgenossenschafts- und Isopolitiebeschlüssen die gegenwärtigen
Beschlüsse auf derselben Stele aufzuschreiben ¹). Unter den gegenwärtigen Beschlüssen kann kaum etwas anderes als die Grenzregulie-
rung und die Feststellung des Eidesformulars verstanden sein. Um
die Bedeutung der Sanktionierungsformel mit κοινᾷ βωλευσαμένοις zu
verstehen, muss man beachten, dass im vorhergehenden Isopolitievertrage der Fall vorgesehen ist, dass es sich als notwendig heraus-
stellen könnte, noch andere Beschlüsse auf die Stele zu schreiben, als
den Vertrag. Es wird nämlich die Gültigkeit eines von beiden Städten
gefassten Beschlusses, nützlich Erscheinendes hinzuzuschreiben, für
die Zukunft ausgesprochen, d. h. erklärt, dass ein solcher Beschluss
nicht vertragswidrig sein würde, wenn ihn beide Städte fassen, ohne
dass von einer gemeinsamen Beratung oder Abstimmung die Rede
wäre; das entscheidende Wort κοινᾷ fehlt ²). Das Psephisma am
Schlusse bezieht sich aber ausdrücklich auf diese Vertragsbestimmung,
indem es die Anordnung, die neuen Beschlüsse hinzuzuschreiben, damit motiviert, dass sie χρήσιμα καὶ συμφέροντα sind, und der Vertrag
ausdrücklich festsetzte, dass nur das was χρήσιμον εἶμεν ἐπιγράψαι
erscheint, aufgeschrieben werden dürfe. Wir können also mit Sicherheit sagen, dass diejenige Vertragsbestimmung, auf Grund deren die
neuen Beschlüsse gefasst wurden, nichts von einer gemeinsamen Beschlussfassung enthielt, sondern nur das Einverständnis der souveränen
Gewalten beider Städte erforderte. Wir können daher auch mit Sicher-

---

¹) προσθέμεν πρὸς τὰν φιλίαν καὶ συμμαχίαν καὶ ἰσοπολιτείαν καὶ πρὸς τἆλλα
φιλάνθρωπα τί γεγονότα ταῖς πόλεσι καὶ τὰ νῦν δόξαντα προσγράψαι πρὸς τὰς προ-
υπαρχώσας στάλας, χρήσιμα ὄντα καὶ συμφέροντα ὅπως μᾶλλον αὔξηται ἁ φιλία.

²) εἰ δέ τι κα δόξῃ ταῖς πόλεσι [βω]λευσα[μ]ένοις [χρήσ]ιμον εἶμεν ἐπιγράψαι,
ἔνθινον καὶ ἔνορκον ἔσ[τ]ω.

heit sagen, dass wenn wirklich eine gemeinsame Volksversammlung stattgefunden hat, der die neuen Anträge zur Beschlussfassung unterbreitet worden sind, d. h. wenn die berufenden Behörden der einen Stadt darein gewilligt haben, die Volksversammlung in demselben Lokale und gleichzeitig mit der der anderen abzuhalten, doch von einer einheitlichen Versammlung nicht die Rede sein konnte, dass die Abstimmung getrennt, curiatim, erfolgt sein müsse und die gemeinsame Volksversammlung demnach nicht als eine Verschmelzung der souveränen Gewalten gedeutet werden dürfe, welche dem Wesen der Isopolitie widerstrebt und das Verhältnis der beiden Staaten zu einem sympolitischen gemacht hätte. Auch die Form der Beurkundung, welche in der Sanktionierungsformel beide Staaten nennt, in der Datierung nach beiderlei Magisralen rechnet, verbürgt die Getrenntheit der Beschlüsse.

War durch die oben citierte Vertragsbestimmung die Möglichkeit geboten, Zusatzbestimmungen zu treffen, so sollte durch eine weitere Verfügung die Eliminierung der bereits angenommenen Bestimmungen hintangehalten werden, indem die Ungültigkeit eines Beschlusses auf Eliminierung, sowie die Ungültigkeit jeder nicht aufgeschriebenen Bestimmung vertragsmässig festgesetzt wurde [1]). Im Vertrage von Hierapytna und Priansus (S. 73 Nr. 6) wird hingegen die Amendierungsmöglichkeit des Vertrages zugestanden und demgemäss beiden Teilen gut dünkende Verbesserungen für gültig befunden, wobei natürlich wieder an getrennte Beschlussfassungen zu denken ist [2]). Im Vertrage von Hierapytna und Lyttos[3]) wird endlich ähnlich wie in dem von Latos und Olus bestimmt, dass Streichungen von Vertragsbestimmungen ungültig, Zusätze gültig seien [4]). Man begreift nicht, wie man irgend eine Aenderung der Vertragsbestimmungen, sei es Streichung sei es Zuthat, von etwas anderem als dem übereinstimmenden Willen der Kontrahenten abhängig machen kann und muss daher annehmen, dass diese Verfügung völlig illusorisch war für den Fall, als wirklich beide Städte die Aufhebung eines Vertragspunktes beschlossen. Sie kann also nur den Sinn haben, dass ein Volksbeschluss, welcher die Aufhebung eines Punktes des Vertrages verfügen sollte, rechtlich bei bestehendem Vertrage und ohne die gleichzeitig erfolgende Uebereinstimmung des anderen Staates gar nicht erfolgen

[1]) ὅτι δ' ἂν [ἦ] ἐξέλοισν [ἦ] μὴ ἐπιγράψ[α]ι[εν], μήτε ἔνορκον μήτε ἔνθινον.

[2]) αἱ δέ τι κα δόξῃ ἀμφοτέραις ταῖς πόλεσι βωλευομέναις ἐπὶ τῷ κοινῷ συμφέροντι διορθώσασθαι, κύριον ἔστω τὸ διορθωθέν.

[3]) Mnemos. I, p. 105 ff.

[4]) ὅτι τι κα δόξῃ ταῖς πόλεσιν ἐξελὲν ἢ ἐνθέμεν ὅτι μὲν ἐξέλοιμεν μήτε ἔνθινον μήτε ἔνορκον ἦμεν· ὅτι δὲ ἐγγράψαιμεν ἔνθινόν τε ἦμεν καὶ ἔνορκον.

konnte und dass im Falle der Zulassung eines solchen Antrages seitens der vorsitzenden Behörden und seiner Annahme durch die Volksversammlung dieses rechtlich uneinbringbare ψήφισμα keine Gültigkeit hatte. Auch aus dieser Verfügung geht hervor, dass es kein
gemeinsames Organ, keine gemeinsame Gewalt gab, deren Befehle
für isopolitisch verbundene Staaten bindend gewesen wären, sondern
dass alle gemeinsamen Angelegenheiten nicht anders als durch iden-
tische Beschlüsse der Gewalten beider Staaten erledigt werden konnten.

Dieses eigentümliche Prinzip der Isopolitie zwischen Staaten,
welches sich, wie wir gesehen haben, keineswegs aus irgend welchen
rudimentären Formen von Bünden, sondern vielmehr aus dem Bürgerrechte selbst entwickelt hat, konnte nur auf dem Boden von Griechenland die Stelle einer bundesartigen Verschmelzung von Staaten ein-
nehmen, ohne sich zu einer wirklichen Bundesverfassung zu entwickeln.
Nur dort, wo der Freiheits- und Selbständigkeitstrieb der einzelnen
Kleinstaaten ein so mächtiger war, dass kein Vorteil irgend welcher
Art zu einer Preisgebung oder Uebertragung der Souveränetät führen
konnte, war es möglich, dass eine derartige Bundesform nicht zu
einer engeren Verbindung führte.

Sonderbar mag unser modernes Empfinden berühren, dass in den
meisten Isopolitieverträgen die Summe gegenseitigen Wohlwollens,
welche durch das Wort φιλία ausgedrückt wird, vertragsmässig garantiert ist. Was immer in diesem Worte zusammengefasst ist, erscheint uns neben den bestimmten und realen Vertragsbestimmungen
entweder als überflüssig oder als wertlos, weil abhängig von dem
sittlichen oder gemütlichen Empfinden der Kontrahenten, welchem
wir in Staats- und Bündnisverträgen keine Stätte gönnen. In Zeiten
unausgebildeten Völker- und Staatsrechts und mangelnder politischer
Erfahrung gibt es aber einen nicht aufgehenden Rest gegenseitiger
Anforderungen, der nicht anders als durch eine Garantie des wechselseitigen Wohlwollens in eine Formel gebracht werden kann. War
eine solche φιλία und ihre Wahrung noch überdies unter Eid gestellt,
ihre Verletzung der strafenden Hand der Götter anheimgegeben, so
war auch die möglich grösste Wahrscheinlichkeit des Festhaltens an
den Gesinnungen gegeben, die erforderlich waren, um nach den Worten
des Aristoteles das εὖ ζῆν der Bürger zu bewirken. In der That ist
also ein solcher Freundschaftsvertrag im Altertum eine viel realere
Vereinbarung gewesen, als ein gleiches Uebereinkommen in einem
modernen Staate wäre, aus dessen Gesichtspunkte die verbriefte φιλία
den Reiz einer gewissen Naivetät ausübt, deren Poesie selbst durch
die nüchternen Bestimmungen der Verträge schimmert. Für eine

dauerhafte Staatenverbindung ist freilich diese φιλία eine unumgängliche Voraussetzung, als ein Vertragspunkt gehört sie psychologisch in eine Reihe mit den Friedensschlüssen auf hundert Jahre und den Bündnissen für ewige Zeit, deren faktische Lebensdauer sich genau nach der Dauer derjenigen Interessen richtet, welche sie ins Leben gerufen haben.

Man muss zwischen der Zeit der Entstehung des Wortes Isopolitie und der des staatsrechtlichen Begriffes oder Gedankens scheiden. Das Wort kommt erst verhältnismässig spät auf, das früheste Zeugnis wäre das Citat aus Aristoteles πολιτεία Σαμίων, von welchem wir nicht wissen können, ob es soweit wörtlich ist, dass wir den Ausdruck als aristotelisch bezeichnen können. Andererseits haben wir ausgeprägte Formen der Isopolitie in später Zeit bis ins zweite Jahrhundert kennen gelernt, bei denen dieser Terminus zur Bezeichnung des Wesens nicht in Anwendung gekommen ist, sondern durch Politie schlechtweg ersetzt wurde. Für die Durchführung staatlicher Isopolitien in grösserem Massstabe war nun allerdings die historische Voraussetzung derjenige Zustand hellenischer Staaten, welcher sich nach der Diadochenzeit entwickelt hat, politische Ohnmacht der Einzelstaaten, Aufgeben der Eigenart, Verzicht auf grössere auswärtige Politik, Bedürfnis nach Anschluss an einander. Aber der der Isopolitie zu Grunde liegende Gedanke, die Aufnahme sämtlicher Bürger eines fremden Staates in die eigene Bürgerschaft, ist älter. Aus dem Ende des fünften Jahrhunderts haben wir dafür ein Beispiel in dem Dekrete der Athener für die Samier [1]), welches Lolling vollständig bekannt gemacht hat. Den Samiern ὅσοι μετὰ τοῦ δήμου τοῦ Ἀθηναίων ἐγένοντο wird das athenische Bürgerrecht verliehen [2]), und im Zusatzantrag wird die Verteilung der Neubürger in die Demen und Phylen angeordnet, durch welche das Bürgerrecht erst perfekt wird, u. zw. darf wohl angenommen werden, dass die Einschreibung in die Demen erst auf Grund der Meldungen derjenigen Samier vorgenommen werden sollte, die von dem Privileg Gebrauch machen wollten. Aber diese Aufnahme in die attische Bürgerschaft unterscheidet sich wesentlich von der oft besprochenen der Platäer, welche nach Zerstörung ihrer Stadt heimatlos nach Athen flüchteten und dort zu Bürgern wurden in derselben Weise, wie ein Einzelner das Bürgerrecht erlangte. Denn der Staat der Samier hörte mit der Aufnahme seiner Bürger in die athenische Gemeinschaft nicht auf zu existieren. Kurz

[1]) Δελτίον ἀρχαιολογικόν 1889, S. 25 ff.
[2]) Z. 12: δεδόχθαι τῇ βουλῇ καὶ τῷ δήμῳ Σαμίους Ἀθηναίους εἶναι πολιτευομένους ὅπως ἂν αὐτοὶ βούλωνται καὶ ὅπως ταῦτα ἔσται ὡς ἐπιτηδειότατα ἀμφοτέροις, καθάπερ αὐτοὶ λέγουσιν.

vor diesen Ereignissen hatte erst die demokratische Partei in Samos die Oligarchen vertrieben, und infolge dessen hatten die Athener erst die Autonomie von Samos hergestellt, wie Lolling bemerkt hat [1]). Man könnte also umgekehrt sagen, dass vom athenischen Standpunkte aus Samos erst ein Staat zu sein begann in jener Zeit, als seine Bürger in die attische Gemeinschaft aufgenommen wurden. Damit ist aber im Wesen das isopolitische Verhältnis (u. zw. das einseitige) gegeben. Die Wahrung der Souveränetät beider Staaten findet ihren richtigen Ausdruck in der Anerkennung der getrennten Gesetzgebung [2]), recht im Gegensatze zu dem obersten Prinzipe der Sympolitie, welches Einheit der Gesetzgebung erfordert, während die Bestimmung ἐπειδάν εἰρήνη γένηται, τότε περὶ τῶν ἄλλων κοινῇ βουλεύεσθαι die zwiefache Interpretation zulässt, dass damit die Beschlussfassung des athenischen Demos, in welchem sich auch die Neubürger befinden, gemeint sei, oder dass an eine einverständliche Beschlussfassung beider Volksversammlungen gedacht ist. Die Wahrung der Souveränetät beider Staaten folgt endlich aus der Bestimmung über die Rechtsprechung, die den beiderseitigen Gerichten unter Anerkennung ihrer Urteile im andern Staat gewahrt bleibt [3]).

Ebenso muss wenige Jahre vor dieser Isopolitie die Idee einer solchen Art der Bürgerrechtserteilung auf kleinasiatischem Gebiet vorhanden gewesen sein. Denn die Stadt Antandros gewährte zum Dank dafür, dass syrakusanische Schiffsmannschaft ihr beim Bau der Stadtmauer behilflich war, den Syrakusanern die εὐεργεσία und πολιτεία [4]). Wenn das antandrische Bürgerrecht wirklich allen Syrakusanern d. h. τῷ βουλομένῳ zukam, so haben wir auch hier ein isopolitisches Verhältnis, und zwar soweit unsere Ueberlieferung zu sehen gestattet, ein solches, bei dem bloss die Syrakusaner antandrisches Bürgerrecht erhalten, nicht umgekehrt. Auch hier ist nicht die Spur einer höheren politischen Einheit der beiden Staaten vorhanden, jeder der beiden bleibt nicht nur selbständig, sondern kann auch auf die Beschlüsse des anderen Staates kaum einen Einfluss nehmen. Die staatsrechtliche Wirkung der Verleihung des antandrischen Bürgerrechts an alle Syrakusaner ist vielmehr nicht verschieden von der der Verleihung an einzelne Bürger von Syrakus. Wie dem einzelnen Fremden in sich steigernder Erkenntlichkeit alle Privatrechte und

---

[1]) Lolling im Kommentar zur Inschrift Δελτίον ἀρχ. 1889, S. 29 f.
[2]) τοῖς δὲ νόμοις χρῆσθαι τοῖς σφετέροις αὐτῶν αὐτονόμους ὄντας (Z. 15 f.)
[3]) Vgl. meine Bemerkungen Athen. Mittb. XVI, S. 32.
[4]) Xen. Hell. I, 1, 25: ναυπηγουμένων δὲ οἱ Συρακόσιοι ἅμα τοῖς Ἀντανδρίοις τοῦ τείχους τι ἐπετέλεσαν καὶ ἐν τῇ φρουρᾷ ἦρεσαν πάντων μάλιστα. διὰ ταῦτα δὲ εὐεργεσία τε καὶ πολιτεία Συρακοσίοις ἐν Ἀντάνδρῳ ἐστί.

Privilegien und auf höchster Stufe das Bürgerrecht verliehen werden kann, so kann auch der Summe aller dieser einzelnen dem betreffenden fremden Staate angehörigen Personen, wie Epigamie, Incolat, Atelie, so auch Bürgerrecht verliehen werden. Die Sache wie die Form bleibt dieselbe. Die praktische Bedeutungslosigkeit solcher Isopolitieverleihungen ist aber nicht bloss in dem mangelhaften Gebrauch zu suchen, den die Beschenkten von ihrem Rechte gemacht haben, dieser mangelhafte Gebrauch war vielmehr von vorneherein gegeben durch die geographische Entfernung der zu einander in Beziehung tretenden Staaten, welche die Ausnützung des gewährten Rechtes unmöglich machte, während Isopolitieerteilungen zwischen nahe bei einander liegenden Staaten, wenn sie in früherer Zeit stattgefunden hätten, zwar nicht in dem Masse wie die Sympolitie, aber doch in erkennbarer Weise die politischen Verhältnisse der Staaten zu einander hätten beeinflussen müssen, wie sie thatsächlich die Verhältnisse der kretischen Staaten zu einander beeinflusst haben.

Zu derselben Zeit gewährten die Ephesier den Selinuntiern Atelie, aber erst nachdem das Staatswesen der Selinuntier zu Grunde gegangen war, Isopolitie (Xen. Hell. I, 2, 10), vielleicht früher aus staatsrechtlichen Bedenken nicht.

Der Gedanke der Isopolitie kommt aber überraschender Weise schon in sehr alter Zeit zum klaren Ausdruck. Herodot berichtet nämlich (1, 54), dass Krösus, als ihm von Delphi das Orakel zu Teil geworden war, er werde ein grosses Reich zerstören, erfreut über die Glückverheissung das fürstliche Geschenk machte, jedem einzelnen delphischen Bürger eine Summe Geldes zu übersenden. Zum Danke dafür verliehen die Delphier dem Krösus und den Lydiern die Promantie, die Atelie, die Proedrie und gaben jedem Lydier die Erlaubnis, Bürger von Delphi zu werden, wenn er wollte (.. ἔδοσαν ... προμαντηίην καὶ ἀτελείην καὶ προεδρίην καὶ ἐξεῖναι τῷ βουλομένῳ αὐτῶν γενέσθαι Δελφὸν ἐς τὸν ἀεὶ χρόνον). Offenbar beruht diese Nachricht auf einer Urkunde. Denn die Gewährung des Bürgerrechts ist nicht wie in späterer Zeit durch die Formel εἶναι πολιτείαν ausgedrückt, sondern durch die ältere εἶναι Δελφόν; andererseits ist Promantie, Atelie und Proedrie verliehen ganz so wie in den anderen erhaltenen Bürgerrechtsdiplomen von Delphi. Die Scheu, eine herodoteische Nachricht für so alte Zeit als urkundlich anzunehmen, die nach den Funden des letzten Dezenniums wohl überhaupt wesentlich abgenommen hat, muss aber völlig schwinden, wenn wir die Bestätigung für das isopolitische Verhältnis von Sardes zu Delphi auf einer Inschrift des 2. Jahrhunderts nachzuweisen vermögen. In einem Belobungsdekret der Stadt

Delphi für einige Gesandte von Sardes (Bull. de corr. hell. V, p. 383 f.) wird nämlich in der Motivierung hervorgehoben, dass die Gesandten von Sardes die seit alters vorhandeuen Ehrenrechte zu erneuern gesucht haben (ἀνανεωσάμενοι τὰν ὑπάρχουσαν αὐτῶν τᾶι πόλει παρὰ τοῦ δάμου προμαντεί[αν προδιχία]ν προεδρίαν χαὶ πολιτείαν nach der Ergänzung von Haussoullier). Mit Ausnahme der Prodikie sind dies dieselben Rechte, von deren Gewährung Herodot spricht, der an Stelle der Prodikie die Atelie setzt. Da jedoch προδιχία]ν in der Inschrift ergänzt ist, so ist möglicher Weise an dessen Stelle ἀτέλεια]ν einzusetzen. Die Isopolitie oder das Recht jedes Bürgers von Sardes delphischer Bürger zu werden, knüpfte daher zweifellos nach delphischer Tradition an Krösus an, und es ist kein Grund vorhanden zu bezweifeln, dass jenes zur Zeit unserer Inschrift wieder in Erinnerung gebrachte Recht wirklich zu Krösus' Zeit verliehen wurde. Den geehrten Gesandten wird nun im Beschlusse die Proxenie, Asylie, Atelie und die ἔγχτησις, nicht aber das Bürgerecht von Delphi verliehen. Nun ist es an und für sich möglich, dass die genannten Auszeichnungen für die Gesandten genügend erschienen und das Bürgerrecht eben nicht verliehen werden sollte; näher aber liegt die andere Erklärung, dass es eben deshalb nicht verliehen zu werden brauchte, weil durch den alten Isopolitiebeschluss eben jeder Bürger von Sardes Delphier war, sobald er wollte, die Aktivierung des delphischen Bürgerrechtes für die Gesandten von Sardes also von der Kundgebung ihres Willens abgehangen hätte. Die Proxenie aber und die ἔγχτησις, welche allerdings im Bürgerrecht eingeschlossen ist, besonders zu verleihen, war notwendig, weil jenes potentielle Bürgerrecht eben nicht aktiviert worden war, und es hatte dies nichts Auffälliges, weil selbst in Bürgerrechtsdiplomen dieses Recht mitverliehen zu werden pflegt, obgleich es aus dem Bürgerrecht von selbst folgt.

Dieser älteste Fall einer Isopolitie liegt weit hinter der Zeit zurück, in welcher für dieses Verhältnis der eigentümliche Name festgelegt wurde, auch weit hinter der Zeit, in welcher dasselbe für politische Zwecke staatenbildend verwendet wurde, und ist ein Beweis dafür, dass sich die Isopolitie auf dem Boden des Bürgerrechts und nicht auf dem des Bundesrechts entwickelt hat, dass ferner der eigentliche Charakter der Isopolitie, welche die beiden in Betracht kommenden Staaten als solche fortbestehen lässt und bloss potentiell ist, zwar erst zur deutlichen Erscheinung kommt, wenn die Isopolitie an einen Staat d. h. an dessen sämtliche Bürger verliehen wird, dass aber das Wesen der Sache ebenso vorhanden ist, wenn ein einzelner Bürger eines fremden Staates Bürgerrecht erhält.

Zugleich wird aber die Frage über den zeitlichen Umfang, für den eine verliehene Isopolitie gilt, durch diese Nachricht gelöst. Wenn nämlich alle Bürger eines Staates Bürger eines andern *in potentia* werden, so kann sich diese Verleihung auf jene Personen beschränken, die zur Zeit der Verleihung bereits Bürger des beschenkten Staates gewesen sind oder sie kann alle Personen umfassen, die jemals in Zukunft das Bürgerrecht des beschenkten Staates erwerben würden. Im ersten Falle wären von der zweiten Generation der Bürger, welche dem Abschluss der Isopolitie folgte, nur jene Bürger des verleihenden Staates geworden, deren Väter bereits von der verliehenen Isopolitie Gebrauch machend wirklich Bürger des andern Staates geworden sind und ihr Bürgerrecht auf ihre Söhne vererbt haben. Die Söhne derjenigen Väter hingegen, welche von ihrem Rechte keinen Gebrauch gemacht hatten, könnten nicht mehr unter jenen Personen begriffen sein, die das Recht hatten, ihr Bürgerrecht im Isopolitie erteilenden Staate zu verlangen. Erstreckt sich aber die Isopolitieerteilung auf alle Zukunft, so kann zu jeder Zeit jeder Bürger des beschenkten Staates, dessen Vater oder Ahn nicht Bürger geworden ist, das ihm zustehende Recht in Anspruch nehmen. Aber auch diese Verschiedenheit ist dieselbe, die uns beim einfachen Bürgerrecht längst bekannt ist (S. 57 ff.). Auch dort ist es eine Frage, ob der Abkömmling eines Neubürgers, der niemals thatsächlich sein Bürgerrecht in dem ihn auszeichnenden Staate ausgeübt hat oder der keinen Schritt gethan hat, welcher zur Aktivierung des verliehenen Bürgerrechts notwendig ist, schon durch Geburt das Bürgerrecht seines Ahnen besitzt oder ob er als ein völlig Fremder zu behandeln ist, der nur durch einen neuen souveränen Akt Bürger werden kann. Für das an einen Einzelnen verliehene Bürgerrecht ist die Frage in der Regel dadurch gelöst, dass dasselbe dem Geehrten καὶ τοῖς ἐκγόνοις verliehen wird, also seine Nachkommen mit durch denselben Akt ins Bürgerrecht aufgenommen erscheinen. Trotzdem kommen Fälle vor, in welchen der Nachkomme eines mit Bürgerrecht Beschenkten sich das ihm zustehende aber nicht aktivierte Bürgerrecht durch einen neuen Akt der Staatsgewalt bestätigen liess, und auch solche Fälle, in denen der Sohn eines Neubürgers ins Bürgerrecht aufgenommen wurde. Das liegt aber in dem allgemeinen Satze begründet, dass jedes Recht, welches längere Zeit hindurch nicht ausgeübt wird, wenn nicht thatsächlich erlischt, doch mindestens bestritten werden kann. Wenn also auch eine Verjährung des Bürgerrechtes nicht nur nicht nachgewiesen werden kann, sondern auch nicht einmal wahrscheinlich ist, so lag es doch im Interesse eines jeden, ein längere Zeit nicht ausgeübtes Recht vor möglichen Anfechtungen

durch irgend einen unbestreitbaren Erneuerungsakt zu bewahren. Bei
der Isopolitie haben wir es nun in den meisten Fällen mit einer Un-
zahl nicht in Aktivität getretener Bürgerrechte zu thun. Denn es
ist niemals vorgekommen, dass sämtliche Bürger des einen Staates von
ihrem Bürgerrechte im andern Gebrauch gemacht hätten. So lange nun
die gleichen politischen Verhältnisse obwalten, welche zur ein- oder
doppelseitigen Verleihung der Isopolitie geführt haben, wird das bestehende Isopolitieverhältnis nicht in Vergessenheit geraten können
und jeder, der will, auf Grund desselben in die Bürgerschaft des betreffenden Staates aufgenommen werden müssen. Wenn sich aber im
Laufe der Zeit die Beziehungen, die zur Aufstellung der Isopolitie
geführt haben, verändern, seit geraumer Zeit kein Ansuchen eines
Bürgers des einen Staates um Aufnahme in den anderen auf Grund
der Isopolitie stattgefunden hat, so ist damit zwar das thatsächliche
Rechtsverhältnis nicht aufgehoben, aber es besteht bei den Behörden
Unsicherheit darüber, ob dieses Rechtsverhältnis existiert und möglicher Weise bei der Staatsgewalt Abgeneigtheit, eine unter anderen
Verhältnissen eingegangene Verpflichtung zu erfüllen. Wenn also im
zweiten Jahrhundert die von Delphi an Sardes unter Krösus verliehene
Isopolitie erneuert wird, welche im ganzen Verlaufe der zwischen-
liegenden Geschichte keine Rolle gespielt und schwerlich jemals
irgend welche praktische Folgen gehabt hat, so gleicht diese
Erneuerung sehr einer Ausgrabung vergilbter Akten zum Nachweis
eines Rechtsanspruches, der ohne den Bestand zur Verfügung stehen-
der Archive unerweislich wäre, wie solche in unseren Zeiten nicht bloss
in Privatprozessen, sondern auch nicht selten zur Begründung politischer Ansprüche im Dienste einer bestimmten politischen Absicht
vorgenommen worden sind. Solche von der Gelehrsamkeit der Forscher
zeugenden Ausgrabungen können mitunter die geforderten praktischen
Dienste wirklich leisten, sie sind aber dann ein in die politische Rechnung neu eingeführter Faktor, und eben weil die betreffenden Rechts-
ansprüche vor Alters begründet waren und nun erst der Wiederer-
weckung bedürfen, sind sie kein lebendiges Glied des öffentlichen
Rechtsbewusstseins und erhalten erst durch ihre künstliche Belebung
Bedeutung.

Sicherlich gehörte der Nachweis der den Sardianern von Delphi
verliehenen Isopolitie nicht zu den leichten Dingen. Es bedurfte
mehr als einer Erinnerung des öffentlichen Bewusstseins, mehr als
eines Appells an das Gedächtnis der souveränen Gewalt, um das Recht
der Sardianer zu erweisen. Zweifellos ist dasselbe durch das Studium
der Archive erwiesen worden, indem man die Urkunde fand, welche

zu Krösus' Zeit dieses Verhältnis geregelt hatte. Da die Geneigtheit bestand, dieses Verhältnis aufrecht zu erhalten, so nahm man keinen Anstand, sein Bestehen anzuerkennen und auf Grund desselben seine Fortdauer zu beschliessen. Hätte diese Geneigtheit nicht bestanden, so wäre es wahrscheinlich einem Gelehrten, der die alte Urkunde ans Tageslicht gezogen hätte, um das Anrecht der Lydier auf die delphische Isopolitie zu erweisen, nicht gelungen, Behörden und Volk der Delphier für die Anerkennung veralteter Ansprüche zu stimmen, und diese Isopolitie hätte ihren Schlaf fortgesetzt, um nicht wieder aus demselben zu erwachen.

Aber eine so grosse zeitliche Ausdehnung einer einmal verliehenen Isopolitie war natürlich nur dann möglich, wenn diese ohne Beschränkung auf die lebende Generation verliehen wurde. Fand diese Beschränkung statt, so waren die Nachkommen derjenigen, welche sich nicht zur Aufnahme ins Bürgerrecht des andern Staates gemeldet hatten, als vollständig Fremde zu behandeln. Solche beschränkte Isopolitien können vorgekommen sein, wenn es sich darum handelte, den Bürgern einer Stadt für die Zeit eines vorübergehenden Kriegszustandes Zuflucht in einem befreundeten Staat zu gewähren. Die Aufnahme der Platäer in die athenische Bürgerschaft ist dafür ein Beispiel. Denn da wir wissen, dass es nach Wiederherstellung der Stadt Platäer gab, die kein attisches Bürgerrecht besassen, denen sogar noch das Incolat, welches im Bürgerrecht inbegriffen liegt, verliehen werden konnte, so muss es entweder Platäer gegeben haben, welche von dem verliehenen Bürgerrechte keinen Gebrauch gemacht hatten und deren Nachkommen daher wegen der Beschränkung der verliehenen Isopolitie auf die lebende Generation nicht attische Bürger waren, oder was rechtlich dasselbe ist, jene Platäer ohne attisches Bürgerrecht müssen platäische Neubürger sein, auf welche aus demselben Grunde das vor ihrer Aufnahme verliehene attische Bürgerrecht keine Anwendung fand. Die Rechtskonsequenzen waren in dem Falle der Platäer viel strenger zu ziehen, da jeder Platäer vor seiner endgültigen Aufnahme in die attische Bürgerschaft sich einer Dokimasie über sein platäisches Bürgerrecht zu unterziehen hatte, die Aufnahme also χαθ' ἕνα ἕχαστον stattfand, und damit der Rechtsanspruch jedes Einzelnen belegbar wurde.

Eine unsicher überlieferte Isopolitie ist das von den Samiern den Megarern erteilte Bürgerrecht, von welchem in den Quaestiones Graecae [1]) die Rede ist. Angeblich bekämpften die Megarer die Perinthier und nahmen Fesseln für die Kriegsgefangenen mit

---

[1]) Plut. Qu. Gr. 57.

Dies erfuhren die Regierenden von Samos, die Geomoren, also die
adeligen Grundbesitzer, und sandten neun Feldherren mit dreissig
Schiffen entgegen, von denen zwei durch einen Blitzschlag vernichtet
wurden. Mit den anderen besiegten die Feldherren die Megarer und
nahmen 600 gefangen. Durch diesen Sieg kühn gemacht beschlossen
sie mit Hilfe der Gefangenen, welche sie nach Befehl der Regierung
in die von ihnen selbst mitgebrachten Fesseln legen sollten, die heimische Adelsregierung zu stürzen und eine Demokratie einzurichten.
Sie versicherten sich der Mithilfe der Gefangenen durch Vorweisung
des Befehls der Behörden der Adelsregierung, welcher die Fesselung
anordnete, und führten sie nach Samos u. zw. geradeswegs zum Rat-
haus, wo die Geomoren versammelt waren, die auf ein gegebenes
Zeichen getötet wurden. So wurde die Demokratie wiederhergestellt
und zum Dank beschlossen, dass jeder Megarer, der wolle, Bürger
von Samos sei [1]. Wir haben daher ein potentielles Massenbürgerrecht
der Megarer in Samos, also eine Isopolitie. Man ist schwerlich berechtigt, diese Ueberlieferung zu verwerfen, schwerlich auch die Veranlassung zu bestreiten, die zur Verleihung dieser Isopolitie geführt hat,
wenn auch die chronologische Fixierung der Erzählung manchen Zweifel
offen lässt. Versuchen wir eine Zeitbestimmung, so müssen wir einen
Umsturz der Verfassung von Samos in unserer Ueberlieferung suchen,
bei welchem die Regierung der Geomoren durch eine Demokratie gestürzt wurde. Ein solcher Umsturz ist aus dem Jahre 412 nachweisbar, in welchem nach Thukydides das Volk zweihundert der Machthaber tötete, vierhundert des Landes verwies und ihre Güter einzog.
Dem gestürzten Adel, der ausdrücklich als Geomoren bezeichnet wird,
wird auch die Epigamie entzogen [2]. Diese Verfassungsänderung ging
aber mit Hilfe der Athener vor sich, wie nicht nur Thukydides ausdrücklich berichtet, sondern auch die ganze Situation, insbesondere
die Stationierung des athenischen Heeres vor Samos klar beweist.
Irgend welche Teilnahme der Megarer ist nicht nur nicht überliefert,
sondern verbietet sich auch durch die Bundesgenossenschaft, in welcher Megara mit Sparta stand. Im darauffolgenden Sommer fand
ein neuerlicher Versuch der samischen Oligarchie statt, sich der Herrschaft zu bemächtigen, der bald unterdrückt wurde [3]. Um diese Zeit
aber sollte auf Veranlassung des Pharnabazus von den peloponnesischen Bundesgenossen der Versuch gemacht werden, Byzanz zum Abfall von Athen zu zwingen; die peloponnesische Flotte gewann die

---

[1] ib.: οὖτω δὲ τῆς πόλεως ἐλευθερωθείσης, τούς τε βουλομένους τῶν Μεγαρέων
πολίτας ἐποιήσαντο.
[2] Thuc. VIII, 21.   [3] ib. 73.

hohe See, um den Athenern verborgen zu bleiben und ein Teil derselben, aus zehn Schiffen bestehend, begab sich unter dem Megarer
Helixos in den Hellespont und bereitete dort den Abfall von Byzanz
vor. Ihnen zogen »die aus Samos«, womit zunächst die athenische Flotte,
die vor Samos stand, gemeint ist, wobei aber die Teilnahme samischer
Schiffe nicht gerade ausgeschlossen ist, entgegen und lieferten
ihnen vor Byzanz eine Seeschlacht, beiderseits acht Schiffe stark [1]).
Dieses Ereignis ist das einzige in jener Zeit, wo ein megarisches Ge-
schwader einem, das samisch genannt werden kann, gegenüberstand.
Nur handelte es sich nicht um Perinth, sondern um Byzanz. Die
beiden Städte können immerhin von einem späteren Autor vertauscht
worden sein, weil sie später in sympolitischer Verbindung mit einander
standen, es kann auch eine eventuelle Digression nach Perinth in der
thukydideischen Ueberlieferung übergangen worden sein und es ist
endlich nicht unmöglich, dass Gefangene der Megarer zum Sturze
der zweiten Oligarchie verwendet wurden. Es wäre daher an sich
nicht unmöglich, das in den Quaestiones Graecae berichtete Ereignis
an dieser Stelle einzuschalten. Die Uebergehung der Teilnahme der
Athener würde sich aus dem Zweck der Notiz, zur Erklärung eines
unverständlichen Ausdrucks das Verhältnis zwischen Megara und Samos herbeizuziehen, ausreichend rechtfertigen. Aber die plutarchische
Nachricht sagt, dass die Geomoren, welche bei diesem Anlass gestürzt
wurden, die Herrschaft innehatten μετὰ τὴν Δημοτέλους σφαγὴν καὶ
τὴν κατάλυσιν τῆς ἐκείνου μοναρχίας, also nach dem Sturze eines Tyrannen Demoteles, den man ins 7. Jahrhundert zu setzen pflegt. Will
man aber das Ereignis vom Tyrannen Demoteles trennen, so fragt
sich ob eine Geomorenherrschaft von der Schlacht bei Mykale bis zum
Jahre 412 unverändert bestand oder ob sie inzwischen noch einmal von einer
Demokratie abgelöst wurde, die neuerdings einer Oligarchie wich, so
dass das berichtete Ereignis in jene Zeit des ersten Ueberganges von
der Geomorenherrschaft zur Demokratie zu setzen wäre. Nun wissen
wir, dass vom Jahre 440 bis 412 sicherlich eine Oligarchie bestand,
fraglich ist die Sache für die Zeit von 479 bis 440. Dass aber der
Beitritt zum delisch-attischen Bund nicht notwendig eine demokratische Verfassung für Samos zur Folge haben musste und dass für
die Annahme einer demokratischen Verfassung in Samos um diese
Zeit nichts geltend gemacht werden kann, hat Grote eingehend dargelegt. Es ist somit wahrscheinlich, dass der erste Sturz einer Adels-
herrschaft nach Beseitigung der Tyrannis durch eine Demokratie im
Jahre 412 stattfand; wenn also das von Plutarch berichtete Ereignis

---

[1]) Thuk. VIII, 180.

nicht um diese Zeit stattfand, so müsste nach dem Tode des Demoteles die Tyrannis von einer Oligarchie und diese wiederum von einer
Demokratie abgelöst worden sein, worauf wieder eine Tyrannis folgte.
Die zeitliche Bestimmung dieses isopolitischen Verhältnisses bleibt
also unsicher ¹).

Der Begriff der Isopolitie, wie wir ihn, dem Sprachgebrauch einer
späteren Zeit folgend, welche das Wort nahezu ausschliesslich in diesem Sinne gebraucht, gefasst haben, als einer Aufnahme sämtlicher Bürger eines Staates in die Bürgerschaft eines andern bei weiter bestehender
Unabhängigkeit beider Staaten, reicht also in sehr alte Zeit zurück.
Bewusst für Zwecke der Staatenvereinigung verwendet wurde die Isopolitie allerdings erst ziemlich spät, aber auch noch in ihrem letzten
Entwicklungsstadium ist sie im Wesen nichts als eine Bürgerrechtsverleihung.

· III. Die Sympolitie.

Jeder griechische Staat erhält seine Einheit durch die souveränen
Gewalten, die ihn leiten. Volksversammlung, Rat und Beamten sind
aber die drei Faktoren, die diese Gewalten bilden; und da sämtliche
griechische Staaten entweder geradezu eine demokratische Verfassung hatten, oder wenn eine oligarchische, eben nur einer aus-
gewählten Anzahl von Bewohnern des Staates das Vollbürgerrecht
zukam, zu den Attributen des Vollbürgers aber das Recht der Teilnahme an der Volksversammlung und im allgemeinen die Fähigkeit,
Ratsstellen und Aemter zu bekleiden, gehörte, so beruhte die Einheit
des Staates in letzter Linie auf der Existenz des Vollbürgerrechts.
Wenn daher mehrere Städte an denselben souveränen Gewalten Teil
hatten, so bildeten sie zusammen einen Staat und hatten ein gemeinsames Bürgerrecht; und wenn zwei ursprünglich selbständige Staaten
das Uebereinkommen trafen, künftig nur einen einzigen bilden zu
wollen, so hatte dies zur Folge, dass in dem neuen Staate e i n e r
Volksversammlung, e i n e m Rat, e i n e r l e i Beamten die Gewalt zukam und e i n Bürgerrecht bestand. Es ist dabei für die Auffassung
eines solchen Staates belanglos, ob die ehemals getrennten Glieder
des neuen Einheitsstaates überhaupt keine beschliessenden und voll-
ziehenden Gewalten und kein spezielles Bürgerrecht besitzen, oder ob sie
sich dieselben gewahrt haben, aber nur in einem Umfange und mit
einer Kompetenz, die für ihre besonderen lokalen Angelegenheiten in
Betracht kamen. Eine solche Staatenvereinigung heisst Sympolitie

---

¹) Zeitlich unbestimmbar ist auch die Isopolitie von Harma und Argos bei
Strabo IX, 404 nach Philochoros, auf welche mich Studniczka auf Grund einer
Mitteilung Dümmlers aufmerksam macht.

nnd unterscheidet sich vom Synökismos immer j u r i s t i s c h, nicht immer f a k t i s c h. Denn der Synökismos ist nichts anderes als die lokale Vereinigung getrennter Städte, sei es durch Umsiedlung der Bewohner in eine einzige Stadt, sei es durch Zusammenlegung zweier oder mehrerer Stadtgebiete. Er hat die Sympolitie, die staatsrechtliche Vereinigung, nicht notwendig im Gefolge, aber in der Regel werden diejenigen Gründe, welche zum Synökismos führten noch früher zur Sympolitie geführt haben. Wer Synökismos und Sympolitie für identisch hielte, gegen den könnte die Widerlegung des Satzes, als ob das Bürgerrecht durch die Ortseinheit bestimmt würde, wie sie Aristoteles durchgeführt hat, mit gleichem Erfolge angewendet und hervorgehoben werden, dass das Bürgerrecht an der ἀρχή hängt. Dies hindert nicht, dass die Schriftsteller zuweilen die beiden Worte unterschiedslos gebrauchen und in Fällen, in denen eine unzweideutige Sympolitie vorliegt, von Synökismos sprechen [1]).

So ist der der Ueberlieferung nach von Theseus vollzogene Synökismos von Attika in Wahrheit eine Sympolitie, weil einerseits einheitliche souveräne Gewalten vorhanden sind und die Behörden und beschliessenden Versammlungen der einzelnen Demen weder nach aussen hin den Staat vertreten, noch unbeschränkte Kompetenz in staatlichen souveränen Angelegenheiten haben, andererseits aber ein einheitliches Bürgerrecht besteht, welches durch das Wort Ἀθηναῖος ausgedrückt erscheint, und das Bürgerrecht der Demen sich als ein blosses Gemeindebürgerrecht charakterisiert. Die Einengung der Kompetenzen dieser beschliessenden Demenversammlungen und ihrer Beamten lässt endlich diese Sympolitie zu einem Einheitsstaate erwachsen, der nur seiner historischen Entstehung nach als Sympolitie bezeichnet werden kann, in Wahrheit aber kein Bundesstaat mehr ist. Zu einer bundesstaatlichen Sympolitie ist daher nicht bloss die Existenz von gemeinsamen Gewalten mit ausreichender Kompetenz und die Existenz eines gemeinsamen Bürgerrechts vonnöten, sondern auch umgekehrt ein gewisses Mass von Souveränetät der Einzelstaaten, die nur an den gemeinsamen Gewalten ihre Grenze findet. Diese Souve-

---

[1]) Dies scheint Feldmann (Anal. epigr. ad hist. sympolitiarum et synoecismorum Graecorum = Diss. Argent. IX, p. 8) zu verkennen, welcher unter Synökismos schlechthin den aus mehreren Staaten erwachsenen Einheitsstaat, unter Sympolitie den Bundesstaat versteht, dessen gemeinsame Gewalten entweder bloss die äussere Politik zu leiten haben, oder doch wenigstens den Kompetenzen der Sonderstaaten grössere Reservatrechte vorbehalten. Diese Unterscheidung mag historisch zutreffen in dem Sinne, dass dem Synökismos eine Sympolitie vorhergeht oder parallel läuft, welche sich bis zum Einheitsstaat entwickelt. Aber das ist sekundär und der Synökismos als solcher kann die Sympolitie nicht ersetzen.

ränetät findet in der Regel ihren Ausdruck im Rechte der Münzprägung, in der selbständigen Gerichtsbarkeit und in der Freiheit der Verwaltung, Rechten, welche den attischen Demen fast vollständig abgehen.

Andererseits gibt es eine Reihe von Staatenverbindungen, die wegen des Mangels eines gemeinsamen Organes, welches eine höhere Staatseinheit repräsentierte, nicht nur nicht als Sympolitien gefasst werden können, sondern überhaupt nicht unter eine staatsrechtliche, höchstens unter eine völkerrechtliche Betrachtung fallen. Auch der erste attische Seebund ist kein Bundesstaat, auch ihm fehlt das gemeinsame Organ; die grösste Anzahl der Bundesgenossen ist unterthänig, die andern sind bloss σύμμαχοι der Athener, und das Wort von des »attischen Reiches Herrlichkeit« hat seine volle politische und historische, aber keine juristische Berechtigung. Der zweite attische Seebund besitzt allerdings in dem συνέδριον der Bundesgenossen ein gemeinsames Organ, aber ein solches, dem jede Souveränetät und jedes Recht, das aus einer solchen fliesst, mangelt. Das συνέδριον begutachtet, aber die Entscheidung steht bei der attischen Volksversammlung. Es mangelt also auch hier ein gemeinsames souveränes Organ, und von einem Bundesstaate kann auch hier keine Rede sein.

Wenn aber die Sympolitie an das Vorhandensein einer gemeinsamen souveränen Gewalt gebunden ist, so ist das Mass von Selbständigkeit, welches den Einzelstaaten gelassen wird, der Einteilungsgrund für die verschiedenen Arten von Sympolitien. So unterscheidet sich der vollständig entwickelte athenische Staat gar nicht von einem Einheitsstaate, weil die Kompetenzen der Demen keinerlei souveräne Gewalt einschliessen, ihren Volksversammlungen keinerlei Gesetzgebungsrecht zukommt, ihre Beamten keine staatlichen Funktionen haben, und es keine richterlichen Befugnisse der Demen gibt. Demgemäss gibt es auch kein von den Demenrechten unabhängiges gemeinsames attisches Bürgerrecht, niemand ist Athener, ohne Demot zu sein. Aber es gab andererseits zweifellos Sympolitien mit grösseren Reservatrechten für die Einzelstaaten und einem geringeren Bewusstsein der Zusammengehörigkeit, durch welches die Scheidung der sympolitisch verbundenen Staaten in Einzelstaaten ermöglicht wurde. In solchen Fällen gab es neben dem gemeinsamen sympolitischen Bürgerrecht noch ein entweder juristisch vorhandenes oder doch im historischen Bewusstsein latent bestehendes Einzelstaatsbürgerrecht.

Der Gedanke, kleine, historisch selbständig erwachsene Gemeinwesen durch Konzentrierung ihrer souveränen Gewalten zu einem Bundes- oder Einheitsstaate zu verschmelzen, welcher entweder durch die Schöpfung eines neuen, früher nicht vorhandenen Staatsbegriffes oder durch die Uebertragung der Gewalt auf einen vorhandenen vertragschliessenden Staat verwirklicht werden konnte[1]), schlug namentlich in der an politischen Neuschöpfungen reichsten Zeit nach Alexander dem Grossen Wurzel und ermöglichte mit der Gründung von Bünden eine politische Nachblüte des Griechentums.

In den inschriftlich erhaltenen Sympolitiedekreten findet der sympolitische Gedanke seinen klarsten Ausdruck im Beschlusse der phokischen Staaten Stiris und Medeon[2]), wo die Gemeinsamkeit des Bürgerrechts im vollsten Sinne, die gemeinsame Teilnahme an der gesetzgebenden Versammlung und der Aemterbestellung sowie die gemeinsame Gerichtsverfassung, kurz die gemeinsame Souveränetät ausdrücklich bestimmt wird[3]). Diese Gemeinsamkeit wird aber nicht durch die Schaffung eines neuen Bürgerrechtes, sondern durch die Aufnahme sämtlicher Medeonier in das stirische Bürgerrecht kraft der Formel bewerkstelligt, welche die absolute Identität des Neubürgerrechtes mit dem alten der Stirier beweist, indem die Medeonier Στίριοι ἴσαι καὶ ὅμοιοι werden sollen. Da den Medeoniern jegliche Souveränetät genommen wird, so können sie staatsrechtlich nur, wenn sie eine gesonderte Existenz überhaupt haben wollen, als eine der üblichen Unterabteilungen einer Bürgerschaft figurieren, und zwar werden sie eine Phratrie der Stirier[4]), ähnlich wie die in Ephesus aufgegangenen selbständigen Staatswesen Phylen geworden sind. Diese Phratrie ist keine künstliche, sondern eine auf gentilicischer und religiöser Grundlage bestehende Gemeinschaft, welche nur, weil sie keinen Staat mehr bildet, als Phratrie gefasst werden muss. Die heimischen Opfer hat auch der aus den Medeoniern natürlich von der Gesamtheit der Stirier (obgleich dies nicht ausdrücklich überliefert ist) zu wählende ἱεροταμίας auszurichten, welchem in Gemeinschaft mit den stirischen Archonten die Rechtspflege und die Auslosung der Volksrichter zukommt. Diese Bestimmung ist natürlich ein Kompromiss, welches den Zweck hat, die ehemalige Selbständigkeit von Medeon zu markieren. Die Staatsidentität wird ferner durch die Festsetzung einer einheitlichen souveränen Gewalt, nämlich durch die Identität der Volksversamm-

---

[1]) Vgl. W. Feldmann a. a. O.

[2]) Bull. de corr. hell. V, 1881, p. 42 ff.

[3]) εἶμεν [τ]οὺς Μεδεωνίους πάντας [Σ]τιρίους ἴσους καὶ ὁμοίους [κ]αὶ συνεκ(κ)λη- σιάζειν καὶ συναρχοστατεῖσθαι μετὰ τᾶς πόλιος τῶν Στιρίων καὶ δικά[ζ]ιν τὰς δίκας τὰς ἐπὶ πόλιος πάσας τοὺς ἀνικομένους [τ]αῖς ἁλικίαις.

[4]) δόντων δὲ τοὶ Στίριοι τὰ φρατρία τῶν Μεδεωνίων ἐν ἐτέοις τεττάροις ἀργυρίου μνᾶς πέντε κα[ὶ τ]όπον τὰν καλειμέναν [Δ]α[μα]τρείαν. Vgl. Feldmann a. a. O. S. 135.

lung, der Beamten und der Gerichte verbürgt [1]). Ebenso wird in
dem Brief des Königs Antigonos an die Teier, welcher den nicht zur
Ausführung gelangten [2]) Synökismos von Teos und Lebedos regeln
will, die Einheit des neuen Staates durch die Einheit des Bürgerrechtes ausgedrückt, indem der vom neuen Staate an das Panionion
zu entsendende Ratsmann als Teier d. h. als mit teischem Bürgerrecht versehen bezeichnet wird, gleichviel, ob er φύσει Teier oder
Lebedier ist [3]). Ohne Zweifel war in dem verlorengegangenen Ein-
gange des Briefes auch die Einheit der souveränen Gewalten verordnet
worden. Der neu zu errichtende Staat heisst daher Teos, die Sympolitie selbst hätte, wenn sie vollzogen worden wäre, juristisch nur von
den beiderseitigen Volksversammlungen beschlossen werden können.
Dass es faktisch die Befehle des Königs Antigonos waren, denen man
damit nachkam, thut der rechtlichen Bedeutung der Sache keinen
Eintrag. Die Gesetzgebung des künftigen Staates wird so geordnet,
dass beide Teile je drei Nomographen wählen, welche die neuen Gesetze fertigzustellen und an die (gemeinsame) Volksversammlung zur
Beschlussfassung zu leiten haben. Der König behält sich ein Veto
gegen die beschlossenen Gesetze und eine von ihm selbst oder von
einer von ihm zu bestimmenden neutralen Instanz zu vollziehende Entscheidung hinsichtlich der vorgeschlagenen aber von der Volksversammlung nicht angenommenen Gesetze vor [4]). Diese Gewalt des
Königs wächst natürlich nicht aus dem Staatsrecht der Gemeinden
hervor, sondern ist eine Unterwerfung unter die thatsächliche Macht,
die ihren staatsrechtlichen Ausdruck in der formellen Annahme der
königlichen Befehle durch die Volksversammlung findet. Die einheitliche Volksversammlung (ὁ δῆμος) beweist aber die Staatseinheit, die
Sympolitie, welche nur deshalb, weil zugleich ein Synökismos stattfand oder stattfinden sollte, in der Inschrift in dem Namen συνοι-
κισμός mitinbegriffen erscheint. Die königliche Politik, welche diese
Stadtvereinigung plante, hatte ja überdies kein so lebhaftes Interesse
an der staatlichen, als an der örtlichen Vereinigung der beiden Städte,
da eine grössere politische Selbständigkeit den beiden Städten
ohnehin nicht gelassen werden sollte, sondern die weittragenderen Beschlüsse nach dem Willen des Königs gefasst werden mussten, gleichviel ob von einer oder von zwei Volksversammlungen. Das Wesen
der Sympolitie besteht aber auch hier in der Aufnahme sämtlicher

---

[1]) S. S. 107, Anm. 3.
[2]) Feldmann a. a. O. p. 17 f.
[3]) Lebas, III, Nr. 86, § 1 καὶ καλεῖσθαι Τήϊον.
[4]) ib. § 8, cf. Feldmann a. a. O. p. 32 ff.

Lebedier in das teische Bürgerrecht bei gleichzeitiger Aufhebung der souveränen Gewalten und des Bürgerrechtes von Lebedos. Dieser Zusatz begründet erst das sympolitische Verhältnis. Nicht minder deutlich spricht der Sympolitievertrag zwischen Smyrna und Magnesia am Sipylus [1]). Die Smyrnäer nehmen die Kolonen und Einwohner von Magnesia in die Bürgerschaft auf, verteilen sie in die Phylen und schreiben sie in die Bürgerverzeichnisse ein. Die Neubürger haben vollen Anteil an der Regierungsgewalt, geben jegliches selbständige Souveränetätsrecht, speziell die Gesetzgebung und die Münzprägung auf, und mit dem Aufhören des Staates der Magnesier ist die Sympolitie in der Weise vollzogen, dass der intakte Staat der Smyrnäer um eine Anzahl neuer Bürger bereichert wird. Ein Synökismos findet gleichzeitig nicht statt, vielmehr bleiben die augenblicklichen Bewohner von Magnesia in ihrem Wohnsitze und nehmen überdies einen Stadtverwalter vom Gesamtdemos an. Die Mehrzahl der Bewohner von Magnesia war allerdings nicht bürgerlich, sondern bestand aus Militärkolonen und Metöken [2]), die Bürgerschaft war gegenüber diesen Elementen unter ein solches Mass gesunken, dass der eigentliche Staat faktisch nicht mehr bestand, und es werden daher, um die Sympolitie politisch wertvoll zu machen, sämtliche freie Einwohner hellenischen Blutes in die Bürgerschaft von Smyrna aufgenommen. Nirgends begegnet uns in dem Vertrage die Bezeichnung οἱ Μάγνητες, sondern οἱ ἐμ Μαγνησίᾳ κάτοικοι und οἱ ἄλλοι οἱ οἰκοῦντες ἐμ Μαγνησίᾳ. Im strengen Sinne des Wortes ist also hier keine Sympolitie vollzogen worden, weil der eine kontrahierende Teil keine πολιτεία mehr war. Thatsächlich liegt aber schon deshalb eine Sympolitie vor, weil sich die Militärkolonie ohne hindernde Einflüsse zu einer πολιτεία entwickelt haben würde. Daher sind auch nur diejenigen Elemente, welche die konstituierenden eines solchen in der Entwicklung begriffenen Staatswesens geworden wären, die Kolonen und die freien hellenischen Bewohner, in Smyrna zum Bürgerrecht zugelassen worden. Nicht die Sklaven, die sonst zuweilen in Fällen der Not Bürger wurden, nicht die Barbaren, denen kein Anteil an einem etwa sich bildenden magnesischen Bürgerrecht zugestanden hätte. Die unumschränkte Geltung des Bürgerrechts für die Neuaufgenommenen wird nicht nur durch ihre Aufnahme in die Bürgerlisten und den ausdrücklichen Zusatz, dass sie an allem teilhaben sollen, woran

---

[1]) CIG 3137. Ueber die historischen Verhältnisse s. Feldmann a. a. O. p. 69 ff.
[2]) Cf. Feldmann a. a. O.

die übrigen Bürger teilhaben ¹), verbürgt, sondern auch durch die
Zulassung zu allen Aemtern ²), ferner durch die Formel ἐφ' ἴσῃ καὶ
ὁμοίᾳ, welche der Verleihungsklausel beigesetzt ist ³). Die neuaufgenommenen Bürger bekennen sich als unterworfen den Gesetzen und
Volksbeschlüssen der Smyrnäer, d. h. sie erkennen die bestehende
Regierungsgewalt an ⁴). Die Sympolitie kam allerdings auf Grund
eines gegenseitigen Vertrages zustande, welcher auch die Bewohner
von Magnesia in einer bestimmten Weise verpflichtete, der entscheidende Akt aber, durch welchen diese Sympolitie vollzogen wurde, ist
nichts weiter als eine einfache Bürgerrechtsverleihung der Smyrnäer
an eine grössere Menge von Personen. Dadurch, dass den Magneten
das smyrnäische Vollbürgerrecht gewährt wird und diese den Bürger-
eid leisten, ist das neue Verhältnis genau so besiegelt, wie bei der
Aufnahme eines Einzelnen in die Bürgerschaft. Diese Passivität in
der Mitwirkung bei der Neukonstituierung seitens eines Kontrahenten
hat in den Besonderheiten des Falles ihren Grund, der, wie oben ausgeführt, keine typisch reine Sympolitie ist. In allen diesen Fällen,
ebenso wie in der Sympolitie von Argos und Korinth im korinthischen
Kriege ⁵), wird nicht eine neue Souveränetät geschaffen, sondern der
eine der beiden Staaten geht im andern bereits existierenden auf.
Diese Form der Sympolitie nähert sich daher beträchtlich der Isopolitie, bei welcher ja ebenso alle Bürger des einen Staates in die
Bürgerschaft des andern aufgenommen werden, wie hier z. B. alle
Korinther Argiver werden. Der Unterschied besteht aber darin, dass
hier der in die Bürgerschaft von B aufgenommene Staat A aufhört
zu existieren, während dort beide Staaten ihre Existenz wahren und
daher auch nach wie vor beiderlei souveräne Gewalten fortbestehen. Die
besprochene Form der Sympolitie, bei welcher der eine Staat im andern aufgeht, nennen wir die synökistische. Mit ihr wurde keinerlei
staatsrechtliche Neubildung geschaffen, nur der Akt der Staatenver-
schmelzung, nicht das Resultat derselben fällt unter eine vom Ein-

---

¹) Z. 53: καὶ ἔστω μετουσία τοῖς ἀναγραφεῖσιν εἰς τὰ κληρωτήρια πάντων ὧγ
καὶ τοῖς λοιποῖς πολίταις μέτεστιν.
²) Z. 77: καὶ μετουσίαν αὐτοῖς δώσω τῶν τε ἀρχαίων καὶ τῶν ἄλλων τῶν κοινῶν
τῆς πόλεως ὧγ καὶ οἱ ἄλλοι πολῖται μετέχουσιν.
³) Z. 43: δεδόσθαι δὲ τοῖς ἐμ Μαγνησίᾳ κατοίκοις τοῖς τε κατὰ πόλιν ἱππεῦσι
καὶ πεζοῖς καὶ τοῖς ὑπαίθροις πολιτείαν ἐν Σμύρνῃ ἐφ' ἴσῃ καὶ ὁμοίᾳ τοῖς ἄλλοις πολίταις. Z. 74: καὶ ποιήσομαι αὐτοὺς πολίτας πάντας καὶ τοὺς ἐκγόνους αὐτῶν ἐφ'
ἴσῃ καὶ ὁμοίᾳ τοῖς ἄλλοις πολίταις κτλ.
⁴) Z. 65: καὶ πολιτεύσομαι μεθ' ὁμοίας ἀστασιάστως κατὰ τοὺς Σμυρναίων νόμους καὶ τὰ ψηφίσματα τοῦ δήμου.
⁵) Xen Hell. IV, 4. 6; cf. Vischer, über die Bildung von Staaten und Bünden, Kl. Schr. I, p. 347.

heitsstaat verschiedene Kategorie. Anders verhält es sich mit den eigentlichen, politisch fruchtbaren Sympolitien, mit den Bundesstaaten, in welchen bei Bestehen der Einzelstaaten eine über allen stehende Regierungsgewalt neu geschaffen wurde. In solchen Sympolitien muss es ein Einzelbürgerrecht und ein Gesamtbürgerrecht geben und die Existenz beider Arten von Bürgerrecht ist ein ausreichender Beweis für eine solche Sympolitie. Das glänzendste, konsequenteste und folgenreichste Beispiel einer solchen im grossen Umfange durchgeführten Sympolitie bietet in der griechischen Geschichte der achäische Bund nach seiner in der 124. Olympiade vollzogenen Neukonstituierung. Polybius, dem wir fast ausschliesslich die Kenntnis der Verhältnisse des achäischen Bundes verdanken, nennt diesen wiederholt eine Sympolitie und scheidet zwischen den σύμμαχοι, welche vorübergehend oder zu einem bestimmten Zweck ein Bündnis mit dem achäischen Gesamtstaate geschlossen haben, und den eigentlichen Bundesgliedern oder Sonderstaaten. An der bekannten Stelle [1]), wo er von der Entwicklung des achäischen Bundes spricht, wirft er die Frage auf, woher es komme, dass die Achäer ein solches Uebergewicht im Peloponnes erhalten hätten, da diejenigen, denen ursprünglich der Name der Achäer zukomme, sich weder durch die Grösse des Landes und der Städte, noch durch Reichtum und männliche Tugenden auszeichnen, und beantwortet diese Frage damit, dass es nach seiner Meinung keinen Staat gebe, der Gleichberechtigung und Freiheit sowie wahre Demokratie in höherem Grade besitze, als der achäische Bund, als dessen Tugenden er die ἰσότης und φιλανθρωπία preist. Mag nun das Lob dieser Verfassung auch mit auf die demokratischen Einrichtungen des Bundes gehen, so kann doch keinem Zweifel unterliegen, dass sich die vollständige Gleichheit nur auf die Gleichheit der Bundesglieder unter einander beziehen kann. Andere Staaten mochten selber eine demokratische Verfassung haben, wenn sie einem Bunde angehörten, konnten sie trotzdem — um die Termini des griechischen Staatsrechts beizubehalten — mit Rücksicht auf ihre Bundeszugehörigkeit einer tyrannischen Verfassung unterworfen sein. Im weiteren Verlaufe seiner Erzählung betont Polybius ausdrücklich, dass die Städte Dyme, Patrai, Tritaia und Pharai eine Sympolitie schlossen und die andern achäischen Städte daran teilnahmen. Aber auch der Anschluss der ausserhalb Achaias gelegenen Städte seit der Strategie des Aratus wird gelegentlich als Sympolitie bezeichnet, und charakteristisch für die Konzentrierung der Regierungsgewalt ist die bekannte Stelle, dass der achäische Bund nur deshalb nicht als einzige Stadt bezeichnet

---

[1]) Polyb. II, 38 ff.

werden könne, weil sein Gebiet nicht durch eine Mauer umschlossen
sei, denn es herrschten dieselben Regierungsgewalten, dieselben Gesetze, sogar Mass und Münze seien einheitlich. Das bundesstaatliche
Moment war nur dadurch gewahrt, dass die Verfassungen der Einzelstaaten bestehen blieben. Am klarsten lässt sich das Verhältnis
durch die Münzprägung erläutern. Dass die Prägung eine einheitliche war, wird nicht nur von Polybius bezeugt, sondern erhellt auch
aus den gefundenen Münzen. Die Kupfermünze im ganzen Gebiet
trägt das Bild des Zeus Homagyrios mit der Nike, der Revers das
Bild der Demeter Panachaia, die Silbermünze den Zeuskopf und auf
dem Revers die Inschrift. So der allgemeine Typus. Dennoch prägt
jede Stadt für sich, nur nach dem Bundessystem, denn die Münzen
tragen die Inschrift AXAIΩN nebst dem vollen Namen der prägenden
Stadt oder den Initialen derselben, ausserdem auch Magistratsnamen,
von denen nachgewiesen wurde, dass dieselben Namen städtischer,
nicht bündischer Magistrate seien [1]). Man tastete also das Prägerecht, welches die einzelnen Staaten vor ihrem Eintritt in die Sympolitie hatten, nicht an, und setzte nur alles Wesentliche, Schrot und
Korn, sowie Typus von Bundeswegen fest. Es trat also nur eine
Beschränkung der Einzelsouveränetät durch die höhere Souveränetät
der Sympolitie ein.

Folgerichtig musste es also ein Bürgerrecht der Einzelstaaten
und ein achäisches Bundesbürgerrecht geben, und zwar auf Grund
derselben Genesis der Sympolitie, welche im Münzsystem dieses eigentümliche Verhältnis hervorgerufen hat. Die unangetastete Souveränetät der Einzelstaaten erforderte ein Bürgerrecht derselben, die
sympolitische Neuschöpfung ergab ein neues gemeinsames Bürgerrecht. Ein Einzelstaat des achäischen Bundes kann daher auch völlig
wie ein autonomer Staat sein Bürgerrecht verleihen, und der Neubürger ist ebenso implicite achäischer Bürger wie der ursprüngliche. Das bezeugt ein interessantes Bürgerrechtsdiplom der Stadt

---

[1]) Vgl. Leicester Warren, on the federal coinage. Das eigentümliche Verhältnis der prägenden Städte zum Bunde hat schon Weil (Ztschr. für Numism.
IX, p. 209) dahin charakterisirt: „Sie übten ihr Prägerecht, jedoch als Mitglieder
des achaeischen Bundes.“ Ebendort p. 232 ist der Nachweis geführt, dass die
Magistratsnamen der Silbermünze auf städtische Behörden gehen. Anders stünde
die Sache, wenn die ältere Silbermünze, welche auf dem Revers die Sigle AX
ohne Zusatz des Namens oder der Abkürzung der prägenden Stadt zeigt, nach
dem Vorgange Cousinéry's mit Friedländer (Z. f. N. II p. 246) in die erste Epoche des
achäischen Bundes, etwa bis zur Reduktion der Doppelstrategie auf die einfache
zu setzen wäre. Es scheint jedoch mit Weil a. a. O. angenommen werden zu
müssen, dass diese Münze der Zeit des achäischen Bundes weit voraus liegt,
und auf vollständig anderen staatsrechtlichen Voraussetzungen beruht.

Dyme, welches sicher aus den Zeiten des Bundes stammt, und in welchem einer Reihe von Leuten, die sich im Kriege um die Stadt Verdienste erworben haben, das dymäische Bürgerrecht verliehen wird[1]. Aus dem Verzeichnisse der Namen der mit dem dymäischen Bürgerrecht beteilten Personen ergibt sich nichts über ihre frühere Staatsangehörigkeit und es ist nicht ausgeschlossen, ja sogar wahrscheinlich, dass hier auch Bürger anderer achäischer Städte in die Gemeinschaft von Dyme aufgenommen wurden, die also schon achäische Bürger waren. Aber ausser Zweifel steht durch die Inschrift, dass es ein dymäisches Bürgerrecht gegeben hat, und sicherlich stand kein Rechtsgrund dagegen, auch Nichtachäer in dieses Bürgerrecht aufzunehmen und sie dadurch zu Achäern zu machen. Die Verleihung erfolgte unter gesetzlich festgestellten Normen, vermutlich auf Grund einer Art Dokimasie, wie in der spätern Form der attischen Bürgerrechtsverleihung.

Noch viel sicherer ist der Sachverhalt in einer anderen Inschrift aus Dyme[2]), in welcher ein Beschluss der Dymäer über Erteilung des Bürgerrechts an die Epöken der Stadt erhalten ist, ohne dass in den Bedingungen, welche die Aufnahmswerber zu erfüllen haben, das Erfordernis des bereits erworbenen achäischen Bürgerrechts namhaft gemacht wäre. Diejenigen, welche in die dymäische Bürgerschaft aufgenommen werden wollen, müssen — wenn die Ergänzungen, wie wahrscheinlich, das Richtige treffen — von freier Geburt sein und ein Talent an die Stadt zahlen. Erwachsene Söhne sind als selbständige Bewerber zu behandeln, Söhne unter siebzehn Jahren erwerben das Bürgerrecht durch den Vater. Wenn wahrscheinlich auch eine augenblickliche Finanznot diese Aufnahmstaxe hervorgerufen hat, so macht die ganze Verfügung, welche für den Staat eine Anzahl ansässiger Personen gewann, statt sie als einen fremden Körper im eigenen Fleische sitzen zu lassen, dem politischen Sinne der Dymäer mehr Ehre, als der Einsicht mancher Moderner die Entrüstung über den Verkauf von den Vätern ererbter Rechte. Der Eid, den der Vater eines weniger als siebzehnjährigen Sohnes oder einer unverheirateten Tochter zu schwören hat[3]), ist ein auf Grund eines bestehenden Gesetzes vorgeschriebener und demnach entweder jener Eid, den der Vater überhaupt bei Einführung seiner ehe-

[1]) Bull. de corr. hell. II, 40—44 = Collitz, Dial.-Inschr. No. 1612.
[2]) Bull. de corr. hell. II, 94 mit den Ergänzungen von Fick, Bezzenb. Btr. V, 321, jetzt bei Collitz, Dial.-I. Nr. 1614.
[3]) ὀμοσά)(ο)θω ἐμ βουλᾶ ὁ πατήρ τὸν νόμιμον ἐρ[κον · ἦ μὰν εἶμεν α]ὐτῶ γενεάν καὶ [νεώ]τερον ἐπτα[καίδεκα ϝετέων] τὸν υἱὸν παῖδ[α γνήσιον] ibid. Z. 10 ff. nach der Ergänzung O. Hoffmanns bei Collitz.

lichen Kinder in die Phylen oder deren Unterabteilungen zu schwören
hatte oder derjenige, der im allgemeinen gesetzlich für Neubürger
vorgeschrieben war. Eine Neuerung für diesen Fall war nur der Teil
des Eides, der sich auf die Minderjährigkeit des Sohnes bezog. Der
Grund ist klar. Der volljährige Sohn hätte sich selbständig um die
Aufnahme bewerben und gleichfalls ein Talent erlegen müssen. Minder
klar ist, warum das Vorhandensein der unverheirateten Tochter be-
eidet werden musste. Der minderjährige Sohn erwarb durch den Eid
des Vaters das Bürgerrecht bei Eintritt der Grossjährigkeit. Für die
Tochter konnte höchstens die Epigamie und die Teilnahme an den
religiösen Funktionen bürgerlicher Frauen erworben werden. Wir
wissen aber nicht einmal, ob die Ehe eines dymäischen Bürgers mit
einer Nichtbürgerin nicht gültig war und somit die Verleihung der
Epigamie gegenstandslos gewesen wäre. Wohl aber ist es nicht unwahrscheinlich, dass das Bürgerrecht auch bei einseitig bürgerlicher Abkunft — wenigstens in dieser Zeit der Not an der hinreichenden Anzahl
von Vollbürgern — gesetzlich war und demnach auch von der Mutter
geerbt werden konnte. In diesem Falle war der Erwerb des Bürgerrechts seitens der unverheirateten Tochter allerdings eine Sache von
Bedeutung. Wahrscheinlich wird diese Vermutung gemacht durch
die Bestimmungen des zweiten Teiles der Inschrift, wenn diese dem
Wesen nach richtig wiederhergestellt sind [1]), durch welche auch
der freien und freigeborenen Witwe die Möglichkeit des Erwerbs des
Bürgerrechts für ihre Söhne gesichert wird. Das von den Neubürgern erworbene Bürgerrecht ist auch ein volles, ausdrücklich wird
ihnen die Fähigkeit, das eponyme Stadtamt zu bekleiden, sowie die
anderen Aemter zu verwalten, zuerkannt und die gleichmässige Verteilung in die drei bestehenden Phylen angeordnet [2]). Damit ist natürlich nur das Vollbürgerrecht in Dyme garantiert, das achäische
Bürgerrecht kann aber nicht verliehen werden, weil zu einer solchen
Verleihung die Ekklesie von Dyme inkompetent ist, dann aber auch,
weil sie nicht notwendig ist, denn jeder Dymäer ist implicite Achäer.
Das ist eben der Unterschied zwischen der bundesmässigen und zwischen der synökistischen Sympolitie, wie wir sie im Verhältnis von

---

[1]) [Εἰ δὲ] χήρα ἐλευ[θέρα καὶ ἐξ] ἐλευθέ[ρων θελήσει κοι]νωνεῖ[ν τᾶς πόλιος
παρέ]στω [.........] τᾶι γυν[αικὶ ....] λι......... γενεᾶι Εἰ δὲ ἔχοι ὑὸν
ἐντὸς] ἑπτα[καίδεκα ϝετέων] ἢ θυγατέρ[α ἀνέκδοτον, ὁμο]σάμ[ενος τὸν νόμιμον ὅ](ρ)-
κον ἐμ [βο]υλ[ᾶ· ἢ μὰν α]ὐτᾶ[ς εἶμε[ν γενεὰν καὶ νεώτ](ε)(ρον] κτλ.

[2]) .. διακλαρωσάν[τω αἱ συναρ](χ)ίαι ὡς ἰσότατα ἐπὶ τὰς φυλάς καὶ λα[χόντω
ἐπὶ τὰν] Σπατίδα, ἐπὶ τὰν Δυμαίαν, ἐπὶ τὰν Θεσμ[αίαν]. Die drei Phylen von Dyme
dürften durch dorischen Einfluss entstanden und ihre lokalen Namen an die Stelle
derjenigen der dorischen Phylen der Dymanen, Hylleer u. Pamphyler getreten sein.

Smyrna und Magnesia, von Teos und Lebedos und von Medeon und
Stiris kennen gelernt haben, dass hier das Bürgerrecht der Sonderstaaten besteht und das gemeinsame Bürgerrecht nach sich zieht,
dort aber der eine Staat völlig aufhört zu existieren, dass also hier
die bestehende Souveränetät des Sonderstaates Konsequenzen für die
Souveränetät des Bundestaates hat. Natürlich kann der Einzelstaat
auch im achäischen Bunde nicht rechtsverbindlich für den Bund beschliessen, aber die innerhalb der Grenzen seiner bedingten Souveränetät gefassten Beschlüsse werden vom Bundesstaate anerkannt,
dieser acceptiert den Einzelstaat in der von diesem selbst bestimmten
Form. Ebenso wie es zu den Rechten eines Bürgers von Dyme gehört, Bürger des achäischen Bundesstaates zu sein, so gehört es zu
seinen Pflichten, an den Bundeslasten teilzunehmen. Es wird daher
in dem besprochenen Beschlusse ausdrücklich betont, dass die Neubürger an den Lasten des Bundes teilzunehmen haben [1]).

Sogar der Eintritt eines Staates' in den achäischen Bund findet
seinen staatsrechtlichen Ausdruck in der Verleihung des achäischen
Bürgerrechts an die Mitglieder des Sonderstaates, wie aus der In-
korporierungsurkunde von Orchomenos in den achäischen Bund [2]) hervorgeht, in welcher der Termin des Eintritts in den Bund durch die
Worte bezeichnet wird: ἀφ' οὗ (sc. οἱ Ὀρχομένιοι) Ἀχαιοὶ ἐγένοντα.
Diese Verleihung des achäischen Bürgerrechts an Orchomenos, durch
welche die Sympolitie besiegelt wurde, fand in einfacher Weise, so wie
andere Bürgerrechtsverleihungen vor sich gingen, durch einen Volksbeschluss der Achäer und zwar der Bundesekklesie statt, auf Grund
eines vorhergegangenen Vertrages mit Orchomenos selbst, wie aus
dem in derselben Urkunde erhaltenen Eid hervorgeht: ἦ μὰν ἐμ] πᾶσιν
ἐμμε[ν]εῖν ἐν τᾶι στάλαι καὶ τᾶι ὁμολογίαι καὶ τῶι ψαφίσματ[ι τῶι γενο-
μένωι τῶι κοι]ν[ῶι] τῶι τ[ῶ]ν Ἀχαιῶν. Diese Form der Aufnahme in
den Bund beweist schlechthin die Existenz eines gemeinsamen Bürgerrechtes und damit die Existenz eines gemeinsamen Staates im Unterschied von anderen Bünden, die keine selbständigen Staaten sind.
Ausserdem haben wir aber auch die Bürgschaft für die Existenz des
achäischen Bundesbürgerrechts durch die Thatsache der Verleihung
desselben an eine einzelne Person, an Kassandros den Sohn des Mene-
stheus, wie aus der sog. Ehrentafel für denselben unzweideutig her-

---

[1]) καὶ κοινω]νεόντω θεοχολιᾶν ἄν ἁ πόλις καθιστᾶι s ...... αὐτῶν καὶ ἀρχαίων
τῶν τε εἰς τὸ κοινὸν [φόρων καὶ τὰς εἰσφορ]ὰς τὰς (τε) εἰς τὸ κοινὸν κα(γ)γ[ραφᾶς].
Die Ergänzungen treffen wohl wenigstens dem Sinne nach das Richtige. Unter
κοινόν ist natürlich der achäische Bund zu verstehen.

[2]) Lebas II, Nr. 353 = Dittenberger, syll. Nr. 178.

vorgeht [1]). Ebenso kann dafür, wenn auch nicht mit gleicher Sicherheit, geltend gemacht werden, dass auf einer dodonäischen Inschrift [2]) ein Δάμαρχος Δαμέα 'Αχαιός erwähnt wird. Man darf wohl auch hier annehmen, dass der betreffende Mann auch mit seinem Stadtethnikon bezeichnet worden wäre, wenn es ein achäisches Staatsbürgerrecht nicht gegeben hätte. Die Verleihung desselben musste natürlich primär von der gemeinsamen Gewalt erfolgen und zog an sich noch nicht das Bürgerrecht irgend eines Einzelstaates oder aller Einzelstaaten nach sich, wie es umgekehrt der Fall war. Wir kennen die Grenze nicht, innerhalb deren der Einzelstaat rechtsverbindlich beschliessen konnte, aber er hat sicherlich keine Möglichkeit gehabt, Gesetze zu geben. Denn wenn es zum Wesen der Sympolitie gehört, dass alle an derselben teilnehmenden Staaten die gleichen Gesetze haben, und wenn Polybius überdies für den achäischen Bund speziell die Einheit der Gesetzgebung bezeugt, so gibt es keinen anderen Ausweg als die Annahme, dass die Bundesgewalt ausschliesslich für die Gesetzgebung kompetent war, weil sonst jedes vom Einzelstaat beschlossene Gesetz eben diese Einheit gestört hätte. Die Annahme, dass der Einzelstaat Gesetze habe beschliessen können, insoweit sie der Bundesstaatsgesetzgebung nicht widersprachen, also einer höheren Geltung der Bundesgesetze, würde der Ueberlieferung auch nicht völlig gerecht werden und eine Kassierungsinstanz voraussetzen, die zwar die Bundesekklesie sein könnte, von der uns aber sonst nichts bekannt ist. Das allmähliche Anwachsen des achäischen Bundes und der successive Anschluss einzelner Städte, die schon früher ihre eigenen Gesetze hatten, macht es vielmehr wahrscheinlich, dass im Falle des Eintritts in die Sympolitie die alten Gesetze in Bausch und Bogen ausser Kraft gesetzt und die Bundesgesetze angenommen wurden. Aber die Bundesekklesie kounte auch verbindliche Psephismata beschliessen, deren Abgrenzung von den Gesetzen uns hier noch weniger möglich ist, als auf dem Boden anderer griechischer Staaten, in Betreff deren das Material reichlicher fliesst. Da aber sogar die Inkorporierung der Staaten in den Bund durch Psephismata beschlossen wurde, ausserdem die Kriegführung unmöglich gewesen wäre ohne die Möglichkeit, Bundespsephismen zu beschliessen, so müssen Volksbeschlüsse der Bundesgewalt in ungemein ausgedehnter Weise angewendet worden sein. Ebenso sicher ist aber das Recht der Volksbeschlüsse im Einzelstaat; innerhalb der Kom-

---

[1]) Arch. Z. 1855, p. 34 ff., Nr. 75: τὸ κοινὸν 'Αχαιῶν προξενίᾳ καὶ πολιτείᾳ.
[2]) Carapanos, Dodona p. 53, Nr. 7, Z. 7: [Δαμάρχ]ου τοῦ Δαμέ[α] 'Αχαι[οῦ κτλ. Dagegen ist Z. 10 ff. zu lesen: [ἴσο]ν κα[ὶ] ὅμοιον τοῖς [ἄλλοις 'Απ]ειρώταις, nicht ['Αχαιὸ]ν καὶ ὅμοιον, wie Carapanos ergänzt.

petenz, welche für die Volksbeschlüsse von den Gesetzen gelassen
wurde, konnte sich das Selbstbestimmungsrecht der Einzelstaaten äus-
sern. Das Bürgerrecht wird aber in allen griechischen Staaten durch
Volksbeschluss verliehen und auch dort, wo seine Verleihung noch
an erschwerende Formen gebunden ist, ist niemals ein Gesetz erforderlich, welches höchstens die Bedingungen der Verleihung regeln
kann. Es ist daher vollkommen entsprechend, dass die Einzelstaaten
auch durch ein Psephisma ihr Bürgerrecht verleihen, was völlig in
ihrer Kompetenz liegt. Auch die Rechtspflege liegt in den Händen
des Einzelstaates, und zwar sowohl in jenen Fällen, in denen sie
durch einen Volksbeschluss ausgeübt wird, wie dort, wo ein Gerichtshof kompetent ist. Das erstere scheint der Fall zu sein in jenem
Falschmünzerprozesse, von dem schwerlich Kunde auf die Nachwelt
gekommen wäre, wenn er nicht durch die Ekklesie verhandelt und
wenn deren Beschluss nicht in Stein aufgezeichnet worden wäre [1]).

Wie die Erteilung des Bürgerrechts durch Volksbeschluss des
Einzelstaates erfolgt, so wird auch die Aberkennung der Ehrenrechte,
die Atimie, vom Einzelstaat mit dem Erfolg ausgesprochen, dass dieselbe
nicht nur für die beschliessende Stadt, sondern für den ganzen Bund
in Geltung ist. Denn wenn jeder sein Bundesbürgerrecht als Sonder-
staatsbürger ausübt, so muss auch die Atimie im Sonderstaat die
Atimie im Bunde zur Folge haben [2]). Das ist nicht nur theoretisch

---

[1]) Bull. de corr. hell. II, 98. Nach Weil, Z. f. Num. IX, 234 bei Collitz D.-I.
1613: [ἐπὶ ϑεο]κλόου Φιλοκλέος, [γραμ]ματιστὰ Δαμοκρί[του βουλ]άρχου Κλέωνος
[τοῦσϑε] ἁ πόλις κατέκριν[ε ϑανάτ]ου, ὅτι ἱεροψώρεον [καὶ νέ]μισμα ἔκοπτον χάλ-
[κεον '] Θραικίωνα εἶτε Ἀντί[ὄχωι] ὄνομα αὐτῶι ἐστι, [Κρά](τ)χν τὸν χρυσοχόον [Κυλ-
λ]άνιον ἢ εἶ Παντάλε[ον]ι ἢ εἶ τι ἄλλο ὄνομα, [Μο]σχόλαον Μοσχολάου. Auch
schon der Ausdruck ἁ πόλις κατέκρινε beweist die Verurteilung durch die Ekklesie.
Man wird also eine Art Eisangelieverfahren annehmen müssen. Die Unsicherheit,
welche in Betreff der Namen der Missethäter besteht, verbürgt nahezu die nicht
bürgerliche Herkunft derselben.

[2]) Dies ist deutlich zu ersehen aus der Inschrift Bull. de corr. hell. II, p. 97
= Collitz 1615, Z. 10 ff.: οἱ δὲ γέ[ροντες, εἰ μὴ εἰσπρά](ξ)οντι τοὺς πολεμάρχους,
αὐτοὶ ἀποτινόντω [τὰν ζαμίαν καὶ ἄτιμο]ι ὄντ[ω] καὶ ἐν τοῖς Ἀχαιοῖς καὶ
κατὰ πόλιν. Die ganze Inschrift bedarf einer kurzen Erläuterung. Sie betrifft
offenbar eine Stadtanleihe. Der Gläubiger ist uns unbekannt und erhält sein
Darlehen, wenn der Staat durch seine Beamten, die Polemarchen, es nicht recht-
zeitig zurückzahlen kann, von den προστάταις und mehreren Privatpersonen, die
von der Stadt speziell als Bürgen aufgestellt worden sind, zurück. Denn Z. 1
ist das überlieferte ΕΙΙΩΝ weder mit Fick ἐ[νέ]ων, noch mit Hoffmann ἐ[ταί]ων,
sondern vielmehr ἐ(γ)[γύ]ων zu lesen und dasselbe Wort Z. 6 einzusetzen. Es
wird daher den προστάταις das Recht eingeräumt, diejenigen Beamten, denen
die Rückzahlung aus der Staatskasse obliegt, speziell die Polemarchen, die Damosiophylakes, den Schreiber und den Schatzmeister als Schuldner einzuschreiben,
wenn diese nicht zur Kenntnis nehmen, dass die προστάται und Bürgen das
Geld an die Gläubiger zurückerstattet haben oder dass die Gläubiger selbst

notwendig, sondern auch durch das Gebot der praktischen Notwendigkeit gegeben, weil es eine vollständige Untergrabung der Autorität des Sonderstaates bedeutet hätte, wenn der von diesem zur Atimie Verurteilte im Bundesstaate Aemter erlangt hätte. Die Souveränetät des Einzelstaates findet also ihre Grenzen an der Gesetzgebung und kommt völlig zum Ausdruck im Volksbeschluss, der sich so wenig im Widerspruch mit einem Gesetze befinden kann, wie der Volksbeschluss des Einheitsstaates mit dessen Gesetzen. Eine andere Frage ist, ob sich der Volksbeschluss des Sonderstaates nicht im Widerspruch mit dem Volksbeschluss des Bundes, der ja auch für alle Achäer rechtsverbindlich war, befinden und so ein Kompetenzkonflikt zwischen den beiden Gewalten entstehen konnte. Dies ist möglich, und damit ist auch die staatsrechtliche Möglichkeit einer Katastrophe gegeben, über die man nirgends völlig hinwegkömmt. Ohne billige Rücksichtnahme des beschliessenden Volkes im Einzelstaate auf die Volksbeschlüsse des Gesamtstaates, an denen jenes ja auch Teil hatte, liess sich auf die Dauer dieses staatsrechtliche Gebäude eben nicht erhalten. Von einer verfassungsmässigen Einschränkung in Bezug auf die der Beschlussfassung durch die Einzelstaaten vorbehaltenen Gegenstände ist uns nichts bekannt. Doch sind durch die Natur der Sache alle jene Gegenstände ausgeschlossen, die in das Budgetrecht des

ihrer Verpflichtung durch Zahlung des Darlehens nachgekommen sind oder wenn sie dies alles zwar gethan, aber zum festgesetzten Termin die Schuld nicht an die Bürgen zurückgezahlt haben. ἐξ[(ε)]ἴμεν δὲ καὶ τοῖς προστάταις καὶ τοῖς [ἱερ]αναστάις ἐγγράφειν [πολεμάρχους] καὶ δαμοσιοφύλακας κα[ὶ] γραμματέ[α] καὶ ταμίαν, οἳ ἀεὶ [ἔσονται, αἱ ἦ] μὴ παραδέξονται τὰς ἐκγρα[φ]ὰς παρὰ τῶν προστατᾶν κα[ὶ τῶν ἐγγύων] τῶν ὑπὸ τὰς πόλιος καθεσταμένων ἢ μὴ πὰρ τῶν ἰδίω[τᾶν τῶν ἀρανεσο]τᾶν ἢ μὴ ἀποδώσοντι ἐν ταῖς ἁμέραις ἐν αἷς γέγρα[πται· τιθέτω δὲ ἁ γ]ερουσία καθ' ἑκάσταν ἡμέραν, ἔστε κα ἀποδοῖεν. Auch in der Darlehenssache der Nikareta und der Stadt Orchomenos in Böotien (Bull. de corr. hell. III, p. 460 ff. und IV, p. 1 ff.) treten für die schuldende Stadt die Polemarchen und neben ihnen einzelne Bürgen ein. Die Aehnlichkeit besteht aber nur darin, dass die Polemarchen hier wie dort diejenigen Beamten sind, denen die Rückzahlung der Schuld obliegt. Hier aber sind die προστάται und die Bürgen diejenigen, welche dem Gläubiger persönlich haften und dann Regress nehmen auf die Polemarchen, die ihnen die Schuld aus der Staatskasse durch Vermittlung des ταμίας auszufolgen haben. Heranzuziehen ist auch Bull. de corr. hell. VI, p. 68. Vgl. meine Ausführungen in Wien. Stud. VII, p. 240 und 242. Die Atimie wird über die Geronten verhängt, die von den Polemarchen das Geld nicht eintreiben. Soweit ist die Inschrift sicher erklärbar. Vermutet kann nur werden, dass es sich um einen Bundesbeitrag handelte, der von freiwilligen Vereinigungen (ἔρανοι) vorgeschossen wurde, und dass für den Fall, wenn die gewünschte Summe nicht erreicht würde, irgend welche Erweiterungen der ἔρανοι gestattet werden. Das scheint der Sinn der Worte von Z. 12 an zu sein: εἱ δὲ . . . . . ἐ](ρ)άνους τοὺς ἐλάσσονας φερόντων ὥστε [. . . . . τ]ὸν φόρον, καθὼς ἐξ ἀρχᾶς ἔφερον, ἐξουσία ἔ[στω . . . .]οσι ἀρανευτᾶν.

Bundes eingreifen, bei denen also Dinge beschlossen werden, deren Kosten aus der Kasse des Bundes bestritten werden sollen. Ueber den Umfang derjenigen Dinge, die der Gesetzgebung der Bundesversammlung vorbehalten waren, sind wir nur sehr unvollkommen unterrichtet [1]), gar nicht über die Modalität der Gesetzgebung und ihren formalen Unterschied vom Volksbeschluss [2]). Wenn wir die Kompetenzen des Einzel- und des Bundesstaates im achäischen Bunde richtig abgegrenzt haben, wenn der Bund im staatsrechtlichen Sinne eine Sympolitie war und daher nur einerlei souveräne Gewalt hatte, wenn es ein allgemeines achäisches Bürgerrecht gegeben hat, so folgt, dass Rat und Volksversammlung des Bundes aus dem Gesamtstaat hervorgegangen und nicht durch Ausschüsse oder Delegierungen aus den Versammlungen der Einzelstaaten abgeleitet sind, dass sie mit einem Worte als primäre Versammlungen bezeichnet werden müssen. Denn ihrem innersten Wesen nach kennt die Sympolitie eigentlich keine Sonderstaaten, sie kann ihre souveränen Gewalten daher auch nicht aus diesen bilden, sondern nur aus sich selbst als Einheitsstaat. Die praktischen Konzessionen, die man im achäischen Bunde den Sonderstaaten gemacht hat, ändern nichts an der Sache. Freeman hat bereits die Volksversammlung des achäischen Bundes für primär erklärt und Wilhelm Vischer [3]) hat ihm mit Recht beigestimmt. Es folgt dies nicht nur aus der Sachlage, sondern es kann auch das Zeugnis des Polybius dafür angeführt werden, dass jeder Mann vom dreissigsten Jahre an an der Volksversammlung teilnahm [4]). Daraus folgt, dass Delegierungen der Ekklesien der Einzelstaaten in die Bundesversammlungen unmöglich sind,

---

[1]) Einige Gesetze hat Merleker, Achaicorum libri tres p. 90 und darnach Dubois, les ligues étolienne et achéenne p. 142 zusammengestellt.

[2]) Auf Grund der Stelle Polyb. V, 93, aus welcher hervorgeht, dass Antigonos Doson der Stadt Megalopolis, die seit dem Jahre 234 zum Bunde gehörte, einen Gesetzgeber geschickt habe, hat Freeman (p. 256) geschlossen, dass auch völlige Freiheit in der Gesetzgebung der Einzelstaaten bestand. Aber es ist die Frage, ob dieser νομοθέτης mehr zu regeln hatte, als gewisse Dinge, die sich unmittelbar aus den lokalen Verhältnissen der Stadt ergaben, und wenn diese Bestimmungen, sofern sie auf Dauer berechnet waren, wirklich den Namen von νόμοι gehabt haben sollten, so würden sie sich staatsrechtlich noch immer von den eigentlichen Gesetzen, von denen Polybius ausdrücklich sagt, dass sie im Bundesgebiet identisch waren, unterschieden haben, ebenso wie sich der νόμος d. h. das Statut irgend einer freien Vereinigung vom Staatsgesetze auch in Athen scheidet. In diesem Falle wären die beiden Bezeichnungen νόμος nur homonym und das Gemeinsame wäre nur die Dauerhaftigkeit der Bestimmung.

[3]) Freeman p. 263 und W. Vischer, kl. Schr. I, p. 569.

[4]) Polyb. XXIX, 24: μετὰ δέ τινα χρόνον συγκλήτου συναχθείσης εἰς τὴν τῶν Σικυωνίων πόλιν, ἐν ᾗ συνέβαινε μὴ μόνον συμπορεύεσθαι τὴν βουλὴν ἀλλὰ πάντας τοὺς ἀπὸ τριάκοντ' ἐτῶν ...

weil sonst nicht alle Bürger, die das dreissigste Jahr überschritten hatten, an der Bundesekklesie teilnehmen konnten. Aber auch die Annahme, dass jede Ekklesie der Einzelstaaten sich als solche in die Bundesekklesie begeben habe, ist innerlich unmöglich. Es ist also jeder achäische Bürger, wenn er sein dreissigstes Lebensjahr zurückgelegt hat, als solcher, nicht als Dymäer oder Korinthier Mitglied der Bundesekklesie gewesen, und die Ausübung des Bundesbürgerrechtes konnte um so weniger an der des Sonderbürgerrechtes haften, als möglicher Weise für die Teilnahme an den Versammlungen der Sonderstaaten andere Bedingungen eintraten und für dieselben das Alter von dreissig Jahren nicht die notwendige Voraussetzung war, ebenso wie umgekehrt verfassungsmässige Beschränkungen der Sonderstaaten auch solchen Männern, die Teil an der Bundesekklesie hatten, die Teilnahme an der Ekklesie des Sonderstaates versagen konnten.

Gegen diese Meinung hat jedoch Marcel Dubois Bedenken geäussert und zu erweisen gesucht, dass die Bundesversammlung der Achäer eine repräsentative gewesen sei und daher die Teilnahme an derselben nicht jedem Achäer zugestanden habe [1]). Aber keiner der von Dubois angeführten Gründe ist irgendwie durchschlagend. Wenn Polybius gelegentlich davon spricht, dass die Masse, οἱ πολλοί, in diesem Falle das souveräne Volk, blindlings den Führern folgt und nach Anhörung derselben die eigene Meinung preisgibt, so beweist das natürlich nicht nur nichts dafür, dass der Masse des Volks keine Entscheidung zugestanden habe, sondern eher umgekehrt, dass die Masse die allein entscheidende war. Aber auch die einzelnen Fälle, in denen Dubois, wo er die Entscheidung durch die Menge nicht bestreiten kann, eine Entscheidung durch die Ekklesie des Sonderstaates und zwar in Bundesangelegenheiten annimmt, müssen anders interpretiert werden. So ist die Behauptung falsch, dass als im Jahre 219 der Bundesgenossenkrieg erklärt wurde, das Votum der Bundesversammlung einer Ueberprüfung und neuerlichen Abstimmung durch die Einzelstaaten bedurfte [2]). Das Missverständnis beruht auf einer nicht hinreichend scharfen Scheidung zwischen Bundesgenossen (σύμμαχοι) und Bundesgliedern. Die Situation ist die, dass auf einer Versammlung zu Korinth, welche nicht eine Volksversammlung des Bundes, sondern eine Beratung der Mitglieder der Symmachie war, zu welcher auch König Philipp, die Böoter, die Phokier, die Epiroten, die Akar-

---

[1]) Dubois, les ligues achéenne et étolienne p. 127 ff., cf. p. 125.

[2]) Dubois a. a. O. p. 182 auf Grund der Stelle Polyb. IV, 26, 2: οἱ δὲ σύνεδροι παραχρῆμα πρεσβευτὰς ἐξαπέστελλον πρὸς τοὺς συμμάχους, ἵνα παρ' ἑκάστοις διὰ τῶν πολλῶν ἐπικυρωθέντος τοῦ δόγματος ἐκφέρωσι πάντες τοῖς Αἰτωλοῖς τὸν ἀπὸ τῆς χώρας πόλεμον.

nanen und die Achäer als Bundesstaat gehörten, und bei der kein
achäischer Sonderstaat vertreten war, der Krieg gegen die Aetoler
beschlossen wurde ¹). Hiemit lag noch kein gültiges Psephisma der
Achäer selbst vor. Nach jenem Beschlusse schicken die Teilhaber
an dem Tage von Korinth und nicht etwa die achäischen Bundesbehörden Gesandte an die einzelnen Staaten der Symmachie und nicht
an die der achäischen Sympolitie, damit diese ihrerseits rechtsverbindlich den Krieg beschliessen und das δόγμα des Tages von Korinth ausführen helfen. Denn nur dieses ist mit den Worten τούτου
ἐκ τοῦ δόγματος κυρωθέντος ²) gemeint. In Vollführung dieses Beschlusses traten ihrerseits erst die Achäer zu ihrer Bundesekklesie
zusammen und beschlossen den Krieg, nicht in ihren Sonderstaaten,
sondern im Bundesstaate und von Bundesstaatswegen ³). Von einer
Ratifizierung eines Beschlusses des Gesamtstaates durch die Einzelstaaten kann also hier keine Rede sein. Noch weniger geht dies aus
einer zweiten von Dubois angezogenen Stelle hervor ⁴), die sich in
der Rede findet, welche Kallikrates als achäischer Gesandter vor dem
römischen Senat hielt und in der er auseinandersetzte, dass es zwei
Parteien in Achaia gebe, eine römerfreundliche, die sich über jedes
heimische Gesetz hinwegsetzen wolle, um den Römern zu Diensten
zu sein, und eine Patriotenpartei, der das heimische Gesetz höher stehe
als die Freundschaft mit Rom. Der Senat möge sich deutlich für
die römische Partei aussprechen, dann sei ihr Sieg gesichert. Andern-
falls würde die Patriotenpartei siegen, denn schon jetzt erhielten die
Führer derselben allerlei Ehren in ihren Einzelstaaten, weil sie die
Gesetze des Bundes und ihre eigenen Beschlüsse in Kraft erhalten
wollten ⁵). Wir haben bereits früher gesehen, dass die Verleihung
von Auszeichnungen ebenso wie andere Volksbeschlüsse vollständig
in der Kompetenz der Einzelstaaten lag, und es ist somit aus diesem
Bericht kein Argument für die Annahme abzuleiten, dass Dinge, die
vor die Bundesekklesie hätten kommen müssen, thatsächlich vor die
Sonderstaatsekklesie gebracht wurden, auch nicht in dem Falle, wo es

---

¹) Polyb. IV, 25 init.: Καταλαβών δὲ τοὺς ἀπὸ τῶν συμμαχίδων παραγεγονότας εἰς
τὴν Κόρινθον συνήδρευε καὶ διελάμβανε μετὰ τούτων, τί δεῖ ποιεῖν καὶ πῶς χρήσασθαι
τοῖς Αἰτωλοῖς.
²) Polyb. IV, 26 init.
³) οἱ δ' Ἀχαιοὶ συνελθόντες εἰς τὴν καθήκουσαν σύνοδον τό τε δόγμα πάντες
ἐπεκύρωσαν καὶ τὸ λάφυρον ἐπεκήρυξαν κατὰ τῶν Αἰτωλῶν, ibid. § 7.
⁴) Polyb. XXIV, 11 (= 26, 2).
⁵) διὸ καὶ νῦν ἤδη τινάς, οὐθὲν ἕτερον προσφερομένους δίκαιον πρὸς φιλοδοξίαν,
δι' αὐτὸ τοῦτο τῶν μεγίστων τυγχάνειν τιμῶν παρὰ τοῖς ἰδίοις πολιτεύμασιν, διὰ τὸ
δοκεῖν ἀντιλέγειν τοῖς ὑφ' ὑμῶν γραφομένοις χάριν τοῦ διαμένειν τοὺς νόμους ἰσχυροὺς
καὶ τὰ δόγματα τὰ γινόμενα παρ' αὐτοῖς.

sich bei diesen Auszeichnungen um die Anerkennung der Treue gegen den Bund handelte.

Gegen die Annahme primärer Versammlungen würde es allerdings sprechen, wenn nachgewiesen wäre, dass in den Bundesversammlungen nur Gesandtschaften der Einzelstaaten Sitz und Stimme hatten, weil diese dann die Repräsentanten der Sonderstaaten wären und damit die Repräsentativverfassung des Bundes erwiesen wäre. Aber die beigebrachte Stelle beweist dies nicht. Livius berichtet nämlich, dass Flamininus auf der Bundesversammlung zu Korinth im J. 194 eine Rede an die Gesandtschaften der achäischen Staaten gerichtet habe [1]), aber er hebt ausdrücklich hervor, dass diese Rede nicht in der eigentlichen Bundesversammlung gehalten wurde, sondern dass die Gesandtschaften der Einzelstaaten in contionis modum circumfusae waren.

Der schwerwiegendste Einwand gegen die Annahme von primären Versammlungen ist aber die seit Niebuhr [2]) allgemein geteilte Meinung, dass in den achäischen Bundesversammlungen curiatim nach Einzelstaaten abgestimmt wurde, es also für das Resultat der Abstimmung gleichgültig war, ob ein Mann als Repräsentant oder die ganze Bürgerschaft des betreffenden Staates in der Bundes- . ekklesie vertreten war. Dubois leitet aus dieser Thatsache ab, dass die Bundesekklesie eine repräsentative war. Aber dieser Schluss beweist nur ein vollständiges Verkennen der Bedeutung der Curiatvoten. Allerdings hatte jeder Staat eine Stimme, aber es war nicht gleichgültig, auf welche Weise das Votum des betreffenden Einzelstaates zustandekam. Nicht ein Delegierter mit gebundener Marschroute sollte seine Stimme im Sinne seiner zu Hause erhaltenen Instruktionen abgeben, sondern das Urteil sollte sich im Hin- und Widerreden der Versammlung klären und das Votum des Einzelstaates sollte durch die Majorität der anwesenden Bürger desselben eruiert werden. Die Abstimmung nach Städtekurien ist eben eine Form der Abstimmung, die dem Charakter der Bundesversammlung als einer Vereinigung aller Achäer keinerlei Abbruch thut. Es ist natürlich, dass häufig in den Bundesversammlungen nur relativ wenige Bürger der von dem Orte der Versammlung entfernter gelegenen Orte zugegen waren, und insofern war die Kurienabstimmung ein Akt der Billigkeit. Aber eben deshalb, weil die Bundesversammlung primär war, schien es auch billig, den Ort derselben zu wechseln, um auch der Gesamtheit der

---

[1]) Liv. XXXIV, 48: veris initio Corinthum conventu edicto venit. ibi omnium civitatium legationes in contionis modum circumfusas est adlocutus.
[2]) Röm. Gesch. II, p. 94.

Bürger anderer Städte Gelegenheit zu geben, sich an den Beratungen zu beteiligen. So spricht also gerade die Kurienabstimmung mit für den primären Charakter der achäischen Bundesversammlung. Ja gerade diejenigen Stellen, aus welchen die Kurienabstimmung mit Recht erschlossen worden ist, sprechen zugleich dafür, dass nicht Repräsentanten der Einzelstaaten, sondern jeder Bürger derselben, der wollte, an der Versammlung teilnahm. Ueber die Ereignisse vor der Schlacht bei Kynoskephalä erzählt nämlich Livius [1]), dass, als die Bundesversammlung unschlüssig war, ob sie das Bündnis mit Philipp von Macedonien oder mit den Römern eingehen solle, der Strateg Aristänus, nachdem die Gesandten des Attalos, der Rhodier, der Athener und des Philipp gehört worden waren, an die Versammlung die Frage richtete, ob jemand einen Antrag stellen wolle. Tiefe Stille folgte seinen Worten. Er ergriff noch einmal das Wort, um die Notwendigkeit, zu einem Entschlusse zu kommen, eindringlich zu machen, nicht mit besserem Erfolge. Hierauf gieng er die Reden der einzelnen Gesandten durch und sprach seine eigene Meinung aus. Nach dieser Rede erhob sich Beifall sowohl als Widerspruch. Nicht bloss Einzelne, sondern ganze Staaten stritten mit einander über die einzuschlagende Politik und auch die Magistrate, die den Antrag stellen sollten, waren in ihren Meinungen geteilt. Erst am folgenden Tage gelang es nicht ohne Gewalt, im Magistratskollegium einen Majoritätsbeschluss für das Bündnis mit den Römern zu erwirken und somit einen formulierten Antrag vor das Volk zu bringen. Alle Staaten nun — heisst es bei Livius — stimmten bei, nur die Dymäer, Megalopolitaner und einige Argiver erhoben sich, durch Bande der Dankbarkeit an die Könige von Macedonien geknüpft, vor der Abstimmung und verliessen die Versammlung [2]). So der Bericht. Mit so grosser Wahrscheinlichkeit also aus demselben hervorgeht, dass in der Bundesversammlung nach Kurien abgestimmt wurde, so unwahrscheinlich ist es, dass die einzelnen populi, die ihre Stimmen abgaben oder sich entfernten, nur durch Repräsentanten vertreten waren. Schon der Umstand, dass bloss einzelne Argiver sich entfernten, zeigt, dass die Anzahl der Argiver sich nicht auf wenige Personen, die mit einem bestimmten Mandat sich zum Bundestag begaben, beschränkte. Vor allem aber lässt der ganze Tenor der Erzählung keine andere Deutung zu, als dass eine ganze grosse Volksversammlung, deren Meinung

---

[1]) Liv. XXXII, 20 ff.

[2]) ... omnibus fere populis haud dubie approbantibus relationem ac prae se ferentibus quid decreturi essent, Dymaei ac Megalopolitani et quidam Argivorum priusquam decretum fieret, consurrexerunt ac reliquerunt consilium neque mirante ullo nec improbante, ibid 22.

sich erst im Laufe der Debatte feststellen muss, tagte und nicht eine
mässige Anzahl führender Repräsentanten, deren Meinung von vornherein feststand.

Wenn also dargethan ist, dass die Bundesversammlung eine primäre war und die Kurienabstimmung bloss ein das Wesen primärer
Versammlungen nicht aufhebender Modus der Abstimmung gewesen
ist, so besteht von dieser Seite kein Hindernis mehr anzunehmen, dass es
ein panachäisches Bürgerrecht gegeben hat und dass der achäische
Bund im streng technischen Sinne eine Sympolitie gewesen ist.

Es ergeben sich auch sofort die notwendigen Konsequenzen für
den Rat des achäischen Bundes, welcher aus dem Bundesstaat als
Einheit so entstanden gedacht werden muss, wie ein Rat in einem
Sonderstaat entstanden ist. Es können daher die Ratsherren des
Bundes gelegentlich und zufällig auch mit Ratsherren der Einzelstaaten identisch sein, notwendig aber ist dies keineswegs. Dubois
hat natürlich auch gegen diese Auffassung des Rates Einspruch erhoben, die Buleuten des achäischen Bundes für Repräsentanten der
Einzelstaaten erklärt, und behauptet, dass sie in den Einzelstaaten
gewählt worden sind, um diese im Bundesrate zu vertreten. Die
nächst liegende Folgerung aus dieser Annahme ist, dass sie auch
identisch gewesen sind mit den Buleuten des Einzelstaates, und dies
glaubt Dubois auch beweisen zu können. Livius berichtet über die
Ereignisse vor der Schlacht bei Kynoskephalä und stellt die Situation
so dar, dass Flamininus bereits ganz Griechenland in seiner Gewalt
hatte und sich Achaia näherte. Die Achäer sollten über das Bündnis
schlüssig werden. Die Versammlung des Bundes wurde in Sikyon gehalten und dort zeigte sich völlige Unklarheit über das, was geschehen sollte. Jeder Einzelne wusste nicht, was er im Rate seiner
Stadt, und nicht, was er in der Bundesversammlung sagen solle, noch
was er selbst wolle [1]). Dass aber aus dieser Stelle nur durch eine
Folterinterpretation die Identität der Buleuten der Einzelstaaten und
der des Bundes folge, ist gewiss klar.

Allgemein anerkannt ist endlich, dass der Brief des Prokonsuls
Q. Fabius Maximus an die Dymäer [2]), welcher sich an die Archonten,
Synedren und die Stadt richtet, beweisunkräftig ist. Denn er datiert
aus der Zeit unmittelbar nach der Zerstörung Korinths, in welcher
der achäische Bund von den Römern für kurze Zeit aufgelöst worden

---

[1]) Liv. XXXII, 19: neque solum quid in senatu quisque civitatis suae aut
in communibus conciliis gentis pro sententia dicerent, ignorabant, sed ne ipsis
quidem secum cogitantibus quid vellent aut quid optarent, satis constabat.

[2]) CIG 1543: Κόιντος Φάβιος Κοΐντου Μάξιμος ἀνθύπατος· Ῥωμαίων Δυμαίων
τοῖς ἄρχουσι καὶ συνέδροις καὶ τῇ πόλει χαίρειν.

war, und das συνέδριον der Inschrift hat mit dem Bunde nichts zu
thun, sondern ist der neu eingerichtete Rat der Stadt Dyme selbst,
wie mit Sicherheit aus der Datierung der Inschrift hervorgeht, welche
neben dem eponymen θεοχόλος nicht mehr, wie dies in Inschriften
aus der Zeit des Bundes Regel ist, den γραμματιστάς τῶν δαμοσιο-
φυλάχων, sondern den γραμματεὺς τοῦ συνεδρίου nennt. Es ist also
kein stichhaltiger Grund dafür vorhanden, den Rat des achäischen
Bundes für eine nicht primäre Versammlung zu halten, und man muss
ihn beurteilen, wie man die Volksversammlung des Bundes zu beurteilen hat, als ein Kollegium eines Einheitsstaates, von welchem es
für die Erkenntnis seines Wesens gleichgültig ist, dass er wieder in
eine Reihe von Sonderstaaten zerfällt.

So weit wir urteilen können, hatte der Rat auch wirklich die
Funktionen, welche sonst der Rat in Einheitsstaaten hat. Er bereitete
die Beschlüsse für die Volksversammlung vor und galt wie der Rat
der Athener als ἀρχή. Denn er war wie dort bezahlt. Das geht
unzweifelhaft aus der bei Polybius [1]) berichteten Thatsache hervor,
dass König Eumenes den Achäern ein Geschenk von 120 Talenten
angeboten habe, damit sie aus den Zinsen dieses Kapitals ihren Rat
bezahlen könnten, also der Beschaffung einer ständigen jährlich wieder-
kehrenden Ausgabe enthoben wären. Aus der Motivierung der Ab-
lehnung dieses Anerbietens in der von Apollonidas von Sikyon ge-
haltenen Rede [2]) folgt nicht, dass Eumenes durch dieses Geschenk
erst die Bezahlung des Rates habe herbeiführen wollen, sie gründet
sich vielmehr nur auf die politische Erwägung, dass eine Abhängigkeit von Eumenes eintreten könne, wenn man das Geschenk annehme.
Das Anerbieten eines solchen Geschenkes wäre aber überhaupt unmöglich gewesen, wenn nicht eine Bezahlung des Rates regelmässig
stattgefunden hätte, denn es hat nur dann einen Sinn, wenn die Achäer
von einer Bundesausgabe befreit werden sollten [3]). Wahrscheinlich
sind auch die Bundesbehörden besoldet gewesen, wie in dem dem
achäischen Bunde nachgebildeten lykischen Bund Behörden und Rat
besoldet waren. Es ergibt sich dies jetzt aus der von der österreichi-

---

[1]) Polyb. XXII, 10, 8 (= XXIII, 7): ἐξαπεστάλχει δὲ καὶ ὁ βασιλεὺς Εὐμένης
πρεσβευτάς, ἐπαγγελλόμενος ἑκατὸν καὶ εἴκοσι τάλαντα δώσειν τοῖς Ἀχαιοῖς ἐφ' ᾧ,
δανειζομένων τούτων, ἐκ τῶν τόκων μισθοδοτεῖσθαι τὴν βουλὴν τῶν Ἀχαιῶν ἐπὶ ταῖς
κοιναῖς συνέδοις.

[2]) Polyb. XXII, 11 (XXIII, 8).

[3]) Dies hat sogar Freeman verkannt, der p. 807 annimmt, dass der Rat
unbesoldet war. Ihm stimmt zweifelnd und unter Citierung der entgegenste-
henden Ansichten von Schömann und K. F. Hermann bei W. Vischer, kl. Schr.
I, 573.

schen Expedition aufgefundenen Inschrift von Rhodiapolis [1]), in welcher
die Bezahlung dieser Behörden mehrfach erwähnt wird. Der Geehrte
wird belobt, weil er eine Summe von 55 000 Denaren zu dem Zwecke
gespendet hat, damit von den Zinsen die Beamten, die Wahlmänner,
die Ratsherren und alle diejenigen, welche nach Sitte und Uebereinkommen Taggelder zu empfangen hatten, bezahlt werden könnten [2]).
Diese Spende bezieht sich aber nicht auf eine ungewöhnliche und
früher nicht vorgekommene Ausgabe, es haben vielmehr auch sonst
solche Spenden stattgefunden, um die Bundeskasse zu entlasten. So
in der Inschrift von Balbura, wo dieselben Personen als besoldet erwähnt werden, wie in der von Rhodiapolis [3]).

Diese Darlegung der achäischen Verfassung hat den Zweck zu
zeigen, dass der achäische Gesammtstaat für sich betrachtet ein einheitlicher ist, dass er seine staatlichen Funktionen so vollzieht wie
irgend ein Einheitsstaat, dass also die Sympolitie im eigentlichen
Sinne vollzogen ist und dort, wo die Kompetenz des Bundes beginnt,
die Existenz der Sonderstaaten nicht mehr in Frage kommt. Wenn
es notwendig ist, die Kategorien für die Rekonstruktion des griechischen Staatsrechts nicht aus modernen Theorien oder aus dem römischen Staatsrecht zu entlehnen, sondern aus der Betrachtung der
griechischen Verhältnisse selbst hervortreten zu lassen, so darf man
beim achäischen Bund zunächst nicht von einem Bundesstaate sprechen,
chen, sondern von einer Sympolitie. Die Sympolitie ist also diejenige
Form, in welcher es auf griechischem Boden möglich war, eine dem
Bundesstaate nahekommende Verfassung zu erreichen. Es durfte nur
nicht diejenige Form der Sympolitie gewählt werden, bei welcher die
miteinander zu einem Staate verschmelzenden Staaten ihre gesonderte
Existenz völlig aufgeben, sondern diejenige, bei welcher sie weiter

---

[1]) Petersen und Luschan, Reisen in Lykien S. 76. Die Opramoasinschrift
publiziert von E. Loewy.

[2]) Loewy in Petersen-Luschan, Reisen in Lykien. Die Stellen der Inschrift
sind V H S. 105, Z. 6 ff.: καὶ ἐπιδοὺς τῷ ἔθνει ἀργυρίου δηνάρια πεντακισμύρια καὶ
πεντακισχείλια ὥστε τὸν κατ' ἔτος τόκον αὐτῶν χωρεῖν εἰς διανομὴν τοῖς συνιοῦσιν εἰς
τὰ κοινὰ τοῦ ἔθνους ἀρχαιρέσια ἀρχοστάταις καὶ βουλευταῖς καὶ κοινοῖς ἄρχουσι καὶ
τοῖς λοιποῖς τοῖς ἐξ ἔθους λαμβάνουσιν. Ferner VI B, Z. 10 ff.: καὶ κεχαρισμένον
τῷ ἔθνει Χ πεντακ[ισ]μύρια καὶ πεντακισχείλια ὥστ[ε] τὸν τόκο[ν] χωρεῖν εἰς διανομὴν
τοῖς ἀρχοστάταις [καὶ] τοῖς λοιποῖς τοῖς ἐξ ἔθους λαμβάνου[σι], wo die Buleuten unter
den λοιποί inbegriffen sind, ebenso VI F. Z. 2, S. 106 und VIII E, Z. 14, S. 107.
Vgl. Loewy a. a. O. S. 122.

[3]) Petersen, Reisen in Lykien II, S. 184, Nr. 235 korrigierte Abschrift von
Lebas-Waddington 1221, Z. 41 ff.: δόντα δὲ καὶ τοῖς συνε[λ]θοῦσιν Λυκίων ἀρχοστάταις καὶ βουλευταῖς καὶ κοινοῖς ἄρχουσιν διανομῆς ἀνὰ Χ B ἐκ τῶν ἰδίων. Hiezu
ist zu vergleichen Benndorf-Niemann, Reisen im südwestl. Kleinasien I, S. 70,
Nr. 49, Z. 8 ff.

existieren, aber bloss als Glieder des neuen Gesamtstaates und mit
beschränkter Kompetenz. Dieser ausserordentlich zweckmässigen sympolitischen Verfassung des achäischen Bundes, die bei möglich grösster
Konzentration der Bundesgewalt die Eigentümlichkeiten der Einzelstaaten in ausreichendem Masse bestehen liess, ist die Dauer wie der
Erfolg des Bundes zuzuschreiben, dessen Bestand das politisch er-
freulichste Moment in der Zeit des niedergehenden Hellas ist. Es ist
kein Zweifel, dass eine so erfolgreiche Lösung des Problems, das alle
griechischen Staaten beschäftigt hat, des Problems, Bundesstaaten
ohne Vorort zu bilden, und zugleich eine starke Zentralgewalt neben
völlig freier Individualität der Einzelstaaten zu schaffen, Eindruck
gemacht und Nachahmung hervorgerufen hat. So unterliegt es für
mich keinem Zweifel, dass die Verfassung des lykischen Bundes, wie
wir sie ja allerdings erst aus späterer Zeit kennen, eine Nachbildung
und Modifizierung des achäischen Bundes ist, was zuerst Freeman
angedeutet hat [1]). Die Hauptquelle für die Verfassung dieses Bundes
ist bekanntlich die Stelle des Strabo, in welcher berichtet wird, dass
es im lykischen Bunde Städte mit drei, zwei und einer Stimme im
Bundesrat gab und dass nach diesem Massstabe auch die Lasten und
Steuern des Bundes verteilt waren [2]). Diese Verschiedenheit in der
Zahl der Kuriatvoten ist eine Abweichung von der Verfassung des
achäischen Bundes, in welcher gerade die absolute Gleichwertigkeit
der Voten der Einzelstaaten als ein Beweis wahrer Demokratie ge-
priesen wird. Aber der Uebergang von der Form der Abstimmung
im achäischen Bunde, wo jeder Staat eine Stimme hat, zu der Abstufung der Stimmenzahl nach der Grösse der Städte im lykischen
Bunde ist ein begreiflicher und bei den wesentlich anderen historischen Voraussetzungen des lykischen Bundes leicht erklärlicher. Die
Aehnlichkeit, die in der Abstimmung nach Bundesgliedern liegt, ist
eine wesentliche und innerliche. Der Wechsel des Ortes der Bundesversammlung ist ebenfalls ein aus dem achäischen Bunde entlehntes

---

[1]) Freeman, history of federal governement S. 215.

[2]) Strabo XIV, p. 664: Εἰσὶ δὲ τρεῖς καὶ εἴκοσι πόλεις αἱ τῆς ψήφου μετέχουσαι·
συνέρχονται δὲ ἐξ ἑκάστης πόλεως εἰς κοινὸν συνέδριον, ἣν ἂν δοκιμάσωσι πόλιν ἑλό-
μενοι· τῶν δὲ πόλεων αἱ μέγισται μὲν τριῶν ψήφων ἐστὶν ἑκάστη κυρία, αἱ δὲ μέσαι,
δυεῖν, αἱ δὲ ἄλλαι μιᾶς· ἀνὰ λόγον δὲ καὶ τὰς εἰσφορὰς εἰσφέρουσι καὶ τὰς ἄλλας
λειτουργίας ... ἐν δὲ τῷ συνεδρίῳ πρῶτον μὲν λυκιάρχης αἱρεῖται, εἶτ' ἄλλαι ἀρχαὶ
αἱ τοῦ συστήματος· δικαστήριά τε ἀποδείκνυται κοινῇ καὶ περὶ πολέμου δὲ καὶ εἰρήνης
καὶ συμμαχίας ἐβουλεύοντο πρότερον, νῦν δ' οὐκ εἰκός, ἀλλ' ἐπὶ τοῖς Ῥωμαίοις ταῦτ'
ἀνάγκη κεῖσθαι πλὴν εἰ ἐκείνων ἐπιτρεψάντων ἢ ὑπὲρ αὐτῶν εἴη χρήσιμον· ὁμοίως
δὲ καὶ δικασταὶ καὶ ἄρχοντες ἀνὰ λόγον ταῖς ψήφοις ἐξ ἑκάστης προχειρίζονται πό-
λεως· οὕτω δ' εὐνομουμένοις αὐτοῖς συνέβη παρὰ Ῥωμαίοις ἐλευθέροις διατελέσαι τὰ
πάτρια νέμουσι ...

Prinzip. Der Grad der Anlehnung des lykischen an den achäischen
Bund kann nur aus einer genauen Betrachtung ihrer Eigenheit erkannt
werden, aber die Frage der Entlehnung der Bundeseinrichtungen selbst
muss auf Grund der chronologischen Erwägung bejaht werden, dass
der lykische Bund in der uns bekannten Form jünger ist als das Jahr
168, das Jahr der Befreiung Lykiens von der rhodischen Herrschaft,
wie zuerst Freeman angenommen hat [1]), ihm folgend W. Vischer [2])
und O. Treuber [3]) für wahrscheinlich gehalten haben. In jener Zeit
hatte aber der achäische Bund seine politische Lebensfähigkeit durch
eine mehr als hundertjährige Dauer bewährt, und die historische Voraussetzung für eine Entlehnung ist somit gegeben.

Auch der lykische Bund ist eine Sympolitie, in welcher die Einzelstaaten ihre gesonderte Existenz weiterführen. Wir haben keine Nachricht über die Einheit der Gesetzgebung, und die citierte Stelle bei
Strabo, die in Kürze den Geschäftskreis der gemeinsamen Bundesversammlung gibt, erwähnt nichts davon. Aber hier ist ein Schluss
ex silentio nicht zu ziehen, weil die Verfassung überhaupt nicht genügend detailliert geschildert wird. Das Gerichtswesen ist einheitlich. Die Münzprägung hat denselben Charakter wie im achäischen
Bund; es ist einheitliche Münze mit den Aufschriften Λυκίων und
dem beigesetzten Namen der prägenden Stadt, ein Verhältnis, welches
sonst nur beim achäischen Bund wiederkehrt. Einzelne kleinere
Städte prägen nicht selbst, sondern bedienen sich der Bundesmünzen [4]).
Schon aus dieser Art der Münzprägung ergibt sich mit Notwendigkeit der geschilderte Charakter der Sympolitie. Notwendig wäre
allerdings, was Freeman auch behauptet hat, der primäre Charakter der Bundesversammlung, welcher sich für das κοινὸν συνέδριον
aus dem Berichte Strabos nicht erweisen lässt, und O. Treuber neigt
sich sogar der Ansicht zu, dass der Ausdruck συνέδριον für den repräsentativen Charakter der Bundesversammlung spreche [5]). Aber der
Ausdruck συνέδριον ist nicht der offizielle, er steht bei Strabo, aber
in Inschriften tritt dafür regelmässig τὸ κοινόν ein. Der Entscheidung
über die Frage näher kommen kann man durch Betrachtung des epigraphischen Materials, hauptsächlich durch die Opramoasinschrift von
Rhodiapolis, welche die Einrichtungen einer Zeit wiederspiegelt, in
der sich die Bundesverfassung zum Theil, aber nicht vollständig gegen
die ursprüngliche geändert hatte, gewiss aber nur jeder Beschluss der

---

[1]) Freemann S. 214 f.
[2]) Kl. Schr. I, p. 568.
[3]) Oskar Treuber, Geschichte der Lykier S. 171.
[4]) Vgl. L. Warren, on the federal coinage
[5]) Treuber, Geschichte der Lykier S. 173.

Genehmigung des Statthalters oder des Kaisers bedurfte. Aus diesen zu Ehren des Opramoas gefassten Beschlüssen ergibt sich mit Sicherheit die Existenz einer Bundesekklesie, welche, weil sie hauptsächlich wegen der Wahl der Bundesbeamten berufen wurde, a potiori ἀρχαι- ρεσιαχὴ ἐχχλησία heisst und daneben die Existenz eines Rates, ἔννο- μος βουλή oder χοινὴ βουλή auch noch in so später Zeit. Da wir nun aus Strabo erfahren, dass die Städte des lykischen Bundes verschieden viele Stimmen gehabt haben, so fragt es sich, in welcher Weise dieses Stimmenverhältnis zum Ausdruck kam. Für die Wahlen der Bundes- beamten ist der Abstimmungsmodus mit Wahrscheinlichkeit feststell- bar. Wir wissen, dass ἀρχοστάται zu den Bundesversammlungen kamen, welche sicher als Wahlmänner der einzelnen Städte zu er- kennen sind [1]). Es ist daher nahezu sicher, dass jede Stadt so viele ἀρχοστάται stellte, als ihr verfassungsmässig Stimmen zukamen und bei der Endabstimmung alle ἀρχοστάται und nur diese stimmten. Inwieweit auch bei anderen Abstimmungen die Zahl der ἀρχοστάται in Betracht kam, lässt sich nicht feststellen, da zur Zeit der Inschrift von Rhodiapolis der Hauptwirkungskreis der Bundesekklesie die Wahl der Beamten war, allerdings nicht der alleinige. Denn die Ehren- beschlüsse für Opramoas müssen ebenfalls durch Abstimmung gefasst worden sein, ohne dass wir wissen, in welcher Weise das Stimmen- verhältnis festgesetzt wurde; es begegnet für die Beschlussfassung der Ausdruck ἐπιβοᾶσθαι, den E. Löwy als übertragen [2]) auffasst, so dass er nicht im strengen Wortsinne Acclamation bedeutet haben muss. Mag dies nun der legale Ausdruck für die Beschlussfassung der Ekklesie gewesen sein, oder mag in römischer Zeit Acclamation als eine Form der Beschlussfassung gegolten haben, so stehen wir doch bei der Frage, ob die Bundesversammlung primär oder repräsentativ gewesen ist, die vor dem Bekanntwerden der durch die österreichischen Expeditionen nach Lykien aufgedeckten Inschriften von verschiedenen Gelehrten ver- schieden beantwortet wurde. Für den repräsentativen Charakter würde an sich noch jetzt das Institut der ἀρχοστάται sprechen, denn wenn jeder Staat nur so viel Stimmen abgibt, als er Archostaten zu be- stellen hat, so kann er die Wahl dieser Archostraten vorher vor- nehmen und die Gewählten zur Bundesversammlung entsenden, so dass diese ausschliesslich aus den Archostaten bestünde. Da aber die Archostaten zunächst nur Wahlmänner für die Beamtenstellen sind, so könnte man um so eher annehmen, dass sie auch für

---

[1]) E. Loewy in Petersen-Luschan, Reisen im südw. Kleinasien II, S. 121.
[2]) a. a. O, S. 121.

andere Akte der Beschlussfassung kompetent waren, als auch die
Bundesekklesie ἀρχαιρεσιακή genannt wird, obgleich ihr auch andere
Beschlüsse zustanden. Ueberdies sind uns beide Ausdrücke nur aus
römischer Zeit belegt. Aber die wiederholte Bezeichnung ἔθνος für
die gemeinsame Versammlung lässt die Annahme einer Repräsentativverfassung bedenklich erscheinen. Schwerer noch wiegt der Ausdruck
τοῦ δὲ ἔθνους παντ[ὸς] ἐν τῇ ἀρχαιρεσιακῇ ἐκκλη[σ]ίᾳ ἐπιμείναν[τ]ος
[τῇ βουλ]ῇ [καὶ] ἐπι[β]οησαμένο[υ προ]θύμως, παρόντ[ος .. VIII, g. Z.
8 ff. der Inschrift von Rhodiapolis.

Ausserdem beweist aber der Wortlaut der citierten Inschriften-
stellen, in welchen für die zur Versammlung gehenden Personen Taggelder aus den Spenden angewiesen werden, dass es eine grössere
Menge gewesen ist, die sich zur Verhandlung begab. Mit den Gel-
dern werden nämlich die Buleuten, die gemeinsamen Beamten, die
Archostaten und die λοιποὶ ἐξ ἔθους λαμβάνοντες bedacht [1]). Daraus
ergibt sich, dass die genannten offiziellen Vertreter und Beamten zur
Versammlung erscheinen mussten und ihre Taggelder gesetzmässig
bekamen, dass aber eine Reihe anderer Personen in irgend welchen
uns nicht näher bekannten Stellungen gewohnheitsmässig gleichfalls
Taggelder bekamen, damit ihnen die Möglichkeit geboten werde, bei
der Bundesversammlung zu erscheinen. Notwendig ergibt sich aber
auch der Schluss, dass es der gesamten Bürgerschaft, dem ἔθνος, dem
Inbegriff aller Lykier, freistand, an der Versammlung teilzunehmen,
wenn es auch den meisten nicht möglich war, thatsächlich zu erscheinen.

Hiezu kommt noch die Spende eines Bürgers von Sidyma für
diejenigen seiner Mitbürger, die sich zu den Bundesversammlungen
begeben wollen und die schlechthin als solche, nicht als Beamte oder
Archostaten bezeichnet werden [2]). Der Patriotismus dieses Spenders
ist ein lokaler, er will es den Bürgern von Sidyma möglich machen,
auf dem Bundestag zu erscheinen. Diese Spende wäre nicht möglich
gewesen, wenn die Stadt nur durch eine beschränkte Anzahl von
Repräsentanten hätte vertreten werden können.

Es ist aber auch eine innere Unmöglichkeit, dass in einem antiken Staate eine derartige Vertretung in der souveränen Bundesversammlung stattgefunden hätte; denn das Verbot der Teilnahme der
Bürger an der Versammlung wäre geradezu einer Aufhebung des
Bürgerrechts gleichgekommen, dessen Wesen eben in der Teilnahme
an der souveränen Gewalt besteht. Ebensowenig als sich im achäi-

---

[1]) Vgl. die Stellen S. 126, Anm. 2.
[2]) Reisen im südw. Kleinasien I, p. 70, Nr. 49 ff., 78 ff.: ὥστε [ἐ]κ τῶν κατθ-
σο[τώτων τόκων ὑπάρχειν ἐ]πίδοσιν τοῖς πολείταις ἐν τοῖς καθε[στῶσ]ι ἀρ[χ]αιρεσί[οις κτλ.

schen Bund aus den Kuriatvoten der Einzelstaaten eine Repräsentativverfassung erschliessen liess, ebensowenig lässt sich beim lykischen Bund aus den verschiedenwertigen Kuriatvoten ein solcher Schluss ziehen. Die Bestellung der Archostaten in der dem Stimmenverhältnis entsprechenden Anzahl, die wir angenommen haben, ist eben nur eine Form der Abstimmung, die dasjenige erleichtert, was erreicht werden soll.

Es ist in einer griechischen Verfassung möglich, dass das Bürgerrecht auf gewisse Personen oder Klassen beschränkt werden kann, es ist aber unmöglich, dass diejenigen, die das Vollbürgerrecht hatten, durch Ausschluss von den Bundesversammlungen in der Ausübung ihrer Rechte beschränkt werden sollen und eine Versammlung, welche etwa nur die Archostaten und dann noch die Bundesbeamten eventuell die Ratsherren des Bundes umfasst hätte, könnte daher niemals ἐκκλησία heissen, sie wäre begrifflich eine βουλή oder ein συνέδριον.

Unter solchen Umständen ist die Annahme gerechtfertigt, dass die Grundgedanken der lykischen Bundesverfassung dem achäischen Bund entlehnt sind; allerdings nur die Grundgedanken; denn die Details wachsen aus der inneren Geschichte Lykiens selbständig hervor. Daher ist auch die Magistratur eine selbständige und bietet, soweit wir sehen können, keine grössere Aehnlichkeit mit der Magistratur des achäischen Bundes, als die allgemeine, die in jeder griechischen Verfassung zu Tage kommt. Der gleiche Grundgedanke ist aber die Sympolitie bei bestehenden Einzelstaaten und eben dadurch mit beschränkter Kompetenz der letzteren, deren Folge wieder die allgemein gültige Forderung ist, dass Bundesgesetz über Stadtgesetz geht [1]. Diese Form des Bundesstaates hatte sich eben als die einzige im grösseren Massstabe durchführbare erwiesen. Denn die radikale Sympolitie, welche den Bestand der Einzelstaaten aufhebt, hatte mit dem starken Individualismus zu kämpfen und bot auch administrative Schwierigkeiten; die vollständige Souveränetät und Unabhängigkeit der Einzelstaaten, wie sie in der Isopolitie zu Tage trat, führte nicht zu der erstrebten Einheit, während gerade die beiden in der geschilderten

---

[1] Dies ist vielleicht der Gedanke im Statthalterbrief an den Schreiber von Myra (Reisen im südw. Kleinasien II, S. 108, Inschr. v. Rhodiapolis X D lin. 10), wo die Ehren für O,ramoas, die von der Stadt erteilt werden, bestätigt worden, unter der Bedingung, εἰ μὴ τοῦτ' ἐστιν ὑπεναντίον ἢ τοῖς νόμοις ἢ τοῖς [ε]ψα[ς]ιν [τοῖς πα]ρ' ὁμε[ιν. Der Schluss fehlt. Ich beziehe die Bedingung auf die Gesetze des Bundes, denen der Stadtbeschluss nicht widersprechen darf, weil ja ein Gegensatz gegen die Gesetze der Stadt selbst von vorneherein von den Stadtbehörden wahrgenommen worden wäre. Eine Anfrage an den Statthalter vor perfekt gewordenem Beschlusse anzunehmen, scheint nach dem Wortlaut von lin. 2 ff. nicht angezeigt.

Weise organisierten Staaten, der lykische und der achäische Staat,
die Probe der Zeit bestanden.

Einen Einblick in den Grad der Einflussnahme der Bundesgewalt
auf die Gewalt der Einzelstaaten haben wir beim achäischen Bund
ebenso wie hier vermisst. Wir haben beim achäischen Bund auf Grund der
Angaben des Polybius die Gesetzgebung der Centralgewalt zugesprochen,
wie auch die gleichmässige Verfassung der Einzelstaaten für eine von
Bundes wegen aufgenötigte Verfassung derselben zu sprechen schien.
Innerhalb des lykischen Bundes scheint eine gleiche Annahme möglich zu sein, wenn man die Inschrift von Sidyma (Reisen im südwestl.
Kleinasien I, Nr. 48), welche die Einrichtung einer Gerusie für diese
Stadt regelt, untersucht. Die Inschrift enthält einen Beschluss der
Stadt Sidyma, wie die Sanktionsformel δεδόχθαι Σιδυμέων τῇ βουλῇ
καὶ τῷ δήμῳ beweist und zwar den Beschluss, das Psephisma und
den bestätigenden Brief des Proconsuls in Stein aufzuschreiben. Die
Motivierung lautet mit Hinweglassung der für unsere Frage unwe-
sentlichen Stellen: ἐπεὶ . . . καὶ ἡ ἡμετέρα πόλις ἐψηφίσατο σύστημα
γεροντικόν κατὰ τὸν νόμον, ἐννόμου βουλῆς καὶ ἐκκλησίας ἀγομένης,
ἔδοξεν γραφῆναι ψήφισμα τῷ κρατίστῳ ἀνθυπάτῳ δι᾿ οὗ παρακληθῆναι
καὶ αὐτὸν συνεπικυρῶσαι τὴν τῆς βουλῆς καὶ τοῦ δήμου κρίσιν. Hieraus ergiebt sich, dass die Einsetzung der Gerusie von Sidyma auf Grund
eines Beschlusses der Stadt Sidyma aber in Ausführung eines Gesetzes
erfolgte. Der νόμος, dem gemäss auch die Stadt Sidyma eine Gerusie
einzurichten beschliesst, kann ein Gesetz des Bundes sein und daher
würde es sich auch erklären, dass in den meisten lykischen Städten
Gerusieen errichtet wurden (vgl. Benndorf, Reisen I, S. 72). Die
Annahme, dass das Gesetz ein Gesetz der Stadt selbst gewesen sei,
würde auf grosse Schwierigkeiten stossen, weil nicht abzusehen wäre,
warum dann noch ein Volksbeschluss über dieselbe Angelegenheit ein-
geholt werden sollte. Die Gesetzgebung ruhte vielmehr, wie schon
aus allgemeinen Gründen angenommen worden war, in den Händen
der Bundesgewalt, den Einzelstaaten stand vermutlich gar keine gesetz-
gebende Gewalt zu. In unserem Falle konnte die lykische Bundesversammlung das Gesetz geben, dass in den Einzelstaaten Gerusien errichtet
werden sollten und die Einzelstaaten konnten dieser gesetzlichen Verpflichtung durch Sonderbeschlüsse nachkommen. Dies hindert nicht, dass
auch der Stadtbeschluss der Genehmigung des Prokonsuls unterbreitet
werden musste, weil durch ihn eben erst die neue Einrichtung ausgeführt
wurde. Ob übrigens eine förmliche Bestätigung erfolgte, kann man
nach dem Wortlaute der Klausel bezweifeln, in der der Statthalter
erklärt, dass er den Beschluss mehr loben als bestätigen müsse (τὰ

καλῶς γεινόμενα ἐπαινεῖσθαι μᾶλλον προσήχει ἢ χυροῦσθαι, ἔχει γὰρ τὸ βέβαιο[ν] ἀφ᾽ ἑαυτῶν). Möglicherweise schien ihm diese Genehmigung überflüssig, weil das Bundesgesetz genehmigt war. Ebensogut kann freilich der νόμος die die Einrichtung der Provinz regelnde lex gewesen sein. Aber schwerlich hat man eine politisch so indifferente Angelegenheit wie die Einsetzung von Gerusien wirklich von Rom aus dekretiert; viel wahrscheinlicher ist, dass man auch in diesem Falle die nationalen Besonderheiten stillschweigend oder sogar genehmigend duldete. (Vgl. übrigens Mommsen, Röm. Gesch. V ², S. 326.)

Bei dieser Inschrift wie bei der von Rhodiapolis muss man allerdings, wenn man sie für die Erforschung der lykischen Bundesverfassung verwerten will, sich gegenwärtig halten, dass diese im zweiten Jahrhundert n. Chr. nicht mehr dem Bild entsprochen haben kann, das Strabo von ihr entwirft. Aber man wird doch selbst in den zweifellos römisch beeinflussten Einrichtungen ältere lykische Verfassungsformen konserviert finden, welche zur Zeit der Antonine bedeutungslos geworden waren, aber zur Blütezeit des Bundes das staatliche Leben derselben begründeten. Die Schonung, welche die Römer den nationalen Gewohnheiten gerade in diesen Gegenden entgegenbrachten, erstreckte sich auch auf die Konservierung der Bundesversammlung mit dem althergebrachten Modus ihrer Berufung. So ist auch die alte lykische Sympolitie noch erkennbar in einer Zeit, in der sie politisch bedeutungslos war, und eben deshalb dürfen wir auch für die frühere Zeit der lykischen Geschichte eine sympolitische Verfassung annehmen.

Als eine Konsequenz dieser Art von Sympolitie haben wir im achäischen Bunde das doppelte Bürgerrecht erkannt, indem der Nachweis gelang, dass sowohl die Einzelstaaten, als auch der Gesammtstaat Bürgerrecht verleihen konnten, wenn auch in der Regel der Einzelstaat der verleihende war und das Bundesbürgerrecht implicite mit dem Einzelstaatsbürgerrecht erworben wurde. Die Seltenheit der Verleihung des Gesamtstaatsbürgerrechts erklärt sich daraus, dass eine solche entweder eine Klasse von achäischen Bürgern geschaffen hätte, die keinem den Gesamtstaat bildenden Einzelstaate angehört hätte, oder den letzteren die Bürgerrechtsverleihung hätte aufgetragen werden müssen. Im lykischen Bundesstaate erkennen wir die Existenz eines Bundesbürgerrechtes ausschliesslich aus der existierenden Bezeichnung οἱ Λύκιοι ¹) sowie aus der Thatsache, dass der Inbegriff

¹) Zunächst auf den Münzen, dann auch inschriftlich als staatsrechtlicher Begriff. Die Schwierigkeit besteht auch hier darin, dass zu wenig Inschriften

der das Bürgerrecht bildenden Rechte von den einzelnen Personen
ausgeübt wurde. Eine Verleihung des lykischen Gesamtbürgerrechtes
an irgend eine Person ist jedoch nicht nachzuweisen. Das einzige
in aller Form ausgestellte Bürgerrechtsdiplom aus Lykien, welches
wir besitzen, ist eine Verleihung der Stadt Telmessos an einen Ephesier
und gehört in die Zeit vor der Organisation des Bundes [2]). Aus der
Zeit des Bundes besitzen wir kein eigentliches Bürgerrechtsdiplom,
auch nicht von den Einzelstaaten, dagegen vielfache Hinweise auf
Verleihungen an lykische Bürger anderer Städte. In der grossen
Inschrift von Rhodiapolis wird Opramoas wiederholt als mit dem
Bürgerrecht sämtlicher lykischer Städte beschenkt genannt, und zwar
von einem gewissen Jahre an, während er vorher nur das Bürgerrecht
in einzelnen dieser Städte gehabt hat [3]). Ebenso in einer Inschrift
von Telmessos [4]). Da aber diese Verleihungen Lykier betreffen, welche
von Haus aus nur in einer lykischen Stadt Bürgerrecht besitzen, aber
eben damit schon lykisches Samtbürgerrecht, so lässt sich daraus
nicht schliessen, dass eine Verleihung des letzteren nur κατὰ πόλεις
möglich gewesen wäre. Die Verleihung des Stadtbürgerrechtes an
einen Fremden, d. h. an einen Nichtlykier und die daraus resultierende
Verleihung des lykischen Bürgerrechtes ist sicher möglich gewesen,
wenn auch kein Beispiel bekannt ist, weil eine Beschränkung der
Kompetenz der Einzelstaaten in dieser Hinsicht gegen die vor dem
Bestehen des Bundes geltenden Gesetze nicht angenommen werden kann.

Wenn man nun annimmt, dass das achäische und das lykische
Samtbürgerrecht an Fremde verliehen werden konnte, ohne dass vorher eine Verleihung eines Einzelstaatsbürgerrechts stattfand, so
entsteht die Frage, ob damit eine Klasse von Samtbürgern geschaffen wurde, die in keiner einzigen Stadt des Bundes Bürgerrecht gehabt hat, oder ob von der Bundesgewalt die Aufnahme
in den Verband einer Bundesstadt gefordert werden konnte. Wenn

aus früherer Zeit erhalten sind, um ein sicheres Urteil zu ermöglichen und aus
dem epigraphischen Material der Kaiserzeit Rückschlüsse gemacht werden müssen.
   [2]) Bull. de corr. hell. 1890, p. 167 f., herausg. v. Berard, Z. 4 ff.: δεδόσθαι
[α]ὐτῷ τε Ἑρμογένει Ζωτίου ᾿[Ε]φεσίῳ καὶ τῷ υἱῷ αὐτοῦ Ζωίλῳ αὐτοῖς τε καὶ ἐκγόνοις [π]ολιτείαν καὶ ἔγκτησιν καὶ μετέχειν αὐτοὺς πάντων τῶν κοινῶν ὧν καὶ οἱ
λοιποὶ Τελμησσεῖς μετέχουσιν.
   [3]) Reisen im südw. Kleinasien II, S. 117. Die Stellen der Inschrift, an
denen er πολιτευόμενος καὶ ἐν ταῖς κατὰ Λυκίαν πόλεσι πάσαις genannt wird, sind
IX A lin. 11, IX E lin. 7, XVIII D lin. 7, XIX F lin. 9, XX A lin. 7, XX D lin. 12.
Auch sonst Reisen II, S. 134, Nr. 162.
   [4]) Bull. de corr. hell. 1890, p. 170: πολιτευόμενον δὲ καὶ ἐν ταῖς κατὰ Λυκίαν
πόλεσι πάσαις.

die Verleihung des Bürgerrechts nur eine Auszeichnung ohne praktische Folgen sein sollte, so war ja der Verzicht auf das Bürgerrecht des Einzelstaates möglich; wenn aber das Bundesbürgerrecht faktisch ausgeübt werden sollte, so bildete die Abstimmung nach Städten ein Hindernis für denjenigen, der keiner Stadt angehörte. Es ist daher wahrscheinlich, dass in einem solchen Falle ein Einzelstaatsbürgerrecht von der Bundesgewalt angeordnet wurde. In der Regel wird das nicht nötig gewesen sein, weil die Bundesversammlung gewiss nur in den seltensten Fällen das Bürgerrecht verlieh und zwar nur dann, wenn es sich um einen Akt der äusseren Politik, um die Auszeichnung eines um den Bund verdienten Staatsmannes eines anderen Staates handelte und ein derartiges Bürgerrecht nie anders denn als Ehre angesehen und aus ihm nie praktische Folgen gezogen wurden. Der Einzelstaat konnte aber in vielen Fällen in die Lage kommen, das Bürgerrecht zu verleihen, sowohl an solche, die bereits dem Bunde angehörten, als auch an Fremde. Spenden, Bauten, Sinken der Anzahl der eigenen Bürger und andere Gründe konnten eine solche Verleihung hervorrufen, die dann das Bundesbürgerrecht nach sich zog.

Es giebt einen sicheren Fall einer Bürgerrechtsverleihung des Gesamtstaats in einer Sympolitie, in welchem das Bürgerrecht der Einzelstaaten mitgarantiert wurde, und zwar betrifft dies das zweifellos sympolitische κοινὸν τῶν νησιωτῶν, welches im dritten Jahrhundert eine für uns nur durch die Inschriften erkennbare Existenz geführt hat. Die Bundesgewalt hatte den Titel eines συνέδριον, wie aus den Sanktionsformeln der wenigen erhaltenen Volksbeschlüsse hervorgeht ¹). Welche Bedeutung diesen Synedren zukommt, ob sie Repräsentanten waren oder eine primäre Volksversammlung bildeten, dafür fehlt uns jeder Anhaltspunkt. Aber die Möglichkeit einer Primärversammlung ist nicht ausgeschlossen. Vermutlich diese Synedren hatten nun in einem Falle ein nesiotisches Bürgerrecht verliehen und dies in der Weise gethan, dass sie das Bürgerrecht in allen Staaten, die an dem Bunde teilhatten, gewährten ²). Dem entsprechend haben die Synedren für die Aufschreibung des Beschlusses im Apolloheiligtume zu Delos, jede einzelne Stadt aber für die Aufschreibung desselben Beschlusses in demjenigen ihrer lokalen Heiligtümer zu sorgen, in welchem auch sonst Beschlüsse aufgezeichnet werden ³). Aber gerade diese den Einzelstaaten von der Bundesgewalt oktroyierte Bürgerrechts-

---

¹) Vgl. Swoboda, die gr. Volksbeschlüsse p. 287 f.
²) Bull. de corr. hell. 1883 (VII), p. 8, Z. 3 ff.: δεδό[σθαι δ]ὲ καὶ πολιτείαν αὐτῷι καὶ ἐγγόνοις ἐ[ν] πάσαις ταῖς νήσοις ὅσαι μετέχουσιν τοῦ συνεδρίου.
³) Ebenda Z. 9 ff.

verleihung erweckt den Zweifel, ob es ein nesiotisches Bürgerrecht
im Sinne einer strengen Sympolitie gegeben habe, weil man in diesem
Falle einfach das nesiotische Bürgerrecht ohne Eingriff in die Kompetenz der Einzelstaaten hätte verleihen können, um so mehr als es
sich offenbar um ein Ehrenbürgerrecht handelte und praktische Konsequenzen nicht gezogen werden sollten, wie eben die Verleihung
für sämtliche Einzelstaaten beweist. Eine sichere Entscheidung lässt
sich bei dem Mangel jeder Nachricht über die Verfassung des Insel-
bundes nicht treffen. Aber das Vorhandensein einer gemeinsamen
Gewalt verbürgt die sympolitische Verfassung jedenfalls. Gab es kein
gemeinsames Bürgerrecht, so ist das bloss eine das Wesen der Sache
nicht berührende Besonderheit dieser Bundesverfassung, deren Un-
vollständigkeit eben durch Verleihung des Bürgerrechtes sämtlicher
Einzelstaaten behoben werden sollte.

Die Art, wie hier von der Bundesgewalt das Bürgerrecht des
Einzelstaates beschlossen wird, giebt nun aber zugleich die Möglichkeit
zu vermuten, wie in jenen Fällen, in denen in einer zweifellosen Sympolitie, z. B. im achäischen Bund, Gesamtbürgerrecht beschlossen
wurde, die Ausübung desselben in einem Einzelstaate verbürgt werden
konnte. Es war eben durch Bundesbeschluss auch das Einzelstaatsbürgerrecht zu verleihen und vom Einzelstaat in Vollzug zu setzen
nach dem Grundsatze, dass der Bundesvolksbeschluss auch für den
Einzelstaat verbindlich sei. Die nächste Analogie ist die Verpflichtung
der attischen Demen, einen athenischen Neubürger, der sein Staatsbürgerrecht von der Gesamtheit erhalten hatte, auch in das Gemeindebürgerrecht aufzunehmen, weil es keinen attischen Bürger geben kann,
der nicht Demot ist. In derselben Weise kann die Centralgewalt
des Bundes die Erteilung des Einzelbürgerrechts in einem oder in
allen Einzelstaaten erzwingen. Fraglich bleibt, ob, um formell die
Souveränetät des Einzelstaates anzuerkennen, noch ein besonderer Beschluss des Einzelstaates notwendig gewesen ist, wie er bei den attischen Demen offenbar nicht notwendig war. Aber selbst wenn
dies notwendig war, bleibt die Theorie von der Einheit des sympolitischen Staates intakt, während die Thatsache, dass das Bürgerrecht des Einzelstaates thatsächlich verliehen wurde, die staatliche
Existenz desselben beweist, die unbeschadet der Sympolitie und der über-
geordneten gemeinsamen Gewalten fortbesteht. Denn das Gemeindebürgerrecht der attischen Demen z. B., denen keine Souveränetät
zusteht, kann nach der Terminologie des griechischen Staatsrechts niemals
πολιτεία genannt werden, aber es kann auch niemals verliehen werden
an Personen, die es nicht von Haus aus besitzen, es sei denn auf

Grund einer Verleihung des attischen Bürgerrechtes. Ja die Notwendigkeit, den Mitgliedern fremder Demen, die infolge von Umsiedlungen längst keine Beziehung mehr zu ihrem kleisthenischen Heimatsort hatten, am Orte ihrer Ansiedlung wenigstens einen Teil der Demotenrechte zu gewähren, hatte zu gewissen Begünstigungen für die ἐγκεκτημένοι geführt, die doch nie volles Gemeindebürgerrecht erlangen konnten [1]). Bei der Souveränetät hört eben die Analogie zwischen attischen Demen und Mitgliedern einer Sympolitie auf, und tritt der Unterschied zwischen Gemeinde und Staat hervor.

Liegt hier die Verleihung eines sympolitischen Bürgerrechts entweder nebst der Verleihung in sämtlichen Einzelstaaten oder durch die letztere vor, so ist uns ein anderer Fall bekannt, in welchem direkt von der Gesamtgemeinde das Samtbürgerrecht verliehen und dem Beschenkten die Freiheit gewährt wird, sich das Bürgerrecht eines bestimmten Einzelstaates zu wählen. Es betrifft einen Beschluss der Akarnanen [2]), durch welchen ein Fremder zum Proxenos der Akarnanen ernannt und ihm das Bürgerrecht in derjenigen akarnanischen Stadt verliehen wird, die er wählt. Es wird nicht ausdrücklich ein akarnanisches Samtbürgerrecht, verliehen und es gab vielleicht kein vom Einzelstaatsbürgerrecht unabhängiges akarnanisches Bürgerrecht. Aber die Thatsache, dass die Samtgemeinde beschliessen kann, der Betreffende sei Bürger in welcher Stadt der Sympolitie er wolle, ohne dass dieses Bürgerrecht der Ratifikation durch die betreffende Stadt unterläge, macht dieses zu einem im Wesen sympolitischen. Es kann sein, dass bei Gründung der akarnanischen Sympolitie kein Samtbürgerrecht geschaffen wurde, die Bürgerrechte der einzelnen Staaten intakt gelassen wurden, die souveräne Gewalt, ein Bürgerrecht zu beschliessen, wie eine andere Inschrift aus Stratos lehrt [3]), weiter bei den Einzelstaaten verblieb, trotzdem aber die höhere Gewalt des Bundes auch von Bundeswegen die Gewährung des Einzelstaatsbürgerrechtes anordnen konnte. Die Wahl des Staates wurde deshalb freigelassen, weil die Bundesgewalt kein Interesse daran hatte, einem bestimmten Staate die Gewährung des Rechtes aufzutragen, vielleicht auch um dem Beschenkten die Möglichkeit einer Wahl mehrerer Stadtbürgerrechte oder aller offen zu lassen. Der Unterschied dieser Art von Verleihung von der seitens eines Einzelstaates, welcher die Wahl der Gemeinde offen lässt, leuchtet

[1]) Vgl. meine Unters. zum att. Bürgerrecht S. 45.
[2]) Ath. Mitth. IV (1879), S. 224 Inschrift von Stratos herausg. von Lolling. Die Stelle lautet: .. v πρόξενον εἶναι τῶν ['Αχαρνάνων καὶ εὐεργ]έτην καὶ πολιτείαν εἶ[ναι αὐτῷ 'Α]καρνανίας ἐν ὁποίᾳ [ἂν βούληται π]όλει.
[3]) Ath. Mitth. IV (1879), S. 225.

ein. Ein attischer Neubürger muss zum athenischen Bürger kreiert
werden und dann steht ihm die Wahl des Demos und der Phratrie
frei, aber die Creierung zum athenischen Bürger kann nicht umgangen werden. Ein akarnanischer Neubürger braucht aber nicht
erst akarnanisches Bürgerrecht zu erlangen, sondern der Einzelstaat
wird verpflichtet, ihm sein Bürgerrecht zu verleihen, damit er akarnanischer Samtbürger werde.

Eine sympolitische Verfassung müssen auch die Städte auf der
Insel Keos gehabt haben und dort können wir auch genau den Unterschied zwischen dem Bürgerrecht der Einzelstaaten und dem des Gesamtstaates nachweisen. Die Gesamtheit der Keier wurde nämlich, wie
in dem Kapitel über die Isopolitie zu zeigen versucht wurde [1]), in
die Bürgerschaft der aetolischen Naupaktier aufgenommen, und die
Aetoler sollten dafür das keische Bürgerrecht erlangen, ein gegen-
seitiges Verhältnis, welches eben die Isopolitie ausmacht. Dasjenige
Dekret nun, welches den Aetolern das keische Bürgerrecht verleiht,
ist von Rat und Volk der Keier beschlossen und verleiht den Aetolern
Bürgerrecht ἐγ Κέῳ, also im Bereich des ganzen Staates [2]). Damit
ist die Existenz einer keischen Volksversammlung und eines keischen
Bürgerrechtes erwiesen und für die keischen Städte nur die Möglichkeit offen gelassen, dass sie keine autonomen Staaten, sondern
nur Gemeinden von Keos waren oder dass sie autonom und daher
im sympolitischen Verbande unter einander waren. Nun besitzen
wir aber eine Reihe von Beschlüssen der einzelnen keischen Städte,
in welchen Fremden das Bürgerrecht der betreffenden Stadt verliehen
wird und damit ist die Autonomie der beschliessenden Stadt erwiesen.
So haben wir von Karthaia auf Keos ein Bürgerrechtsdiplom für den
Athener Kleomelos, Sohn des Kleobulos [3]), eines für den Byzantier
Lykon, Sohn des Pythias [4]), von Poiessa auf Keos ein Dekret für einen
Herakleoten [5]) und eines für den Makedonen Pausanias, Sohn des
Andronikos [6]). In allen diesen Dekreten wird durch ausdrücklichen

---

[1]) Vgl. S. 84.
[2]) CIG 2352: δεδόχθαι Κείων τῆι βουλῆι καὶ τῶι δήμωι εἶναι Αἰτωλοῖς πολιτείαν ἐγ Κέω κτλ. Swoboda, die gr. Volksbeschlüsse S. 278, stellt auch dieses
Dekret zu denen von Karthaia auf Keos, was jedoch staatsrechtlich nicht angeht.
[3]) CIG 2353: εἶναι δὲ αὐτῷ πολιτείαν ἐν Καρθαίᾳ καὶ τοῖς ἐκγόνοις αὐτοῦ μετέχουσιν πάντων ὧν καὶ οἱ ἄλλοι πολῖται.
[4]) Mus. ital. di antich. class. Vol. I, p. 218: εἶναι δὲ αὐ[τὸν] πολίτην τῆς
πόλεως τῆς Καρ[θα]ί[έ]ων καὶ τοὺς ἐκγόνους αὐτοῦ μετέχοντας πάντων ὧν καὶ οἱ ἄλλοι
πολῖται [κα]ὶ φυλῆς ἧς ἂν βούλωνται καὶ οἶκο[υ.
[5]) Mus. ital. Vol. I, p. 197: ε]ἶναι αὐτὸν πολίτην Ποιήσσιον καὶ αὐτὸν καὶ ἐκγόνους.
[6]) ibid.: εἶναι αὐτὸν π[ολ]ί[τη]ν καὶ πρόξενον Ποιησσίων καὶ αὐτὸν καὶ [ἐκ]γόνους.

Zusatz das betreffende Stadtbürgerrecht verliehen und zwar unter den sonst üblichen Formen der Verleihung durch die souveräne Gewalt, in jeder Stadt überdies mit der selbständigen Formulierung, die der betreffenden Kanzlei eigen war, in Karthaia mit dem oft vorkommenden Beisatze, dass der Neubürger an allen Rechten der Karthaier teilhaben solle, in Poiessa ohne diesen Zusatz, der sich von selbst versteht und in den Dekreten dieser Stadt nicht üblich war. Es ist daher auch in dem Dekrete der Stadt Iulis [1]), obwohl es dort nicht ausdrücklich bemerkt ist, nur das Bürgerrecht von Iulis zu verstehen. Haben wir also ein keisches Samtbürgerrecht, ein Sonderbürgerrecht von Karthaia, Poiessa und Iulis, eine gemeinsame souveräne Gewalt und besondere souveräne Gewalten in jeder einzelnen Stadt, so ist damit die Sympolitie von Keos nachgewiesen. Das keische Samtbürgerrecht hat, wie aus dem Beschlusse für die Aetoler hervorgeht, sicherlich die Wirkung gehabt, dass alle Privatrechte in jedem Einzelstaate gegeben waren: ob auch ein förmliches Einzelstaatsbürgerrecht in einem oder in allen Städten von Bundes wegen erzwungen wurde, lässt sich nicht entscheiden. Wir kennen auch nicht die Kompetenzgrenzen zwischen gemeinsamer Gewalt und Einzelstaatsgewalt, aber die Existenz einer gemeinsamen Gewalt, eines gemeinsamen Organs, also einer Volksversammlung, eines Rates und wie sich von selbst versteht einer Anzahl von Beamten des Bundesstaates steht ebenso fest, wie die gleichen die Souveränetät der Einzelstaaten bedingenden Organe. Wir haben also auch hier diejenige Form der Sympolitie, bei der die Einzelstaaten nicht völlig im neuen Staat aufgehen, sondern wie im achäischen Bund mit geringerer Kompetenz fortbestehen, welche aber noch gross genug ist, um ihren staatlichen Charakter zu wahren und sie nicht zu Gemeinden zu degradieren. Die vollständige Aufgebung der Autonomie und somit die Verschmelzung zum absoluten Einheitsstaate wäre offenbar für eine kleine Insel wie Keos, die im Ganzen drei Städte zählte, die selbständige Bedeutung hatten, das Gegebene gewesen. Dass dieser Schritt nicht erfolgte, ist ein neuer Beweis für das ungeschwächte Bedürfnis auch kleinerer Städte nach staatlicher Selbständigkeit, lässt aber zugleich erkennen, dass die Sympolitie der einfachere Weg war, die Verwaltung des Staates richtig durchzuführen. Denn die meisten Agenden der Volksversammlung sowohl wie der Magistrate erfuhren durch die Einführung der Bundesverfassung offenbar keine Aenderung, sondern wurden weiter in derselben Weise erledigt, in der sie zur Zeit des völlig getrennten Bestandes der

---

[1]) Rangabé Nr. 750 b, p. 844 : .. ἐπειδὴ Ἡφαιστίων ... ἀνὴρ ἀγαθός ἐστι περὶ τὸν δῆμο[ν] Ἰουλιητῶν ..... εἶν]αι αὐτὸν πολίτην καὶ [τοὺ]ς ἐ[κγό]νους.

Einzelstaaten erledigt wurden. Dennoch war nach aussen hin eine völlig einheitliche Vertretung sämtlicher Staaten durch die Existenz eines keischen Staates gegeben, und eine gleichmässige Behandlung sämtlicher keischer Städte von Seiten fremder Staaten möglich. Daher wird in einer der besprochenen Inschriften [1]) hervorgehoben, dass die Naupaktier den Städten der Keer Wohlwollen bewiesen, aber das Bürgerrecht den Keern gegeben hätten, ebenso dass die Aetoler ins keische Bürgerrecht aufgenommen wurden und ihnen die Teilnahme an alle dem offenstehe, woran die Keer, nicht die keischen Städte, teilhaben [2]). Dabei zog das Bürgerrecht von Iulis, Poiessa, oder Karthaia ebenso das Bürgerrecht von Keos nach sich oder begriff es vielmehr in sich, wie das Bürgerrecht von Naupaktos ausreichte, um das aetolische Bürgerrecht zu verleihen, weil auch Naupaktos mit dem aetolischen Bunde sympolitisch verbunden war, während Keos selbst nur in isopolitischem Verbande mit dem aetolischen Bunde stand, wie dies in dem Kapitel über die Isopolitie ausführlich dargethan wurde. Folglich waren auch die Bürger der einzelnen keischen Städte im Sinne der Isopolitie, wenn sie wollten, Bürger des aetolischen Bundes, keische Bürger aber an sich, weil sie Bürger eines keischen Staates waren.

Auf einer Verkennung des sympolitischen Verhältnisses beruht die Darstellung, welche E. K u h n [3]) von der Verfassung von Rhodos gegeben hat. Es besteht kein Zweifel, dass die drei selbständigen Städte Lindos, Kamiros und Ialysos im Jahre 408 v. Chr. zu der Stadt Rhodos verschmolzen und damit sowohl eine Sympolitie als auch einen Synoikismos vollzogen, indem die Einwohner der drei Städte wenigstens zum Theile die eine Stadt Rhodos bezogen. Dieser Thatsache gegenüber erregte es die Bedenken Kuhns, dass sich zahlreiche Inschriften der Stadt Lindos aus der Zeit nach dem Synökismos finden, die sich durch ihre Formulierung als Beschlüsse der Lindier darstellen. Er sah sich daher genötigt, derjenigen Körperschaft, die sich οἱ Λίνδιοι oder οἱ Λινδοπολῖται nennt (Ausdrücke, zwischen welchen Kuhn noch einen hier nicht in Betracht kommenden Unterschied statuiert), keinen politischen Charakter zuzuerkennen, sie zwar für die Bewohner der ehemaligen Stadt Lindos zu halten, aber in politischer Beziehung ihnen jede Organisation abzusprechen und sie aus dem Gesichtspunkte des vollzogenen Synökismos für eine bloss sakrale Gemeinschaft zu erklären. Der Umstand, dass die Sanktionsformel der Dekrete von Lindos ἔδοξε

---

[1]) CIG 2352.   [2]) καὶ τῶν ἄλλων μετέχειν αὐτοὺς πάντων ὧνπερ καὶ Κεῖοι μετέχουσιν.   [3]) Entstehung der Städte der Alten S. 209 ff. Vgl. auch Schumacher, de rep. Rhodiorum p. 19 und sonst.

τοῖς μάστροις καὶ Λινδίοις lautet und μάστροι die Bezeichnung für den Rat auf Rhodos ist, macht ihn nicht irre, indem er in dem Fortbestehen des alten Rates noch nicht die Gewähr erblickt, dass derselbe mit grösseren Befugnissen, als einer sakralen Gemeinschaft zukommt, fortbestanden habe. Ein gleiches Sachverhältnis setzt er zum Mindesten auch für die Bewohner des ehemaligen Kamiros voraus. Da wir jedoch Dekrete des rhodischen Staates besitzen, und ebenso Dekrete der drei Städte aus der Zeit nach vollzogenem Synökismos, die Angehörigen derselben sich dort, wo sie als Gesamtheit auftreten, als Λίνδιοι, Καμιρεῖς und Ἰαλύσιοι bezeichnen, als Einzelpersonen aber andere Demotica, nämlich die Namen jener Bezirke führen, welche bereits früher in die betreffenden Städte aufgegangen waren, da weiter die drei Städte ihre selbständigen Rats- und Volksversammlungen und einzelne Beamte beibehielten, so folgt für uns, dass neben dem ohnehin nur unvollständig ausgeführten Synökismos eine Sympolitie von derjenigen Form vollzogen wurde, welche die Einzelstaaten bestehen lässt. Es gab also nach wie vor selbständige Staaten von Lindos, Kamiros und Ialysos, deren Bewohner teils auf dem alten Territorium dieser Städte, teils in der neuen Stadt Rhodos wohnten, und welche alle zusammen dem neuen Gesamtstaat Rhodos angehörten. Wenn der Umstand, dass die Beschlüsse der Städte, die uns erhalten sind, sakralen Inhalts sind, nicht auf Zufall beruht, so werden wir uns allerdings die Kompetenz dieser Einzelstaaten wesentlich eingeschränkt zu denken haben. Zugleich wird anzunehmen sein, dass Rhodos zwar der Name der neuen Stadt geworden ist, dass aber οἱ Ῥόδιοι bloss den Namen des Gesamtstaates bezeichnet und das Gesamtbürgerrecht des Staates ausdrückt, also von Haus aus jeder Rhodier Lindier, Kamirier oder Ialysier gewesen sein musste. Eine politische Gemeinschaft Rhodos im engeren Sinne oder ein rhodisches Bürgerrecht im engeren Sinne, welches gleichwertig mit einem lindischen gewesen wäre und natürlich das rhodische Bürgerrecht im weiteren Sinne in sich begriffen hätte, konnte erst geraume Zeit nach dem vollzogenen Synökismos entstehen, wenn hinreichend viel Verleihungen des Samtbürgerrechtes ohne gleichzeitige Verleihung des Einzelstaatsbürgerrechtes stattgefunden hatten. Ob dies je der Fall war und ob es infolge dessen ein rhodisches Bürgerrecht im engeren Sinne gegeben hat, wissen wir nicht. Jedenfalls war der Boden für die Schaffung eines rhodischen Stadtbürgerrechtes gegeben, aber Staat sowohl wie Neubürger konnten möglicher Weise an dem rhodischen Samtbürgerrecht ihr Genügen finden und es konnte im Gegensatze zu den Altbürgern, die beide Bürgerrechte besassen, auch eine Klasse geben, die

nur rhodisches Bürgerrecht im weiteren Sinne hatte. Wenn es ein
achäisches Samtbürgerrecht gab, ohne dass eine bestimmte Stadt, an
der dasselbe haftete, vorhanden war, wenn es in demselben Sinne
ein ätolisches Samtbürgerrecht gab, so konnte es auch ein rhodisches
Samtbürgerrecht geben, ohne dass es an der Stadt Rhodos zu haften
brauchte.

Von einer Massenverleihung des rhodischen Bürgerrechts wissen wir
aus Diodor[1]), welcher erzählt, dass gelegentlich der Belagerung der Stadt
durch Demetrios Poliorketes, den losgekauften Sklaven, wenn sie unter
die Zahl der Verteidiger gingen, Bürgerrecht verliehen wurde. Aber
auch diese Nachricht hilft uns nichts zur Entscheidung der Frage, ob den
Sklaven rhodisches Stadtbürgerrecht und damit implicite rhodisches
Samtbürgerrecht verliehen worden sei, oder bloss das letztere. Denn da
zweifellos die Bürger aller drei Städte im belagerten Rhodus konzentriert
waren, wenn also überhaupt eine Volksversammlung zur Beschlussfassung über die Massenaufnahme von Neubürgern einberufen wurde,
dies ebensogut eine solche des Gesamtstaates wie des Einzelstaates
gewesen sein konnte, so fehlt die Möglichkeit einer Entscheidung.
Dass nach aussen hin immer nur vom rhodischen Staate als von einer
Einheit die Rede ist, dass die Rhodier vor Demetrios kapitulieren
unter der Bedingung, dass die πόλις autonom und ohne Besatzung
bleibe[2]), dass z. B. im Bündnisvertrage mit Hierapytna auf Kreta[3])
nie von einer Mehrheit von Städten die Rede ist, sondern nur von
einem einheitlichen Rhodus, erklärt sich vollkommen aus den staatsrechtlichen Wirkungen der Sympolitie. Trotzdem soll auf die dar-
gelegte Weise nur die Entstehung des rhodischen Staates erklärt
werden und die Möglichkeit offen gelassen bleiben, dass sich durch
allmähliche Einschränkungen der Kompetenzen der drei Einzelstaaten
die Macht im Gesamtstaate so sehr konzentrierte, dass im Verlaufe
der Entwicklung Rhodus zu einem wirklichen Einheitsstaat wurde
und nur mehr seiner Entstehung nach als Sympolitie bezeichnet werden konnte.

Die reine Form einer bundesstaatlichen Sympolitie weist auch
der Bund der Aenianen auf, denn wir besitzen sowohl Beschlüsse des
Bundes, als auch solche der Stadt Hypata, welche sich auf solche
Gegenstände beziehen, die der souveränen staatlichen Gewalt vorbehalten sind; wir haben Proxenieerteilungen vom Bunde, wie von der

---

[1]) Diodor XX, 84: ἐψηφίσαντο δὲ καὶ τῶν δούλων τοὺς ἄνδρας ἀγαθοὺς γενο-
μένους ἐν τοῖς κινδύνοις ἀγοράσαντας παρὰ τῶν δεσποτῶν ἐλευθεροῦν καὶ πολίτας εἶναι.

[2]) Diodor. XX, 99: οἱ Ῥόδιοι συνέθεντο πρὸς Δημήτριον ἐπὶ τοῖσδε· αὐτόνομον
καὶ ἀφρούρητον εἶναι τὴν πόλιν καὶ ἔχειν τὰς ἰδίας προσόδους κτλ.

[3]) Mnemosyne I, p. 75 ff.

Stadt Hypata [1]). Von höherer Bedeutung ist noch die Erteilung des Bürgerrechtes. Dass dieses von der Stadt Hypata verliehen worden sei, dafür besitzen wir zwar kein Beispiel, aber es versteht sich, dass eine Stadt, die Proxenie verleihen konnte, auch die souveräne Gewalt hatte, Bürgerrecht zu verleihen. Ob es hingegen ein änianisches Samtbürgerrecht gegeben habe, könnte zweifelhaft erscheinen, und damit könnte der rein sympolitische Charakter des Bundes in Frage gestellt werden, wenn wir nicht ein sicheres Zeugnis dafür in einem Dekrete hätten, in welchem einem Korkyräer ausdrücklich Bundesbürgerrecht verliehen wird [2]). Auch das mitverliehene Recht des Grundbesitzes wird ausdrücklich auf das Bundesgebiet ausgedehnt, und ebenso werden andere Ehrenrechte für das Geltungsgebiet des Bundes statuiert. Da dieses Bürgerrecht sicherlich ein solches war, von welchem wenigstens für die Ausübung der politischen Rechte kein Gebrauch gemacht worden ist, so bleibt die Frage, ob daneben noch ein Stadtbürgerrecht verliehen worden sei, praktisch gleichgültig. Sicher aber ist das letztere kein Erfordernis und keine Konsequenz des Bundesbürgerrechts gewesen, und der Neubürger hätte an den Volksversammlungen des Bundes auch ohne Stadtbürgerrecht teilnehmen können. Neben der Kassandertafel, die das Bundesbürgerrecht für den achäischen Bund, der delphischen Inschrift für den Bürger von Oaxos auf Kreta, die das ätolische Bundesbürgerrecht, κοινοπολιτεία genannt, und dem Beschlusse der Keier über die Aufnahme der Aetoler in ihren Staat, welcher das keische Bundesbürgerrecht erweist überall bei bestehendem Bürgerrecht der Einzelstaaten, ist diese Inschrift des Bundes der Aenianen ein sicheres Argument für die Annahme eines doppelten Bürgerrechts in einer Sympolitie und damit für die Theorie, dass der Einzelstaat so gut wie der Gesamtstaat im eigentlichen Sinne des Wortes ein Staat ist, jeder ein anderer, jeder mit anderer autonomer Gewalt, und dass eben infolge dessen aus all diesen Einzelstaaten ein Gesamtstaat mit ein-

---

[1]) Collitz Nr. 1429 a wird die Proxenie von der Stadt Hypata, ibid. b vom Bunde der Aenianen verliehen, ib. 1430 a und b sicher die Proxenie vielleicht auch das Bürgerrecht vom Bunde, ebenso 1431 a u. b verliehen, während 1435 a die Proxenie von der Stadt Hypata gewährt wird.

[2]) Collitz 1431 b: ἔδοξε τοις Αἰνιάνοις δεδοσ[θ]αι αὐ]τῶι προξενίαν τε καὶ πολιτείαν ἀπὸ τοῦ κοινοῦ τῶν Α[ινιά]νων καὶ γᾶς ἔνκτησιν καὶ οἰκίας ἐν τᾶι Αἰνίδι καὶ ὑπάρχε[ιν] αὐτῶι τε καὶ τοις τούτου ἀσφάλειαν καὶ πολέμου καὶ ε|ἰράνα]ς τὰ ἀπ' Αἰνιάνων διὰ παντὸς καὶ τὰ λοιπὰ τίμια ὅσα καὶ [το]ις ἄλλοις προξένοις καὶ εὐεργέταις τοῦ κοινοῦ τω·[ν Αἰ]ιάνων δίδοται. Nur der gleichlautende Schluss eines andern Dekretes von ὑπά₋χειν αὐτῶι an ist erhalten und von Collitz 1431 a publiziert, von welchem es fraglich ist, ob es auch die Politieerteilung enthalten habe. In 1430 a und b ist beidemale πολιτείαν ergänzt.

heitlicher Leitung, einheitlicher Politik, ja sogar einheitlicher Gesetzgebung entstehen konnte, dem sich die Einzelstaaten freiwillig oder
auf Grund der Verfassungsbestimmungen in einzelnen Fragen unter-
ordneten.

Die Entstehung des Bundesstaates von Epirus ist gleichfalls nur
auf sympolitischer Grundlage zu erklären, obgleich das föderative
Element der Gemeinschaft von Epirus oft verkannt worden ist. Freeman hat bereits für die Zeit nach Erlöschen des Königshauses, für
den Ausgang des dritten Jahrhunderts angenommen, dass die Epiroten eine politische Körperschaft mit föderativer Verfassung bildeten,
hauptsächlich weil Polybius an mehreren Stellen von ihnen als von einer
Gesamtheit spricht, welche Beschlüsse fasst, Gesandte abschickt und
empfängt [1]). Aber sowohl die litterarische als auch die epigraphische
Ueberlieferung kennen für jede Zeit der Geschichte neben dem Namen
der Epiroten auch die Namen einzelner epirotischer Völkerschaften,
namentlich der Molosser, die wiederholt selbständig handelnd auftreten und deren Existenz nicht immer richtig mit der Existenz der
Epiroten zusammengereimt worden ist. Namentlich hat man ein
Uebergewicht der Molosser unter den epirotischen Völkerschaften angenommen, dessen Vorhandensein bis zur Verwischung des molossischen und des epirotischen Staatsbegriffes geführt hat. Die Auffin-
dung zahlreicher epirotischer Inschriften im Heiligtum des Zeus von
Dodona kann auch über diesen Punkt belehren und zeigen, dass Epirus eine Sympolitie von der bundesstaatlichen Form gewesen ist, deren
einzelne Glieder eben jene Völkerschaften, unter ihnen die Molosser,
waren, welche in unserer Ueberlieferung neben den Epiroten eine
selbständige Rolle spielen. Inwiefern diese Völkerschaften ursprünglich eine staatliche Einheit gebildet haben, ist eine weitere, für den
epirotischen Bundesstaat nicht massgebende Frage. Sicherlich sind
einige dieser Einzelstaaten ebenfalls erst durch eine Sympolitie und zwar
der synökistischen Form entstanden. Wenn z. B. ein κοινὸν τῶν Μολοσσῶν erwähnt wird, so ist es zwar nicht notwendig, aus dem Namen κοινόν zu schliessen, dass hier eine Sympolitie vorliegt, weil es
möglich ist jede Gemeinschaft als κοινόν zu bezeichnen, aber in der
Regel wird ein solcher Schluss gestattet sein, und besonders in diesem Falle, in welchem es wahrscheinlich ist, dass der Volksstamm
der Molosser verstreut in einzelnen Gemeinden gewohnt hat und sich
erst später zu einer grösseren nationalen Vereinigung zusammengethan
hat. Nicht mit gleicher Sicherheit können die anderen staatlichen

---

[1]) Freeman, history of federal Governement S. 151 f.

Glieder der epirotischen Sympolitie erkannt werden, welche mit den Molossern den Bundesstaat von Epirus bildeten, und namentlich kann nicht genauer bestimmt werden, welche der bekannten epirotischen Völkerstämme selbständig und welche mit den Molossern zu einer synökistischen Sympolitie vereinigt waren und demnach nur als Molosser Glieder der bundestaatlichen Sympolitie gewesen sind.

Der Beweis für diese Auffassung liegt in der Fassung der inschriftlich erhaltenen Dekrete, welche die Erteilung von Bürgerrecht oder von Proxenie und Atelie betreffen. Dieselben sind entweder nach den Prostaten der Molosser datiert und nennen dann das κοινόν der Molosser als verleihende Instanz oder nach den Strategen der Epiroten und bezeichnen dann die Epiroten als die das Ehrenrecht gewährende Körperschaft. Daraus folgt, dass die Molosser und Epiroten zwei staatlich verschiedene souveräne Gewalten gebildet haben, dass es ein molossisches und ein epirotisches Bürgerrecht gegeben hat. Da aber die Molosser sicher zu den Epiroten gehört haben und gelegentlich auch in der litterarischen Ueberlieferung die beiden Begriffe promiscue gebraucht werden, ist ein anderer Zusammenhang nicht denkbar, als der einer sympolitischen Verbindung, in welcher eine grosse gesamtepirotische Volksversammlung die souveräne Gewalt über den Bundesstaat ausübte, eine molossische die über das Bundesstaatsglied der Molosser. Vom κοινόν der Molosser wird z. B. dem Apolloniaten Simias die Isopolitie in einer Urkunde verliehen, welche nach dem Prostaten der Molosser datiert ist [1]), in einer zweiten Urkunde desselben Jahres, welche gleichfalls nach dem Prostaten der Molosser datiert ist und in der einem Kteson von unbekannter Heimat Isopolitie oder Politie verliehen wird, liest man in der Sanktionsformel gewöhnlich ἐδ]οξε τ[ᾶ]ι ἐχχλησίαι τῶν [᾽Απειρωτᾶν], aber da von dem den verleihenden Staat bezeichnenden Namen nichts erhalten ist, so kann ebensogut [Μολοσσῶν] ergänzt werden, was durch die Datierungsformel erfordert wird [1]). Ebenso ist ein drittes Bürgerrechtsdiplom nach dem Prostaten der Molosser datiert und bezeichnet das κοινόν der Molosser als verleihende Instanz [1]). Ein viertes Bürgerrechtsdiplom

---

[1]) Herausgeg. von Gomperz, Arch.-epigr. Mitth. aus Oesterreich V, p. 130 f. (bei Collitz Nr. 1334).

[1]) Die Inschrift steht bei Carapanos, Dodone p. XXVII, Nr. 3, ist dann von Fick bei Bezzenberger, Beitr. III, 267, von Gomperz, Arch.-ep. Mitth. V, 133 behandelt und bei Collitz Nr. 1335 wieder abgedruckt. Z. 6 f. wurde Κτήσων εὐεργέτας ἐ[στίν, καὶ loc]πολιτείαν Κτήσ[ωνι ἐδμεν καὶ] γενεᾶι gelesen und hiefür von Fick nach ἐστιν und statt καὶ loc... das Wort ἐιδ eingesetzt. Die Lesung in Z. 5 f.: ἐδ]οξε τ[ᾶ]ι ἐχλησίαι τῶν [᾽Απειρωτᾶν] ist von allen festgehalten.

[1]) Carapanos, Dodone p. 64, Nr. 28, pl. 32, Nr. 5 = Collitz 1337: [ἐπὶ βα-

scheint denselben Sachverhalt zu bieten, wenn die geringen Reste richtig gedeutet sind [1]). Durch diese Inschriften ist die Existenz eines molossischen Bürgerrechts, welches von der Volksversammlung der Molosser verliehen wird, bewiesen. Unsicher ist es, welches Bewandtnis es mit einem angeblichen von den Bundesgenossen der Molosser verliehenen Bürgerrecht hat, welches angenommen werden müsste, wenn man die Ergänzung Ficks [ἀ Μολ]οσσῶν σ[υμμαχία] .. γένει Θρασ .. [κατοικοῦ]ντι ἐν Δωδ[ώναι] ..ας ἔδωκε ..ν πολιτε[ίαν] .. [εἰς] τὸν ἄ[παντα χρόνον] .. in einer dodonäischen Inschrift [2]) für richtig hält. Aber diese nur auf einem Buchstaben beruhende Ergänzung ist zu unsicher, als dass sie zu Schlüssen über das staatsrechtliche Verhältnis verwendet werden dürfte. Sonst kommen σύμμαχοι der Molosser als staatliche Körperschaft nicht vor, dagegen einmal σύμμαχοι der Epiroten in einer Inschrift, in welcher sie einem Atintanen Atelie im ganzen Gebiete von Epirus verleihen [3]). Diese σύμμαχοι τῶν 'Απειρωτᾶν müssen offenbar identisch sein mit demjenigen Staatswesen, welches sonst auch einfach οἱ 'Απειρῶται genannt wird, also mit dem epirotischen Gesamtstaat, und die Inschrift würde unter dieser Voraussetzung schlechthin gar keine Schwierigkeiten bieten, wenn sie nicht nach dem Prostaten der Molosser statt nach einem Magistrat der Epiroten datiert wäre. Erwägt man nun, dass dies die einzige Inschrift ist, die molossische Magistrate nennt und ein Recht für ganz Epirus gewährt und zugleich die einzige, welche die σύμμαχοι τῶν 'Απειρωτᾶν als Verleihende nennt, so folgt, dass sie in eine Zeit gehört, in welcher die bundesstaatliche Sympolitie der Epiroten entweder noch nicht durchgeführt war oder vorübergehend durch eine andere Staatsform verdrängt worden ist. Es muss nämlich an Stelle des Bundesstaates, der Sympolitie, eine Bundesgenossenschaft, die Symmachie, getreten sein, welche keinen staatlichen Charakter und daher auch keine besonderen Magistrate hatte, die aber doch in einem gemeinsamen Synedrion einzelne Beschlüsse fasste oder von einzelnen Bundesgenossen gefasste Beschlüsse ratifizierte. Daher die Datierung nach den molossischen Magistraten, die Beschlussfassung für die Epiroten. Ob dieser staatsrechtliche Zustand der strengen Sympolitie vorausging und sie vorbereitete oder ob er sie ablöste, lässt sich nicht bestimmen, weil die Zeit der Inschrift unbekannt ist. Dass aber eine solche Sympolitie bestand, folgt mit Sicherheit aus der Thatsache, dass es ein molossisches von

---

σιλάω]ς 'Αλεξ[άνδρου ἐπὶ προστάτα Μολοσ]σῶν Βαχ ... [γραμματεύο]ντος δὲ συ[νέδροις? τὸ κοινὸ]ν τῶν Μολ[οσσῶν δίδωτι] πολιτείαν (sic).

[1]) Carapanos, Dodone p. 66, Nr. 31, pl. 33, Nr. 4 = Collitz 1843.
[2]) Carapanos p. 65, Nr. 24, pl. 32, 6 = Collitz 1845.
[3]) Carapanos pl. 27, 1 = Collitz 1336.

den Molossern verliehenes Bürgerrecht gab, wenn man sie zusammenhält mit der Thatsache, dass es auch ein epirotisches Bürgerrecht gegeben hat. Wir haben nämlich ein nach dem Strategen der Epiroten datiertes Diplom mit der Sanktionsformel ἔδοξε τοῖς Ἀπειρώταις, durch welches dem Achäer Damarchos ausdrücklich epirotisches Bürgerrecht verliehen wird [1]). Diese Verleihung fand auf Grund eines Ansuchens des Beschenkten statt [2]), welchem somit weniger an irgend einem Bürgerrecht eines epirotischen Bundesgliedes, das das Samtbürgerrecht nach sich gezogen hätte, gelegen war, als an dem epirotischen Samtbürgerrecht, welches ihm im Gebiete des Bundesstaates die Privatrechte verlieh. Möglicher Weise liegt der Grund hiefür darin, dass er nicht in Epirus wohnte und an der Ausübung der politischen Rechte des Bürgers, sowie am Einzelstaatsbürgerrecht überhaupt kein ausreichendes Interesse hatte. Vermutlich eben dahin gehört eine stark verstümmelte Inschrift, die bloss in der ersten Zeile [πολι]τείαν, in der dritten [ἴσο]ν καὶ ἔμοι[ον] erkennen lässt [3]).

Wir haben die Präponderanz des molossischen Staates innerhalb des epirotischen Bundesstaates kennen lernen und dürfen denselben als ein Zentrum ansehen, welches viele kleinere staatliche Gemeinschaften anzog und diese zur Verschmelzung mit dem molossischen Staatswesen bestimmte. Ein Zeugnis dafür haben wir in einer dodonäischen Orakelinschrift, in welcher ein Gemeinwesen, dessen Name nicht erhalten ist, anfrägt, ob es gut sei eine Sympolitie mit den Molossern einzugehen [4]). Unzweifelhaft hat dieses uns unbekannte Gemeinwesen bereits früher zum epirotischen Bundesstaate gehört und wollte nunmehr eine synökistische Sympolitie mit den Molossern eingehen, d. h. mit ihnen zu einer absoluten Einheit verschmelzen. Die Anfrage an das Orakel in einem Falle, in welchem es sich um ein Aufgeben der eigenen Staatsgewalt und Unterordnung unter eine andere handelt, liegt ganz im Gedankenkreise der Alten. Haben wir doch sogar ein Beispiel dafür, dass ein Privatmann beim Orakel anfragte, ob es für ihn besser sei, jetzt oder später um Gewährung des Bürgerrechts — wir wissen nicht ob des epiro-

---

[1]) Carapanos p. 53, Nr. 7, pl. 29, 2 = Collitz 1338: ἔδο]ξε τοῖς Ἀπειρώταις [πολίτα]ν εἶμεν [Δ]άμαρχον Δ[αμέα Ἴσο]ν καὶ ὅμοιον τοῖς [ἄλλοις Ἀπ]ειρώταις. Fick ergänzt [Ἀχαιὸ]ν, was falsch ist. Durch die Formel ἴσον καὶ ὅμοιον mit folgendem Dativ soll eben die Gleichwertigkeit des verliehenen Bürgerrechtes mit dem angeborenen epirotischen bezeichnet werden.

[2]) ibid. Z. 4 ff.: δικαί]ωμα γραψα[μένου πο]τὶ τὰν ἐκκλ[ησ]ίαν [Δαμάρχ]ου τοῦ Δαμέ[α] Ἀχαι[οῦ καὶ αἰ]τουμένου πολιτε[ίαν ...

[3]) Carapanos p. 67, Nr. 33, pl. 33, 6 = Collitz 1345.

[4]) Carapanos pl. 34, 2 = Collitz 1590: ἐπερωτῶντι τὸ κοινὸν τῶν ... ων Δία Νᾶον καὶ Διώναν ἦ α[ὐ]τὸ αὐτοῖς συμπολειτεύουσι μετὰ Μολοσσῶν ἀσφαλῆ ἦν.

tischen oder des molossischen — bei der zuständigen Volksversammlung anzusuchen [1]). Der Zweck dieser Anfrage ist offenbar nicht
der, von der Gottheit zu erfahren, ob der Erwerb des Bürgerrechts
für den Ansuchenden überhaupt wünschenswert sei, wie in dem Falle
der Sympolitie, sondern ob er das erstrebte Ziel eher erreichen würde,
wenn er später als wenn er jetzt sein Ansuchen an die beschliessende
Gemeinschaft richtete. Wenn, wie wahrscheinlich, das Ethnikon,
welches sich bei einem Prostaten der Molosser findet, auf den Stamm
der Ὄμφαλες zu beziehen ist [2]), so waren auch die Ὄμφαλες mit den
Molossern sympolitisch verbunden, ebenso wie zahlreiche andere epirotische Völkerstämme, die gelegentlich als molossisch bezeichnet
werden [3]).

Wenn nun auch die molossischen Bürgerrechtsdiplome sicher in
die Zeit des molossischen Königtums fallen, das citierte epirotische
Bürgerrechtsdiplom aber in die Zeit der Republik, daher für die Verschiedenheit der verliehenen Bürgerrechte die augenblicklich geltende
Verfassung verantwortlich gemacht werden könnte, so muss man doch
erwägen, dass auch zur Zeit des Königtums der Unterschied zwischen
Molossern und Epiroten festgehalten wurde, wie aus dem Eid hervorgeht, den König und Volk der Epiroten wechselseitig schwören [4]).
Ob es freilich schon zu den Zeiten der Königsherrschaft eine eigentliche bundesstaatliche Sympolitie der Epiroten gegeben habe und nicht
vielmehr ein Unterthänigkeitsverhältnis der epirotischen Staaten unter
der Vorherrschaft der Molosser, aus welchem sich die oben ange-
nommene epirotische Symmachie und im weiteren Verlaufe die Sympolitie entwickelt hat, muss vorläufig dahingestellt bleiben.

Der Versuch der Olynthier, eine thrakische Sympolitie von bundes-
staatlicher Form zu begründen, von welchem Xenophon (Hell. V, 2,
11) zum Jahre 382 berichtet, zeigt deutlich, auf welche Weise solche
Sympolitien zu stande kamen. In der Rede, welche nach Xenophon
der Gesandte von Akanthos in Sparta hält, um für seine Vaterstadt
und für Apollonia Hilfe zu erbitten, wird die Geschichte dieser Sympolitie erzählt und berichtet, dass die Olynthier alle Städte des thra-
kischen Landes sich verbunden und sie veranlasst hätten, dieselben
Gesetze zu gebrauchen und mit ihnen in sympolitischen Verband zu

---

[1]) Collitz 1589 (Carap. pl. 35, 3): ἢ αἰτίωμαι τανὶ πολιταίαν ἐπὶ ταὐτὶ ἢ τοῦ
εἰσιόντος.
[2]) Rangabé, Arch. Zeit. 1878, S. 117, vgl. Gomperz, Arch.-ep. Mitth. V, p. 183.
[3]) E. Kuhn, Entstehung der Städte der Alten S. 147 ff.
[4]) Plut. Pyrrh. cap. V.

treten ¹). Damit kann natürlich an und für sich eine Sympolitie gemeint sein, welche die Verfassungen der Einzelstaaten aufhebt und diese im Staate der Olynthier aufgehen lässt, also eine Sympolitie von der Form, welche wir a potiori synökistisch genannt haben, weil bei ihr häufig auch Synökismen vorkommen. Wenn weiter der Gesandte erklärt, dass seine Mitbürger die vaterländischen Gesetze geniessen und selbständiges Bürgerrecht haben wollten und daher die Aufforderung der Olynthier abgelehnt hätten ²), so verträgt sich diese Weigerung mit beiden Formen der Sympolitie, mit der synökistischen, weil die Akanthier bei einer solchen ihr eigenes Bürgerrecht aufgegeben, das olynthische angenommen hätten, ebenso ihre Gesetze aufgegeben und die olynthischen angenommen hätten, mit der bundesstaatlichen, weil das Recht der Gesetzgebung dann von der Volksversammlung der Akanthier auf die gemeinsame des Bundesstaates übergegangen wäre, das Bürgerrecht von Akanthos allerdings erhalten geblieben, aber ein Bundesstaatsbürgerrecht hinzugetreten wäre, dessen höhere Bedeutung das akanthische Bürgerrecht zurückgedrängt hätte. Der Gesandte fordert aber im weiteren Verlauf der Rede zu schleuniger Hilfe auf, damit diejenigen Städte, welche wider Willen an der gemeinsamen Verfassung teilnähmen, rasch zum Abfall gebracht würden, solange dies noch möglich sei, weil sie später, wenn sie durch die beschlossene Epigamie und Enktesis näher mit einander verbunden wären, schwerlich zu einer Auflösung der Sympolitie zu bewegen sein würden ³). Aus dem Wortlaut geht nicht mit Sicherheit hervor, ob dieses Conubium und dieses Incolat, welches wechselseitig garantiert ist, eine Folge der Bundesverfassung war oder durch einen besonderen Akt beschlossen wurde. Es ist daher möglich, dass die beiden Rechte nur Ausflüsse des neu erworbenen Bürgerrechts waren und aus diesem folgten, weil es ein bundesstaatliches war, so dass jeder Bürger des Bundesstaates als solcher das Recht des Grundbesitzes und das Conubium in jedem Einzelstaat des Bundes besass, ohne das Bürgerrecht des betreffenden Einzelstaates zu besitzen. Da ferner die Vereinigung grosser und reicher Städte zu einem Staate in der synökistischen Form der Sympolitie etwas für die griechische Geschichte dieser Zeit Unerhörtes

---

¹) Xen. Hell. V, 2, 11: οὗτοι (sc. οἱ Ὀλύνθιοι) τῶν πόλεων προσηγάγοντο ἐφ' ᾧτε νόμοις τοῖς αὐτοῖς χρῆσθαι καὶ συμπολιτεύειν.

²) Xen. Hell. V, 2, 14: ἡμεῖς δὲ ... βουλόμεθα μὲν τοῖς πατρίοις νόμοις χρῆσθαι καὶ αὐτοπολῖται εἶναι.

³) Xen. Hell. V, 2, 19 f.: αἱ γὰρ ἄκουσαι τῶν πόλεων τῆς πολιτείας κοινωνοῦσαι αὗται, ἂν τι ἴδωσιν ἀντίπαλον, ταχὺ ἀποστήσονται· εἰ μέντοι συγκλεισθήσονται ταῖς τε ἐπιγαμίαις καὶ ἐγκτήσεσι παρ' ἀλλήλαις, ἃς ἐψηφισμένοι εἰσί ...... ἴσως οὐκέθ' ὁμοίως εὔλυτα ἔσται.

wäre, dürfen wir wohl annehmen, dass Olynth nur die bundesstaatliche Form zu erreichen strebte. Damit gewinnen wir aber Kenntnis von dem überaus reichen Inhalt, den das Samtbürgerrecht eines solchen Bundesstaats hatte und der das Bürgerrecht des Einzelstaates bei Besitz des Samtbürgerrechts zu einer geringfügigen Sache machte und es nur insofern bedeutungsvoll erscheinen liess, als es das Samtbürgerrecht nach sich zog. Denn es enthielt die bürgerlichen Rechte mit Ausschluss der politischen in jedem Einzelstaate des Bundes und die politischen Rechte im Bunde selbst, d. h. das Recht der Teilnahme an der gemeinsamen Volksversammlung und der Bekleidung gemeinsamer Aemter. Was fehlte, war ausschliesslich der Genuss der politischen Rechte in den Einzelstaaten, und je eingeschränkter die Kompetenz der Einzelstaaten war, von desto geringerem Werte mussten auch diese politischen Rechte sein. Da aber in der Regel jeder Bürger des Gesamtstaates auch Bürger eines Einzelstaates war, so stand ihm wenigstens der Genuss der politischen Rechte in e i n e m der in Betracht kommenden Staaten zu. Die Epigamie und die Enktesis waren aber im Bundesstaate auch der stärkste Kitt zur Aufrechterhaltung der gewählten Staatsform. Um diese beiden Rechte zu erhalten, musste das gemeinsame Bürgerrecht aufrecht erhalten werden, welches der schärfste Ausdruck der Staatseinheit ist. Daher erhielten sich auch wirkliche bundesstaatliche Sympolitien, d. h. solche, die ein gemeinsames Bürgerrecht besassen, im Unterschiede von Symmachien in der Regel selbst in schwierigen Zeitläuften der Geschichte und befriedigten ihre Bürger durch den Schutz, den sie ihnen im Genusse der erworbenen Privatrechte in den Einzelstaaten gewährten. Ehe und Besitz erwiesen sich als die staatserhaltenden Momente, denen man auch gerne einen Teil der Autonomie kleinerer Gemeinschaften opferte. Aber auch hier bestätigt sich, dass der Staat die Summe von Bürgern ist, dass die gesamte Verfassung auf dem Grunde des Bürgerrechts beruht und dass folglich die Theorie des Aristoteles über den Bürger die richtige ist. Denn die Sympolitie wird aus dem Verhältnis des Bürgers des Einzelstaates zu dem des Gesamtstaates sicher und hinreichend erkannt.

Der Reichtum an Formen der Verfassung, welcher durch die Sympolitie innerhalb der griechischen Staatsformen möglich wurde, zeigt sich am besten aus der Verschiedenheit der zur Erläuterung beigebrachten Beispiele, denen doch allen gemeinsam ist, dass die Verfassung der Staaten, die Beziehung der einzelnen derselben zu ihrer höheren Einheit und ihre Beziehungen unter einander auf dem Bürgerrecht aufgebaut sind. Ebenso wie die Isopolitie nichts ist als ein Bürgerrecht und eben dadurch zu einer Form von Staatenverbindung wird, ist die Sympolitie nichts anderes als ein gemeinsames Bürgerrecht und die mit demselben Namen benannte Staatsform ist nur eine Konsequenz dieses Bürgerrechts. Es folgt auch schon aus der für die griechischen Staaten gültigen Definition des Bürgerrechts, dass die Staatsformen, die in irgend einer Beziehung Verbindungen von Staaten darstellen, auf dem Bürgerrecht beruhen müssen, weil jede Summe von sämtlichen Teilnehmern an einer Regierungsgewalt einen Staat bilden muss.

Da in einer Sympolitie auch die Einzelstaaten, die ja in der Regel identisch sind mit einzelnen Städten und deren nächstem Umkreis, mit einem solchen Ausmass von Regierungsgewalt bestehen können, dass sie noch Staaten genannt werden müssen, so können auch zwei oder mehrere Einzelstaaten einer grösseren Sympolitie unter einander sympolitisch verbunden werden. Wo sich aber eine solche Sympolitie als notwendig ergibt, wird schwerlich diejenige Form derselben auch zwischen den Einzelstaaten zur Anwendung kommen, bei welcher dieselben ihre gesonderte Existenz beibehalten und die zwischen allen diesen Einzelstaaten der grossen Sympolitie besteht, sondern es wird vielmehr die sympolitische Verbindung so erfolgen, dass der eine der beiden Einzelstaaten im anderen völlig aufgeht, wie dies auch wiederholt geschehen ist. Denn sonst wäre eine dreifache Abstufung der Regierungsgewalt eingetreten, welche notwendiger Weise die eine oder die andere dieser staatlichen Einheiten so sehr in ihrer Kompetenz beschränkt hätte, dass sie nicht mehr staatlich hätte genannt werden können, und daher doch wieder dasjenige Verhältnis eingetreten wäre, welches hier supponiert worden ist. Es fragt sich also, ob in einer grösseren Sympolitie zwei Einzelstaaten zu einem Einzelstaate unbeschadet ihrer Zugehörigkeit zur höheren Einheit verschmolzen worden sind, ob also Sympolitien der synökistischen Form innerhalb von Sympolitien der bundesstaatlichen Form nachweisbar sind.

Dies ist nun in einigen Fällen mit Sicherheit zu beweisen und in anderen zu vermuten. Ja der nähere Verband der Einzelstaaten, der durch die grosse Sympolitie gegeben war, musste die kleinere Sympolitie der Einzelstaaten sogar eher fördern als hindern. Den greifbarsten Fall haben wir in dem vielfach behandelten Vergleich der Melitäer und Peräer, welche beide, zum ätolischen Bund gehörig, also mit sämtlichen Staaten desselben in Sympolitie lebend unter der Patronanz der ätolischen Behörden eine Sympolitie schlossen, durch die der neue Einheitsstaat, welcher den Namen der Melitäer führte, ebenso ein Staat des ätolischen Bundes wurde, wie früher beide wa-

ren ¹). Die Sympolitie der beiden Städte wird in der Inschrift, die
uns diesen Vergleich aufbewahrt hat, mit voller Sicherheit dadurch charakterisiert, dass bestimmt wird, die Melitäer und Peräer sollten
gleiche Gesetze haben, die bei den Agoranomen der Peräer anhängigen
Prozesse sollten bei den Agoranomen der Melitäer entschieden werden ²), endlich durch den gelegentlich gebrauchten Ausdruck πολι-
τευόντων Πηρέων μετὰ Μελιταιέων ³) und durch die Vertragsbestimmungen, die getroffen sind für den Fall, als das sympolitische Verhältnis der beiden Staaten gelöst werden sollte, für den Fall der
Apopolitie. Die Peräer sollen in diesem Falle mit einem Buleuten
das Gebiet der Melitäer verlassen und ihren Anteil an der Staats-
schuld in dem Verhältnis, in welchem dieser eine Buleut zur Anzahl
der in Melite zurückgelassenen Buleuten steht, übernehmen und in
demselben Verhältnis zu den gemeinsamen Lasten der Aetoler bei-
tragen. Dieser eine Buleut kann nur entweder als Buleut des ätolischen Bundes oder als solcher des vereinigten melitäisch-peräischen
Staates gedeutet werden. Von mehreren Gelehrten ist der erste Deu-
tungsversuch gemacht und angenommen worden, dass jeder der zum
ätolischen Bunde gehörigen Staaten eine Anzahl von Buleuten zum
Bundesrate gestellt habe und in dem in unserer Inschrift vorgesehenen
Falle der Apopolitie für den neuerdings selbständig gewordenen Staat
der Peräer nur ein Buleut im Bundesrate bewilligt, die übrigen Buleuten der Sympolitie aber den Melitäern belassen wurden. Dieses
Verhältnis würde natürlich mit Rücksicht auf Grösse und Einwohner-
zahl der beiden Städte festgesetzt und daher auch der Anteil an den
Finanzlasten in demselben Verhältnis bestimmt worden sein. Die
entgegenstehende Ansicht, dass Buleuten der Melitäer gemeint seien,
würde zwar ausreichend die Teilung der Lasten κατὰ τὸν βουλευτάν erklären, aber nicht die Vorschrift, dass die Peräer den einen Ratsmann
mit sich nehmen sollten, es müsste denn diese Vorschrift nur als eine
Fiktion zum Zwecke der Aufstellung des betreffenden Verhältnisses
in der Verteilung der Lasten aufgefasst werden. Jedenfalls aber tritt
der vereinigte Staat der Melitäer und Peräer nach seiner Vereinigung
als eine Einheit auf, die den Namen der Melitäer führt, weil der
kleinere Staat der Peräer durch Sympolitie in dem der Melitäer auf-
ging, wie Medeon in Stiris, Magnesia in Smyrna, und dem Plane nach
Lebedos in Teos. Wenn trotzdem im Eingang der Inschrift Grenzen

---

¹) Rangabé, Antiquités hell. Nr. 692 (Lebas II, 1179) = Collitz Nr. 1415.
²) Z. 28: νόμοις δὲ χρῆσθων Πηρεῖς τοῖς αὐτοῖς καὶ Μελιταιαῖς τὰς δὲ ἐν ἀγορα-
νόμοις δίκας γενομένας Πηρέαις ποτὶ Πηρεῖς κατὰ τετράμηνον δικαζόντω ἐμ Πηρέαις
οἱ ἐγ Μελιταίας ἀγορανόμοι.
³) ib. Z. 15.

zwischen dem Gebiete der beiden Städte vereinbart werden, so hat
diese Massnahme den Zweck, für den Fall der Apopolitie jedem der
beiden Staaten wiederzugeben, was ihm gehört. Der Erfolg der Sympolitie war, dass alle Peräer Bürger von Melite wurden, bloss melitäische Beamte und Versammlungen bestanden und Melite selbst wie
früher dem ätolischen Bunde angehörte, also in einer Sympolitie der
bundestaatlichen Form mit den Gliedern' des ätolischen Bundes sich
befand.

Auffällig ist nur die Bestimmung über den ager publicus der
Melitäer, welcher deshalb, weil die Peräer das Bürgerrecht der Melitäer
bekommen haben, von diesen nicht zu erb- und eigentümlichem Besitz
verkauft, sondern nur verpachtet werden durfte [1]). Der ager publicus,
die δημοσία χώρα, die hier gemeint ist, kann entweder derjenige ager
publicus sein, den die Melitäer ursprünglich allein besassen und
dann sind die Melitäer, die nun den ager publicus nicht mehr ver-
kaufen dürfen, als diejenigen anzusehen, die auch vor der Sympolitie
Melitäer hiessen, oder es ist der zusammengelegte ager publicus der
vereinigten Staaten, gemeint und dann sind die Μελιταεῖς diejenigen
Bürger, welche nach der Sympolitie diesen Namen zu führen haben,
also die vereinigten Bürger der beiden Städte. Nehmen wir das letztere an, so erklärt sich die Bestimmung auf die einfachste Weise.
Ist nämlich das öffentliche Land beider Staaten durch eine Sympolitie
gemeinsames öffentliches Land geworden, welches nur von der Gesamtheit verkauft oder verpachtet werden kann, so ergäben sich nur
dann keine Schwierigkeiten, wenn der Fall der Apopolitie nicht ins
Auge gefasst würde. In diesem Fall aber konnte durch einen von
den gemeinsamen Behörden vorgenommenen Verkauf die Herausgabe
desjenigen Teiles des ager publicus, der den Peräern zu restituieren
wäre, unmöglich werden, weil er verkauft sein konnte. Der Verkauf
musste daher verboten werden, die Verpachtung musste erlaubt sein,
um so mehr als sie für den Fall der Apopolitie auf Widerruf vollzogen werden konnte. Die erstere Annahme hingegen liesse für das
Verbot des Verkaufs keinen ausreichenden Grund erkennen. Dagegen
würde für dieselbe sprechen, dass zwar von dem Momente der vollzogenen Sympolitie an nur ein Staat, dessen Bürger den Namen der Melitäer führen, existieren kann, dass jedoch für den Zeitpunkt und den
Stil der diese Sympolitie regelnden Urkunde die Scheidung der Melitäer und Peräer nach ihrer Staatszugehörigkeit zu jedem der beiden

---

[1]) ibid. Z. 12 ff.: τάν δὲ ξαμοσίαν χώραν, τούς τε Καράνδας καὶ τάν Φυλιαδόνα,
μή ἀποδόσθων Μ[ε]λιταεῖς ὥστε πατρῴαν ἔχειν τὸν πρίάμενον πολιτευόντω[ν Πη]ρέων
μετὰ Μελιταιέων ἀλλά κατ' ἄνπαλον μισθούντω κ[α]θὼς καὶ τὸ πρότερον.

Staaten vorauszusetzen ist. Unter der Voraussetzung nun, dass der
mit Verkaufsverbot belegte Acker der Melitäer derjenige der Melitäer im engern Sinne ist, würde die Aufnahme der Peräer in das
melitäische Bürgerrecht bewirkt haben, dass die letzteren auch Anteil
am ager publicus derselben gehabt hätten, ebenso wie die Lösung
dieses Verhältnisses ihnen auch diesen Anteil wieder genommen hätte.
Es war daher kein Grund vorhanden, den Verkauf von Ackerlosen
um der Sympolitie willen zu verbieten, weil bei ihrem Bestande Vor-
und Nachteil eines Verkaufes beide Teile gleichmässig getroffen hätte,
bei einer Apopolitie aber die Peräer ohnehin nichts zu fordern gehabt
hätten. Es scheint daher geratener, die erst angedeutete Interpretation anzunehmen.

Das Verhältnis von Neubürgern zum Anteil am ager publicus
wird durch eine Inschrift von Pharsalus klarer [1]), in welcher einer
Anzahl von Personen, die in einer angehängten Liste namentlich aufgeführt sind, nebst dem Bürgerrecht von Pharsalus jedem ein Anteil
von 60 Plethren als erb- und eigentümlicher Besitz ($\pi\alpha\tau\rho o u \acute{\epsilon} \alpha v$) gewährt wird, also als ein solcher Besitz, wie er im Vertrage der Me-
litäer und Peräer verboten wird. Wir sehen also, dass dort wirklich
nur die Erwägung, dass eine Apopolitie eintreten könnte, das Verbot
des Verkaufs hervorgerufen hat, während in dem Falle der Bürgerrechtsverleihung von Pharsalus jeder aufgenommene Neubürger naturgemäss seinen erblichen Anteil erhält. Damit erklärt sich auch die
Thatsache, die aus dem Wortlaut der Inschrift hervorgeht, dass den
Personen, die von Haus aus mit den Bürgern von Pharsalus in Sym-
politie waren ($\grave{\epsilon}\xi$ $\grave{\alpha}\rho\chi\tilde{\alpha}\varsigma$ $\sigma u\mu\pi o\lambda\iota\tau\epsilon u o\mu\acute{\epsilon}v o\iota\varsigma$) ebenso wie denen, die ihnen
im Kriege Folge geleistet haben, das Bürgerrecht von Pharsalus »wie
denjenigen, die von Anfang an Bürger von Pharsalus gewesen sind«,
.verliehen wird. Wenn den Sympoliten von Pharsalus pharsalisches
Bürgerrecht verliehen wird, so muss eine Sympolitie der bundesstaatlichen Form, bei welcher die Einzelstaaten bestehen bleiben, vorgelegen haben. Die Stadt Pharsalus muss also mit einer anderen nicht
bekannten eine höhere Einheit gebildet haben. Denn bei einer Sympolitie der synökistischen Form wären die Bürger der anderen Stadt
durch das Faktum der Sympolitie schon Bürger von Pharsalus geworden, hätten es also nicht neuerdings werden können. Daher hatten
auch die Bürger jener anderen Stadt trotz ihrer sympolitischen Ver-

---

[1]) Heuzey et Daumet, mission. arch. de Macedoine p. 425 = Collitz 826:
ἁ πόλις Φαρσαλίουν τοῖς καὶ οὓς ἐξ ἀρχᾶς συμπολιτευομένοις καὶ συμπολ[εμεισάντε]σσι
πάνσα προθυμία ἔδουκε τὰν πολιτείαν καττάπερ Φαρσαλίοις τοῖς ἐ[ξ ἀρχᾶς πολ]τευ-
ομένοις, ἐδούκαεμ μὰ ἐμ Μακουνίαις τᾶς ἐχομένας τοῦ Λουέρχου γᾶ[ς μέραν πλέ]θρα
ἐξείκοντα ἐκάστου εἰἴάτα ἴχειν πατρουέαν τὸμ πάντα χρόνον.

bindung mit Pharsalus keinen Anteil am ager publicus von Pharsalus selbst, dessen Bürger sie nicht waren. Offenbar fand nur ihre Aufnahme in die pharsalische Bürgerschaft aus dem Grunde statt, damit ihnen Anteil am ager publicus gewährt werden könnte. Hiemit aber wurde jene höhere Einheit, der Pharsalus und die andere Stadt angehört hatten, zerstört, die Bürger der letzteren wurden Pharsalier und aus der Sympolitie der bundesstaatlichen Form wurde eine solche der synökistischen Form.

Während die Sympolitien der bundesstaatlichen Form sich unter einander unterscheiden durch die Anzahl der mit einander verbundenen Staaten und durch die Grenzen der Kompetenz zwischen den Einzelstaaten und dem Gesamtstaat, bilden die Sympolitien der synökistischen Form immer eine Einheit und charakterisieren sich nur hinsichtlich ihrer Entstehung als Sympolitien. Aber eine Unterscheidung kann auch unter ihnen gemacht werden je nach dem Akte, durch welchen die Sympolitie vollzogen wird. Die einfachste Art ist die, dass sämtlichen Bürgern des einen Staates das Bürgerrecht im anderen verliehen wird. Dieselben sind dann unter der Voraussetzung, dass sie ihr eigenes Staatswesen aufgeben, bloss Bürger des sie aufnehmenden Staates und die Sympolitie ist vollzogen. Halten sie ihr eigenes Staatswesen, ihre Regierungsgewalten aufrecht, so entsteht eine Isopolitie. Wie aber im Verlaufe der ganzen Entwicklung des Staatsrechtes das Gebiet des gegenseitigen Vertrages immer mehr an Geltung gewinnt, so konnte auch dieses einfache Verhältnis in der Weise geregelt werden, dass die beiden Staaten mit einander eine Konvention schlossen, der zufolge der eine Staat im anderen aufgehen und seine Bürger unter Auflassung ihres Staatswesens Bürger des anderen werden sollten. Eine solche vertragsmässige Sympolitie gestattete eine grössere Freiheit der Bedingungen, auf Grund deren die Vereinigung zustande kommen sollte, und gestattete auch die legale Apopolitie, sofern diese ein Vertragspunkt war. Denn bei der einfachen Aufnahme der Bürger des Staates A in die Bürgerschaft des Staates B war der Verlust des Bürgerrechts im Staate B unmöglich oder nur innerhalb der Grenzen möglich, innerhalb deren ein Bürgerrechtsverlust überhaupt stattfinden konnte. Die Losreissung der Neubürger von dem Staate, in dem sie Aufnahme gefunden, war daher nur mit Gewalt zu vollführen, während im Falle eines beiderseits verbindlichen Vertrags auch die Bedingungen eintreten konnten, welche die Apopolitie rechtfertigten. In der Sympolitie der Melitäer und Peräer haben wir eine solche vertragsmässig geschlossene Sympolitie, welche eben auch eine Apopolitie zuliess.

Der Abschluss einer Sympolitie in der Form eines Vertrags muss
nicht notwendiger Weise die zeitlich spätere Form sein als der durch
einfache Aufnahme in das Bürgerrecht, wie bei der Isopolitie die
Vertragsform allerdings die spätere Entwicklung darstellt. Der
beiderseitige Wille, der Erfordernis für den Abschluss eines Vertrags
ist, muss bei der Sympolitie vorhanden sein, bei dem in das Bürgerrecht aufnehmenden Staate, um den notwendigen Beschluss durchzu-
setzen, bei dem anderen, um die eigene Regierungsgewalt aufzulassen
und das geschenkte Bürgerrecht anzunehmen. Folglich sind die Elemente vorhanden, die eine Abschliessung des Vertrags ermöglichen.
Wenn der Vertrag trotzdem wahrscheinlich eine spätere Form ist,
so liegt dies darin, dass man auch ohne ihn auskommen konnte und
seine Abschliessung eine viel umständlichere Behandlung erforderte.
Anders steht es bei der Isopolitie, bei welcher der Wille des beschenkten Staates kein Erfordernis ist, die Verleihung des Bürgerrechts einfach an alle Bürger des andern Staates stattfindet und von
diesen nur derjenige, welcher davon Gebrauch machen will, das Geschenk annimmt und irgend welche Veränderung mit dem beschenkten
Staate nicht vorgenommen wird. Erst bei der zweiseitigen Isopolitie, die an sich auch nicht eines Vertrags bedarf, wird wegen des
notwendig vorhandenen beiderseitigen Willens der Vertrag möglich.

Vergleicht man die beiden Hauptformen der Sympolitie, die
bundesstaatliche und die synökistische, mit einander, so ergibt sich,
dass sich die synökistische Form, weil der eine Einzelstaat aufhört
zu existieren, als ein Einheitsstaat darstellt und nur in Bezug auf
seine Entstehung sympolitisch genannt werden kann. Daher sind
jene historisch als Einheitsstaaten auftretenden Städte, welche sich
irgend einmal mit einer Nachbarstadt sympolitisch verbunden haben,
in der synökistischen Form der Sympolitie entstanden, und wo in
einem Staate wegen Mangels an hinreichender Anzahl von Bürgern
die Anlehnung an einen Nachbarstaat und das Aufgehen in demselben
beschlossen wird, liegt immer dieselbe Form der Sympolitie vor. So
ist ausser in der besprochenen Sympolitie von Magnesia und Smyrna
auch das Aufgehen der Bürgerschaft von Myus in der von Milet zu
verstehen [1]) und ähnlich dürfte das Verhältnis bei mehreren Synökismen sein, bei denen eine gleichzeitige Sympolitie nicht überliefert ist.

Nur ein Streit um diese beiden Formen der Sympolitie ist der
Gegensatz der Anschauungen, der hinsichtlich der Verfassung des
böotischen Bundes besteht. Zwar für die Zeit bis etwa zum Antal-

---

[1]) Strabo XIV, p. 636 C: πόλις Μυοῦς μία τῶν Ἰάδων τῶν δώδεκα ἢ νῦν δ:' ὀλιγ-
ανϑρωπίαν Μιλησίοις συμπεπόλισται.

kidas-Frieden kann ein Zweifel nicht bestehen, dass die böotischen
Städte zu einem Bundesstaate, also zu einer Sympolitie vereinigt waren.
Schon allein die Existenz von Böotarchen beweist dies, ebenso die
ausnahmslose Bezeichnung der böotischen Gesamtheit als Βοιωτοί
bei Thucydides. Freilich berichtet derselbe Autor, dass die Entscheidung bei vier Ratsversammlungen stand [1]), aber da diese wohl den
vier ursprünglichen Stämmen, die keine staatliche Einheit bilden,
entsprechen, beweist dieser Umstand so wenig etwas gegen die Sympolitie, welche eine gemeinsame Gewalt erheischt, wie die Bestätigung
eines Beschlusses in einem Einheitsstaate durch gesonderte Phylen-
beschlüsse, welche ebenfalls vorkommt [2]). In welcher Weise die er-
forderliche Einheit erreicht wurde, wenn die vier βουλαί jede für sich
vor einem allgemeinen Beschlusse der Gesamtböoter entschieden haben
sollten, ist unbekannt. Eine Streitfrage besteht aber über die böotische Verfassung vom Königsfrieden an bis zur Zerstörung Thebens
durch Alexander. Während nämlich Freeman eine Wiederbelebung
der Bundesform unter der thatsächlichen Suprematie Thebens annimmt [3]), behauptet W. Vischer, dass die Vereinigung der Böoter in
der Weise geschehen sei, dass alle Städte mit dem Staate Theben selbst
verschmolzen wurden [4]), die Gesamtheit der Böoter heisst also nach
Freeman richtig οἱ Βοιωτοί, nach Vischer für diese Zeit οἱ Θηβαῖοι,
oder mit anderen Worten, Freeman nimmt eine bundesstaatliche,
Vischer eine synökistische Form der Sympolitie an. Der Streit lässt
sich zu Gunsten der bundesstaatlichen Form entscheiden, weil wir
aus dem Jahre 366/5 ein Proxeniedekret für den Karthager Nobas
besitzen, welches vom böotischen Bunde beschlossen und durch die
Böotarchen datiert ist [5]), für die fragliche Zeit daher die Existenz eines
Bundes beweist. Es ist daher auch kaum zutreffend, wenn man die
Vorgänge beim Friedenskongress zu Sparta vor der Schlacht bei
Leuktra zu Gunsten der synökistischen Sympolitie der böotischen
Städte mit Theben deutet. Wenn die Thebaner sich auf der Friedens-
urkunde als Θηβαῖοι eingetragen, am nächsten Tage aber die Streichung dieses Namens und seine Ersetzung durch Βοιωτοί verlangt
haben, was Agesilaos nicht bewilligte, so wird man nicht annehmen
dürfen, dass die Gesandten am ersten Tage die synökistische Form
der Sympolitie vor Augen hatten und unter Θηβαῖοι die Gesamtheit

---

[1]) Thuk. V, 38, 2: ... οἱ Βοιωτάρχαι ἐκοίνωσαν ταῖς τέσσαρσι βουλαῖς τῶν Βοιωτῶν ταῦτα αἵπερ ἅπαν τὸ κῦρος ἔχουσι.

[2]) In Mylasa z. B. CIG 2691 = Lebas III, 377: καὶ ἐπεκύρωσαν αἱ τρεῖς φυλαί.

[3]) History of federal government S. 173 f.

[4]) Kl. Schriften I, S. 556.

[5]) CIG 1565. Ueber die Zeit der Urkunde U. Köhler, Hermes 24, S. 636 ff.

aller böotischen Städte verstanden, am zweiten Tage aber, als sie sahen,
dass auch die andern Städte zur Beschwörung des Friedens geladen
wurden, plötzlich die bundesstaatliche Verfassung proklamierten. Denn
die thebanischen Gesandten mussten sich ja über die Verfassung des
böotischen Staates von vornherein klar gewesen sein und auch den
aus der Verfassungsform sich ergebenden Namen des Staates gekannt
haben. Die Unsicherheit in der Bezeichnung des Staates war vielmehr eine Folge des Druckes, den die Bestimmungen des Königs-
friedens über die Autonomie der griechischen Staaten ausübten, und
die anfängliche Unterwerfung unter diese Bestimmungen durch Setzung des Namens Θηβαῖοι wich bei näherer Ueberlegung der Forderung, den bundesstaatlichen Charakter, der die Autonomie der Einzelstädte bestehen liess, anerkannt zu sehen, als sich die zuerst ein-
geschlagene Politik, die böotischen Städte mit Stillschweigen zu über-
gehen und durch Setzung des Namens Θηβαῖοι thatsächlich, wenn
auch nicht formell richtig, die Anerkennung der Suprematie Thebens
zu erreichen, infolge der unerwarteten Herbeiziehung der böotischen
Städte als verfehlt erwies.

Die bundesstaatlichen Formen des böotischen Staates blieben daher zu allen Zeiten bestehen, und es entspricht völlig dem rechtlichen
Charakter der Sympolitie, wenn selbst die Zerstörung Thebens an
dem Bestande des Bundesstaates nichts änderte [1]). Auch der Bund
der Kaiserzeit hat im Wesen dieselben Formen beibehalten und wenn
in den Ehrenbeschlüssen des Akräphiers Epaminondas unter Kaiser
Nero der Beschluss des κοινὸν τῶν Βοιωτῶν bloss verschiedene Ehrungen, der der Stadt Theben aber auch das Bürgerrecht verleiht,
so entspricht dies der Voraussetzung, dass dem Epaminondas als
Akräphier das gemeinsame böotische Bürgerrecht, nicht aber das
thebanische zustand, ihm daher nur das letztere verliehen werden
konnte [2]), während die Möglichkeit einer solchen Verleihung die
Autonomie der Städte des κοινόν, also eine durch die höhere Gewalt des Bundes beschränkte Souveränetät der Einzelstaaten beweist.
Freilich nennt unsere Ueberlieferung den böotischen Bund keine Sympolitie. Aber offenbar war er lange eine Sympolitie, ehe das griechische Staatsrecht für die einzelnen Staatsformen durch Heraus-
hebung ihrer Aehnlichkeiten Gattungsnamen in Gebrauch gesetzt
hatte, ehe also für diese Bundesverfassung der Ausdruck Sympolitie

---

[1]) Liman, foederis Boeotici instituta (Greifswalder Diss.) S. 8 mit Anm. 4.
[2]) Keil, syll. inscr. Boeot. Nr. 31. Im Beschlusse der Thebaner heisst es:
δι’ ἃ δεδογμένον εἶναι [τοῖς] τε ἄρχουσι καὶ τῇ βουλῇ καὶ τῷ δήμῳ [δεδό]σθαι πολιτείαν κατὰ δωρεὰν Ἐπαμ[εινώνδᾳ Ἐπαμ]εινώνδου καὶ εἶναι αὐτῷ μετ[οχὴν τῶν τ]ῆς
πόλεως φιλανθρώπων καθ’ ἃ καὶ τοῖς ἄ[ν οἴκ]οις.

üblich wurde. Vereinigungen von Staaten zu einem Ganzen heissen natürlich immer κοινά; von jedem κοινόν ist aber zu untersuchen, ob es dem Wesen nach eine Sympolitie ist, wenn auch der Terminus nicht belegt ist, d. h. ob seine Glieder Staaten sind, die innerhalb der Bundesgesetzgebung souveräne Gewalt haben. Für den böotischen Bund kann aber weder der staatliche Charakter der Einzelstädte, noch der staatliche Charakter der Gesamtheit ernstlich bestritten werden und auch die Wandlungen der Macht der Einzelstaaten, namentlich Thebens, können höchstens die thatsächliche, nicht aber die staatsrechtliche Bedeutung der Verfassung ändern. Trotz aller Verschiedenheiten der politischen Stellung der böotischen Städte darf daher das κοινόν der Böoter als der eigentliche Vorläufer der späteren griechischen Bundesverfassungen erkannt werden, die im achäischen Bund ihren konsequentesten Ausdruck gefunden haben.

Synökistische Sympolitien müssen aber viel häufiger vorgekommen sein als unsere Ueberlieferung erkennen lässt. Einzelne derselben lassen sich gewiss noch nachweisen. Zu bedauern aber ist, dass die Inschrift, welche wahrscheinlich von einer Sympolitie zwischen Olymos und Labranda handelt [1]), nicht so vollständig erhalten ist, dass die Modalitäten dieser Vereinigung erkannt werden könnten. Jedenfalls ist in der Inschrift von einer neuen Bürgereinlosung in die Phylen, συγγένειαι und πάτραι die Rede und von einer Gleichstellung der Neubürger mit den früher Eingelosten.

In zwei Bürgerrechtsdiplomen werden die Verleihenden Ὀπούντιοι καὶ Λοκροὶ οἱ μετὰ Ὀπουντίων genannt [2]). Die beiden Ethnika Ὀπούντιοι und Λοκροὶ beweisen ein opuntisches und ein lokrisches Bürgerrecht, die citierte Formel beweist, dass zu irgend einer Zeit eine Anzahl Lokrer ins opuntische Bürgerrecht aufgenommen wurden und daher mit den Opuntiern beschliessen konnten, gleichviel, ob das lokrische Samtbürgerrecht daneben noch bestand oder nicht; ähnlich heissen die in die attische Bürgerschaft aufgenommenen Samier Σάμιοι οἱ μετὰ τοῦ δήμου τοῦ Ἀθηναίων. Es liegt also hier eine Isopolitie und keine Sympolitie vor. Die letztere ist überhaupt nie vorhanden, wenn die beschliessende Bürgerschaft durch zwei mit καὶ verbundene Ethnika bezeichnet wird. Nur einmal ist sie so ausgedrückt, aber in einer der gefälschten Urkunden, welche in die demosthenische Kranzrede eingelegt sind [3]). Während Demosthenes im erhaltenen Texte der Rede die Beschlüsse der Byzantier und Perinthier in Betreff der

---

[1]) Lebas III, 834.
[2]) Athenaion I, p. 484 u. 487 = Arch. Z. 1873, p. 141 ff.
[3]) Dem. de cor. § 90 f.

Bekränzung der Athener vorlesen zu lassen verspricht, und damit offenbar zwei getrennte Beschlüsse meint, ist die eingelegte Urkunde ein gemeinsamer Beschluss (δεδόχθαι τῷ δάμῳ τῷ Βυζαντίων καὶ Περινθίων). Das ist schon unmöglich. Wir haben freilich eine Nachricht, dass Perinth einmal im Sympolitieverhältnis zu Byzanz stand. In der rhodischen Koalition gegen Philipp im zweiten makedonischen Krieg forderte nämlich der rhodische Nauarch vom König, ἀποκαταστῆσαι .. Περινθίους εἰς τὴν Βυζαντίων συμπολιτείαν [1]). Vor der Besetzung Perinths durch den König muss also eine zur Zeit des Demosthenes noch nicht vorhandene Sympolitie der beiden Städte bestanden haben. In späterer Zeit war Perinth wieder unabhängig von Byzanz. Nach dem gefälschten Psephisma wird auch von den beiden vereinigten Städten den Athenern Bürgerrecht verliehen, was nur in einer Isopolitie möglich wäre; die Zusammenstellung der Formeln durch den Fälscher ist ein merkwürdiges Gebräu aus allen möglichen Wendungen; die Epigamie ist aus isopolitischen Staatsverträgen, die Proedrie aus Ehrenbürgerdiplomen entlehnt und die Urkunde ist demnach nicht einmal zu verwerten, um die Zustände der mutmasslichen Zeit der Fälschung zu illustrieren.

Die Sympolitie bedarf also, wenn sie perfekt geworden ist, nicht des sprachlichen Ausdrucks für die Verbindung zweier Staatswesen, um das gemeinsame Bürgerrecht auszudrücken, ja sie erträgt ihn nicht einmal. Denn sie ist in beiden Formen, in denen sie vorkömmt, in der synökistischen wie in der bundesstaatlichen, ein Staat, dessen Bürgern ein gemeinsames Bürgerrecht zusteht.

[1]) Polyb. XVIII, 2.

Berichtigung.

Die auf Seite 12 irrtümlich unter Kos und Bargylia eingestellten Inschriften Bull. de corr. hell. XI, p. 76 und XIII, p. 23 sind unter Iasus zu setzen.

Verzeichnis der behandelten Inschriften.